インディアス群書

5

マルコス／イボン・ル・ボ

サパティスタの夢

たくさんの世界から成る世界を求めて

佐々木真一＝訳

現代企画室

サパティスタの夢

たくさんの世界から成る世界を求めて

Auteurs : Sous-commandant Marcos et Yvon Le Bot
Titre : *Le Rêve zapatiste*

This book is published in Japan by arrangement
with Éditions du Seuil.
Japanese edition by Gendaikikakushitsu Publishers, 2005.

サパティスタの夢　目次

第二部　ふたたび世界を魅了する――イボン・ル・ボ――237

チアパス全体図

シケ
ス
マシンタ川
ラカンハ川
ラカンドン
共同体
モンテス・
アスレス
自然保護区
ミラマール湖
マルケス・デ・
コミージャス

アメリカ合州国
メキシコ
ベリーズ
グアテマラ
チアパス州

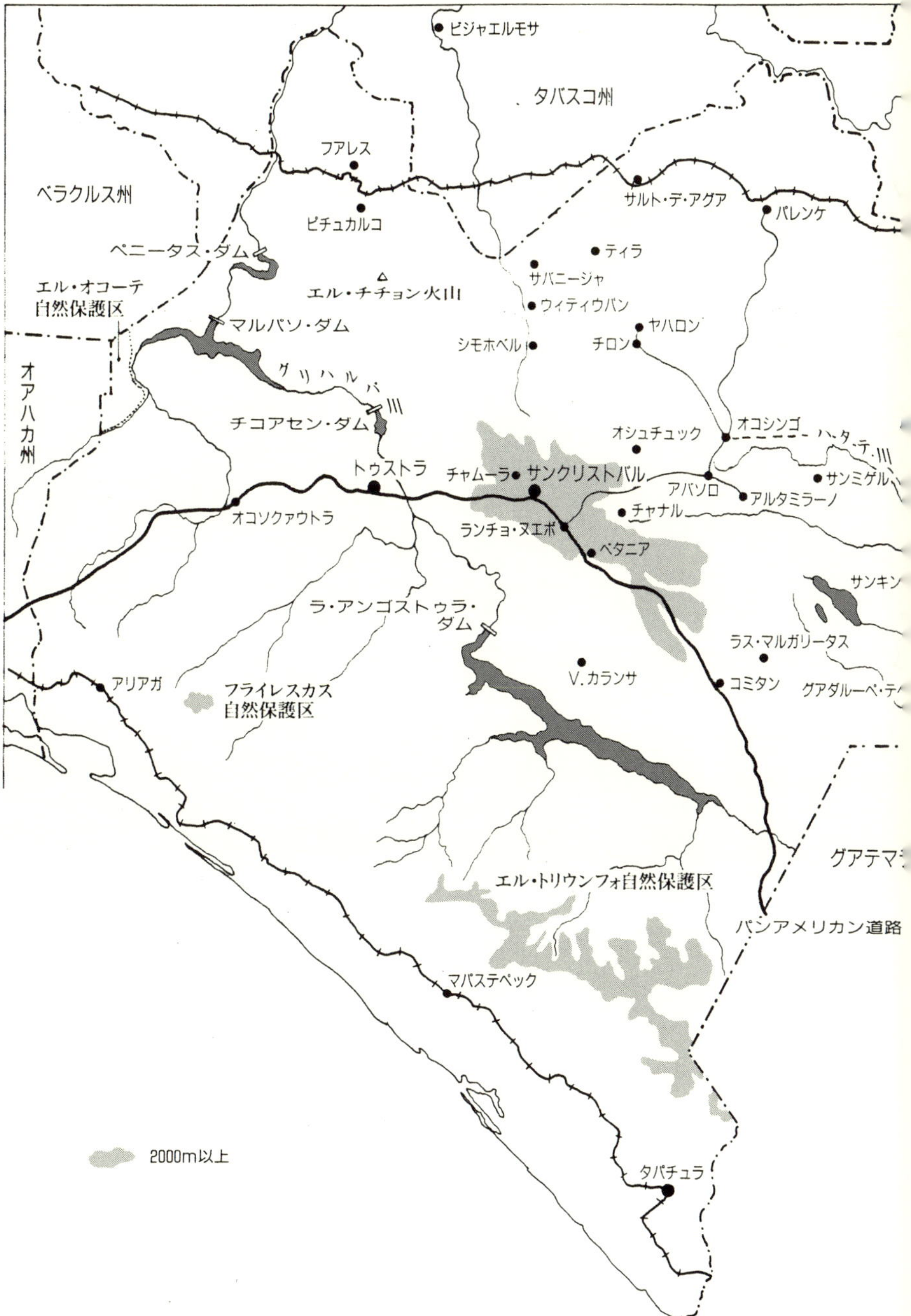
ビジャエルモサ
タバスコ州
フアレス
サルト・デ・アグア
パレンケ
ベラクルス州
ピチュカルコ
ペニータス・ダム
ティラ
エル・オコーテ
自然保護区
エル・チチョン火山
サバニージャ
ウィティウパン
マルパソ・ダム
ヤハロン
シモホベル
チロン
オアハカ州
グリハルバ川
チコアセン・ダム
オシュチュック
オコシンゴ
ハタテ川
トゥストラ
チャムーラ
サンクリストバル
アバソロ
サンミゲル
オコソクァウトラ
アルタミラーノ
チャナル
ランチョ・ヌエボ
ベタニア
サンキン
ラ・アンゴストゥラ・ダム
ラス・マルガリータス
V.カランサ
コミタン
アリアガ
グアダルーペ・テ
フライレスカス
自然保護区
グアテマ
エル・トリウンフォ自然保護区
パンアメリカン道路
マパステペック
2000m以上
タパチュラ

凡例

一、本書は *Le Rêve zapatiste*, Sous-commandant Marcos et Yvon Le Bot, Éditions du Seuil, Paris, 1997 の全訳である。その性格上、本書はスペイン語版 *El sueño zapatista*, Editorial Anagramma, Barcelona, 1997 および Plaza & Janes, México, 1977 も同時に刊行されている。第一部のインタビューはスペイン語で行なわれたというイ・ボン・ルボ氏の示唆に基づき、第一部はスペイン語版から翻訳した。

二、注釈は、フランス語版、スペイン語版の両書に付されたもののうち、日本語版読者には意味をなさない若干の項目は省いた。参考文献については、原書がスペイン語である場合は、フランス版ではなくメヒコ版に依拠して示した。また日本語版独自に付したものは、項目の末尾にその旨を記した。通常のラテンアメリカ事典などで調べがつく人物・歴史事象については注をつけないことを原則とした。

三、文中［　］で括った語句は、文章の理解のために訳者が補った。

四、本文に挿入した写真は、訳者が一九九六年および一九九八年にチアパスを訪れたときに撮影したものである。

まえがき

この本を書きあげるために、ここには書ききれないほどたくさんの友人と仲間のお世話になった。彼らの一人一人に感謝する。

まず、この仕事に最も密接に関わった人びとに感謝したい。この計画が生まれたのはイブ・アシェンボウムのおかげだった。フランソワ・ラフティグは、チアパスに関する膨大な資料・文献・新聞・雑誌を通して私を導いてくれた。この国に関する彼の綿密な知識と、疑問を解消していくうえでのきわめて実用的な方法論のおかげで、私は間違った理解をしてしまうことを避けることができた。マリナ・バッセウルは長時間に及ぶ対話を丁寧に書き取り、その上、きわめて鋭いコメントをしてくれた。

ラ・レアリダ*における二度目のインタビューに同行してくれたモーリス・ナジュマンには特別に感謝する。

この仕事は、私の所属する社会学分析研究所（CADIS、国立科学研究所社会科学高等研究院）の活動の一環として行なわれた。所長のミシェル・ヴィヴィオルカは当初から計画の重要性を理解し、私が必要な限りの時間をかけてこの仕事に取り組むことを許可してくれた。彼の支援と助言はこの仕事にとって重要な意味をもっている。同様に、アラン・トゥレーヌとの、特に一九九六年夏、チアパスでの「宇宙間会議*」期間中の議論もとても役立った。

アンドレ・オブレ、アントニオ・ガルシア・デ・レオン、フアン・ペドロ・ビケイラ、

ラ・レアリダ　サパティスタが主要な根拠地としているチアパス州の村。一九九五年二月の連邦政府軍の大攻勢のときサパティスタは退却し、この村に落ち着いた。近くに総司令部のキャンプがあるので、この村でインタビューがなされた。（訳注）

「宇宙間会議」　一九九六年七月〜八月、サパティスタの呼びかけで、「人類のために、新自由主義に反対する大陸間会議」がチアパス州のサパティスタ管理地域で開かれた。会議の宣言が発せられた場所が「宇宙、地球、メヒコ、チアパス、ラ・レアリダ」などと表現されたこともあって、「宇宙間会議」と呼ぶ人もいる。アラン・トゥレーヌは、フランスの社会学者で、ラテンアメリカに関する著書もあり、この会議の参加者であった。なお、この会議については、太田昌国『〈異世界・同時

セルヒオ・セルメーニョらとの議論により、メヒコ社会とサパティスタ運動のさまざまな側面についてよりよく理解することができた。また、シャルロット・アルヌール、クロード・バタヨン、マルティーヌ・ドジエ、クリスチアン・グロ、ロドルフォ・ロバト、マリフランス・プレボ・シャピラ、エレヌ・リビエル・ダルクは本書の初稿を丁寧に読み、慎重に意見を述べてくれた。無論、誤りの責任は基本的に私にあり、インタビュー中のものについては一部サパティスタ側のものとなる。

他にもたくさんの人びとの支援により、この仕事は可能なものとなった。前メヒコ大学院大学国際研究所所長イラン・ビスベルグ、メヒコ国立自治大学人文科学学際研究所所長パブロ・ゴンサレス・カサノバ、そしてアラン・ブレトン、テッサ・ブリサック、カルメン・カスティージョ、フィリッペ・マルベ、ダニエラ・サスラブスキには特に感謝している。

ニノーと、私の娘アグネスにもとても感謝している。「宇宙間」旅行の時、彼女の若き視線から、私はラ・レアリダを発見したのだ。

最後に、この挑戦を受けてくれたマルコスに感謝する。総司令部があるラ・レアリダ村に、私とモーリス・ナジュマンを信頼して受け入れてくださったことを、マルコス、タチョ司令官とモイセス少佐に感謝したい。また、私の分析と意見は私独自のものであり、彼らを巻き込むものではないこと、同様に、私の視点も彼らが述べていることと完全に一致しているわけではないことを記しておく。

この本は、私がこれまで自著 *La guerre en terre maya*（Karthala, 1992）と、*Violence de la modernité en Amérique Latine*（Karthala, 1994）というふたつの仕事を通して取組んできた課題を受け継ぐものである。前者はグアテマラの紛争を扱い、

代〉乱反射』（現代企画室、一九九六年）所収の「国家のなかのもうひとつの〈くに〉への旅」に詳しい報告が載っている。（訳注）

後者はラテンアメリカの現代の先住民運動一般について扱っているが、確かに、今回の仕事はこれまでの仕事において明らかになってきた事実や行き詰まり、試み、疑問とか希望といった事柄への出口を示すものではない。間違いなく、サパティスタ運動は答えよりも、はるかに多くの問いを発している。それが彼らの限界であるが、また、そこにこそ彼らの興味深さと独自性があるのではないだろうか。もしこの本が、サパティスタではない者がサパティスタを理解する助けとなり、その上、マルコスが期待するように、サパティスタ自身が自らを理解する助けとなるならば、それが僅かなものであったとしても、それで目的は十分達せられたと言えるだろう。チアパスの状況ほど極限的ではなかったにせよ、それなりに厳しい状況の中で、文化的アイデンティティ、国家統合および近代の挑戦を両立させることに力を注いだ私の両親の思い出に、この本を捧げたい。

Y. L. B.

一九九七年四月、パリにて

第一部＝たくさんの世界から成る世界を求めて

マルコス副司令官、モイセス少佐、タチョ司令官（サパティスタ民族解放軍）とのインタビュー

インタビュアー＝イボン・ル・ボ／協力＝モーリス・ナジュマン

注――マルコス副司令官、モイセス少佐およびタチョ司令官とのインタビューは、個別に行なったが、いくつものテーマに関する三人の意見を、テーマごとに整理してある。

タイトル、副題および脚註はイボン・ル・ボが作成した。文脈を理解するためには、この本の序章（日本語版第二部）を参照していただきたい。

イボン・ル・ボ（Y）――インタビューというよりは、これはひとつの議論、あるいは対話とでもいうべきでしょうか……

マルコス――内省といおうか……

Y――テーマは選ぶ必要があります。選ばれたテーマについての内省でしょうか……わかりやすいように、時間軸にそって、まず、いかにサパティスタはサパティスタになったのか。続いて、新しい政治、民主主義の形態、アイデンティティ、社会運動といったテーマについて考え、もし時間が許せば、最後に今後の見通しについても話したいと思います。では、最初に、サパティスタ運動という、この坩堝のような不可思議な存在はいかにして生まれたのですか？

1 ＥＺＬＮ前史（最初のマルクス・レーニン主義細胞）

「学生ゲリラ」からすべては始まった

マルコス——私にできるのは、一九九四年にいたるまでのわれわれの歩みについて、内側からふりかえることだ。もちろん、人は自分について語るときなかなか自分に批判的にはなれないものだから、とても甘くて寛容なふりかえり方になるだろう。

一九九四年のサパティスタは大きくわけて三つの構成要素から成り立っている。政治・軍事組織、経験を積んだきわめて政治的な先住民組織、そしてセルバ*地域の先住民運動だ。

ひとつ目の要素は、民族解放を目指した中南米のゲリラ組織と、軍事的な面で——政治面ではなく軍事面で——よく似た性格をもつ、マルクス・レーニン主義的な政治・軍事組織だった。この組織の考えによれば、合法闘争は限界に達しており、人民戦争を闘って現体制を打倒し、共産主義実現のためのプロレタリアート独裁・社会主義政府を樹立することが必要だった。そして、この考え方をもとに根拠地主義的なゲリラ闘争*を目指したのだ。武装宣伝活動によって人びとの意識を呼び覚まし、他の組織も武装闘争に引き込んで、人民戦争へと導くのが当初の計画であるようなゲリラ組織だった。組織は地下組織で、基盤は都市にあった。メンバーの大多数は中産階級出身で労働者はほとんどいなかったし、農民もとても少なかった。先住民にいたっては一人もいなかった。

セルバ　ジャングル、密林。

根拠地主義的なゲリラ闘争　一九五〇年代キューバ革命の勝利を定式化して農村部に根拠地（フォコ）をもつ武装勢力の存在こそが、革命の勝利に向けた積極的な条件であると主張した理論。カストロやゲバラの考えを理論化したフランス人哲学者、レジス・ドブレが『革命の中の革命』（晶文社、一九六八年）で展開した。（訳注）

構成員の多くは中産階級出身の大学教員、専門家、技師、医者などで、とても小さな組織だった。一ダース、あるいは多くてもその倍ぐらいだったろうか。この組織は、メヒコ社会の各階層が急進化して二極分化し――片方に国家、もう片方に民衆――、内戦に突入するだろうと分析していた。そうであるならば、軍事面では、戦争を始めるために準備するのではなく、戦争が始まった時のために備えるという戦略が可能だった。いつか、民衆は自らを守り、闘い、連邦軍、すなわち政府軍の攻撃に抵抗するために武装組織を必要とすると、この組織は考えたのだ。

世界革命……メヒコ以外でなら

マルコス――そのため、計画にはっきりした戦闘開始日があるわけではなく、ある特定の日を目指して蜂起を計画した中南米やカリブのゲリラとはやや異なっていた。この組織は、武装闘争が必要となるであろう、ある不特定の日のために準備をしていたのだ。

この組織は、政治分析において、社会主義圏の姿勢からは必要な距離を取ることにした。社会主義圏はメヒコに対し常に曖昧な姿勢を取り、その曖昧さがメヒコ国家の外交政策を支えていた。九四年以前にわれわれが接触した中南米の武装組織はすべて、同じ議論をもってわれわれに対した。革命は世界のどんな場所でも可能である、ただしメヒコを除いて、と。メヒコの役割は各国の解放運動と連帯しつつ、国内では何もしないことだった。話をそらせて申し訳ないが、それはつまり、あらゆる組織は、サパティスモ

サパティスタ蜂起の主要な地点

にも武装したサパティスモにも連帯しない、武器、訓練においても、資金においても一切支援できないということだった。計画はただ狂気じみていただけでなく、これらの組織の政治方針に真っ向から対立するものだったのだ。彼らにとって、メヒコの武装運動を支援することは戦略的重要性をもつ後ろ盾を自ら破壊することを意味していた。だから誰もわれわれを支援しなかったし、それだけでなく、かえって厳しい批判をすら受けたのだ。

この時期には私はまだこの組織に属していなかったから、私が話しているのは伝え聞いたことだ。だがその後、中央アメリカの革命運動と接触する中で、どういうことだったのかを理解した。メヒコは彼らの後ろ盾だったからメヒコでは何をすることもできなかったし、すればラテンアメリカの解放闘争に悪影響を与えかねなかったのだ。メヒコの外交政策と、もっとも身近かな範例であったソビエトやキューバなどの社会主義圏の外交政策がこのようなものであったために、この組織は、メヒコの現状と歴史の分析に重点を置きながら、自立的な、きわめて独自な政治理論を構築していった。それは理論的というよりも実用的なマルクス・レーニン主義で、マルクス主義理論や国家や武装闘争といったテーマを理論的に展開したものというよりは具体的現実の分析だった。この政治・軍事組織は、メヒコ国家やメヒコの各社会階層の状況、国の歴史の分析を始めた……

Y——革命の反乱、パンチョ・ビジャ、エミリアーノ・サパタ……

マルコス——そう、そしてそれ以前の歴史もだ。大学から来ていた人の中には、メヒコの歴史についてとても広い知識を持った人たちがいた。百科事典的知識とでも言おうか、それは驚くべき該博さだった……世界中のどんな大学でも重要な研究員になれそうな人たちが地下活動をしていたのだ。彼らはメヒコがメヒコになる前のこと、征服の時代、植民地時代、独立戦争など、メヒコの歴史のすべてを知っていた。特に、メヒコ民衆の武装闘争の歴史についてとても深い知識を持っており、モレロスやイダルゴの軍事戦略、一八四七年の対米戦争、フランスの介入に対する抵抗戦、［メヒコ］革命と、革命期に起こった合衆国による侵略に対する闘いについて熟知し、そしてまた、一九六五年にマデラ兵営を攻撃したアルトゥロ・ガミスのゲリラ*にはじまるメヒコの武装運動の歴史にも精通していた。

こうしてこの組織は、国際共産主義の教義よりも、メヒコに密着しメヒコの現実に密着した独自の政治と革命の理論を築いていく。つまり、われわれは物資の面でも孤立していたが、理論的にはさらに孤立していたのだ。だから、われわれはメヒコの革命についての理論を自ら築かなくてはならず、それは無論、マルクス主義と同じようにたくさんの落とし穴を残した。この手の人間がつくりやすい落とし穴だ。そして、もっとも重大な落とし穴の一つが先住民問題だった。とにかく、この組織はいつの日か、誰がそれを挑発するわけでもなく、さまざまな理由によって戦争が始まるから、その日に備えなければならないと考えていた。

Y――そしてもちろん、シンボルや言説、略称、スローガンなどにおいては、カストロ・ゲバラ的な民族解放革命の伝統を受け継いでいますね。制服や軍旗もそうですし。

マルコス――それはラテンアメリカの政治・軍事組織との近さの表れであり、それが彼らからわれわれが受け継いだものなのだ。メヒコにおける社会主義の実現のためには民族解放の過程を必然的に経過するとわれわれは考えていた。われわれにとって、メヒコは北アメリカ帝国に支配された新植民地主義的国家であり、民主主義と社会主義に移行

アルトゥロ・ガミスのゲリラ　一九六五年九月二三日、アルトゥロ・ガミス率いるゲリラ・グループはチワワ州マデラ兵営を襲撃するが殲滅された。この日付はその後、七〇年代にメヒコで生まれた数多くの政治・軍事組織のうちの、一つの名にとられることになる。

するためには民族解放が必要だった。だから創始者たちはサパティスタ民族解放軍（EZLN）という名前を選んだのだ。外的な構成要素と国の歴史との間の矛盾は、イダルゴ、モレロス、ゲレロ、サパタといった名前に触れることによって解消される。逆説的だが、EZLNが受け継いだスローガンは「祖国か死か、われわれは勝利する」でも、「万国の労働者団結せよ」でもなく、ビセンテ・ゲレロの「祖国のために生き、自由のために死ぬ」だった。これがモットーであり闘いの叫びだ。星のシンボルは、先住民の世界観や人間観のほうにより近く、人間と人体の五つの部分——頭、二本の腕と二本の足——や、彼らの世界の歴史観などを表している。赤と黒は確かに革命運動の遺産だ。だが、星はもっと後に起こる出会いのほうにより近い。私がいま話しているのは、組織が先住民運動と接触を持つ前のことだから。こうして組織は、何も言わずに力を蓄積することを政治・軍事戦略とすることを決めた。「行動せずに、公に行動せずに力を蓄えるのだ」と。その上、組織の軍事的拡大は政治的拡大に見合った形で行わなければならないということも決定された。虚構的に大きな軍備をもたない、使う人の数に見合わないほどたくさんの武器、装備をもたないということだ。人的成長に応ずる形で大きくするほうがよいと。また、経済的基盤も自ら調達するもののみとされた。誘拐、徴発、奪回、そういった犯罪的なやり方はしないということだ。これも、他のゲリラ組織とは違う点だ。

モーリス・ナジュマン（以下M）——付随的な話ですが、帰納的には、すでに伝統的な前衛主義からの断絶が見られますね。

マルコス——政府の諜報組織がわれわれのことを察知しにくいということでもある。しかしそれよりも、このことが組織の内部構造を政治的に健全なものにしたと思う。大量の機材や武器を持とうとせず、つつましいものだった。装備も資金も少ない。政府の使いそうな言い方でいえば「犯罪」的手段で資金を集めたりしないだけでなく、外部から支援を受けもしないわけで、貧しいが自らの力をよく自覚した組織だったのだ。

創設者殺害の否定

Y――近年のラテンアメリカの革命ゲリラの多くは、仲間を殺したり追放したりするなど、内部に対しさまざまな残虐行為を行ってきました。「グロックネル事件*」についてもいろいろな見方があります。サパティスタや、民族解放軍（FLN）に属した人びとは、そのようなやり方はしないと主張していると理解しているのですが、あなた方にとって、こうした点も伝統的ゲリラとあなた方の間の違いに入るのでしょうか。

マルコス――そうだ。というのも、この組織――後にそれは他の組織とともにEZLNを形成することになる――は当時すでに、いろいろなレベルでの参加とさまざまな闘争の形態があり得るという考え方をしていた。組織の中にいた者がもし外に出たら、その時から修正主義者だとか裏切り者だということになるような軍事組織ではなかった。「内」と「外」の間には大きな中間的可能性、たくさんの参加形態があった。もし、「もう地下活動には耐えられない！　やめた！」と思っても、脱走とか、裏切りの可能性のある者とみられることはなく、単に参加の水準を変えたものととらえられるだけだったし、少しづつ変わって最終的に完全に離れてしまうことも可能だった。つまり、仲間と敵の境界線は、他の政治・軍事組織におけるそれほどに重要ではなかったのだ。普通の

「グロックネル事件」　一九七四年、メヒコ州ネパントラとチアパス州の農園「エル・ディアマンテ」の二カ所のFLN基地に対して軍と警察の捜索が行われる直前に、FLNメンバーのナポレオン・グロックネルが逮捕されていた。一九七六年、ナポレオン・グロックネルは連れ合いのノラ・リベラとともにメヒコ市内で暗殺されたが、事件の全容はいまだ明らかになっていない。彼らは裏切り者としてゲリラによって処刑されたのだと主張している論者もいる。Carlos Tello Díaz, *La rebelión de las Cañadas*, Cal y Arena, México, 1995. を参照。

政治・軍事組織では、自分たちと一緒にいない者は敵であり、それは他組織に対しても同様で、前衛組織とは唯一真正のもので、いくつもの前衛組織が存在するわけにはいかないという論理だったが。

「グロックネル事件」については、私たちはそのずっと後に入ったので、FLNの当時のメンバーに聞いてみなければならない。ただ、私がこれまで伝え聞いてきたことは、私が実際に経験したことに一致している。FLNは政治・軍事組織としては軍隊的性格が薄く、柔軟だった。そして、それは彼らの政治的路線がそうさせていたのだと思う。彼らは軍事面で非常に長期的な計画を持っていたから、政治面を重要視していた。意思決定の形態はもちろん軍隊的だったが、その組織構造はあまり軍事至上主義的ではなかった。それがこの組織の特徴であり、そのため、組織は少ししか拡大せず、資金獲得や粛清のために武器を使うこともなく、前衛根拠地の設置を真剣に検討することもなかった。

これは、組織が別の現実に直面する中で変化していくということだ。政治的にも軍事的にも健全で、つつましい組織であるということがその時点での特徴だった。しかし、当時活動していたいくつもの武装組織が苦しんだ弾圧の中を生き延びることができたのも、地下に潜行していたからだった。

私はもっと後になって、変化が起こりはじめる頃に入ったので、この時期のことは少ししか知らない。だから、これは他の仲間たちから伝え聞いたことだ。

2　チェ・ゲバラとの最後の決別

初期の組織の先住民たち

マルコス――一方、私自身が加わった頃、先住民運動にはふたつの構成要素があった。ひとつはセルバの先住民の孤立したグループで、もうひとつはいわばエリート的な、きわめて政治的な先住民のグループだった。後者は大きな組織力と豊富な政治闘争の経験をもっていた。そのメンバーは、当時活動していた左翼政治運動のほとんどすべてにいたことがあって、国内のすべての刑務所を経験していた。土地問題や生活条件、政治的権利のためには武力以外に解決策はないと彼らは気づいていた。そして、このふたつのグループが接触するのだ。

Y――そのような政治的経験をもつ先住民構成員は少数でしたか?

マルコス――そうだ。ほんの数人、一ダースにも満たないような人数だった。先住民といえば、孤立し、文化的に周縁化され、抑圧され、「むちゃくちゃにされた《チンガード》*」という先入観があるが、彼らはそれではとらえられない、ある種のエリートだった。そういう世界を知らない者にとっては驚くべき水準の政治文化と民族意識をもっていた。そして、なんらかの理由であの組織、あの軍事組織がこのエリート先住民、政治的エリートたちと接触を始め、そして両者は、武装闘争が必要であり、軍隊を作る必要があるということで一致するのだ。ゲリラ組織ではなく、正規軍をだ。

*Chingar　この動詞には、消極的、侮辱された、犯された、などの意味がある。「chingar とは、失敗、嘲笑、揶揄、侮辱などの意味が含まれる」(オクタビオ・パス『孤独の迷宮』)。

「サパティスタ軍」の計画――ラ・ペサディージャ（悪夢）

マルコス――まだ具体的なものは何もなかったが、後のEZLNとなるものは、正規軍の編成、指令系統、構成、テリトリーや組織形態について計画を始めた。その可能性が検討され、先住民たちは察知される危険の少なそうな場所を探すことを提案する。これは、誰にも知られぬうちに準備するという考え方とも一致していた。そして、彼らは言った。「セルバ・ラカンドナ（ラカンドン密林）はどうだろう。政府の連中がいない、白色警備隊*もいない、農園主たちもいない、道路すらない。人里離れた土地だから先住民すらいない。神様だっていやしない！　その気があるのなら、あそこならできるじゃないか。ただ、あそこはとても厳しい土地だ。俺たちだってあんな所には住んじゃいない」と。

このような場所に入るためには、決心を固めており、よく訓練された、心の定まった人間が必要だった。組織は、ラカンドン密林に入ることを決めた。そこに入り、一九八三年一一月、逆説的だが「ラ・ペサディージャ（悪夢）」という名のキャンプでサパティスタ民族解放軍が結成される。キャンプの名前はそこで起こったことに因んでつけられていたから、そこでもなにか起こったんだろう。たしか、様子見に先遣隊を一人送り、どうだったか聞いたんだ。「きれいで、とてもいい場所だよ。川と森があって、食べるものもあるし、狩りもできる」と彼は言った。当時われわれはそうやって生き延びていたのだ。「夢のようだよ！」とも彼は言った。そこでわれわれはそこに入り、思わず言

白色警備隊　農園主に雇われた殺し屋。

ったさ。「夢のようだって？　これは悪夢《ペサディージャ》だよ！……」と。そうやって、ラ・ペサディージャという名前がついたんだったと思う。

Y――そして、ラ・ペサディージャからラ・レアリダ*へと移ったのですね。

マルコス――夢から現実へではなく、悪夢から現実へ、だなんてさ！

M――正規軍という発想はどのようにして生まれたのですか？

マルコス――それはひとつの夢であり希望だった。政治的先住民のグループと接触した頃、われわれは彼らが直面している現実についての彼ら自身の分析を知り、われわれの計画は広く受け入れられるだろうと考えた。それまで考えていたように少しづつ成長するのではなく、早く大きく成長するという展望をわれわれはもったのだ。だが、それはまったく現実的ではなかった。そうであってほしいという希望でしかなかったのだ。現実には、ずっと後までそんな状況にはならなかった。

ニカラグア、エルサルバドル、グアテマラ……チアパス

Y――その段階で、グアテマラの経験はなんらかの影響を与えましたか？

マルコス――いや、まったくない。すべての組織の中で最悪だったのがＵＲＮＧ*で、彼らはメヒコにおける武装闘争の計画を、強い不信と批判と敵意をもって見ていた。

Y――なるほど、別の角度から質問を繰り返したいと思います。グアテマラの人が直接参加したということはなかったけれども、あなた方はグアテマラの経験について知っていたと。そこで、それはモデルとしてではなくとも経験として、なにかあなた方に残す

ラ・レアリダ　このスペイン語は「現実」という意味である。

ＵＲＮＧ　グアテマラのゲリラ連合組織、ＵＲＮＧ（グアテマラ民族革命連合）は一九八二年に結成された。

ものはありましたか?

マルコス――いや。われわれにとってゲリラとは中米のゲリラではなくチェ・ゲバラだったから。われわれはすでに、大規模な作戦行動のできる正規軍を計画していた。URNGもそのような作戦をやってはいたが、それらはあまり知られておらず、われわれがよく知っていたのは彼らの教本だった。そこではグアテマラ軍や北アメリカ軍の対ゲリラ戦略と、それに彼らがどのようにして対抗していたかといったことが説明されていたが、それも常にゲリラ的戦術によるものだった。

　われわれはゲリラになろうとしていたのではなかったから、こうした軍事的経験は知識としては役に立ったものの、学ぶべきモデルとしてはとらえていなかった。政治的な近さは一切なかった。この時期の世代は自分たちのメヒコ性《メヒカニダー》や独自性に非常にこだわっており、それ以外のすべての運動から距離を取ろうとしたのだ。グアテマラ・ゲリラの方も、メヒコと接触するにあたって、それが彼らへの協力といったものでない場合、とても慎重だった。私自身は彼らと接触したことはないが、あったことはあったらしい。ただ、われわれの計画について彼らはとても批判的で完全に見下しており、苦い経験だったようだ。彼らは闘っているゲリラだったのに対して、われわれはゲリラといっても名前と目標だけのもので、闘ったことがなければ武装してもいなかったし、山中にいるわけでもなかった。だから、彼らはわれわれをある種の優越感と軽蔑をもって扱ったのだ。

Y――エルサルバドルやニカラグアの経験はEZLNの形成に影響を与えましたか?

マルコス――あるけれども、それはもっと後のことだ。ゲリラの場合、一部隊の人数は一〇人、一二人、二〇人、多くて四〇人程度のもので、チェ・ゲバラは最大で八〇だと言っている。われわれは数百人単位の部隊を複数編成することを考えていたから、別のモデルが必要だった。七九年、サンディニスタの闘争の最終局面における都市占拠作戦や、和平協定合意前のFMLN*の輝かしい軍事作戦は大胆で、われわれを驚嘆させた。われわれにとってはあれが手本だった。サンサルバドルに対する大攻勢はすごかったよ。確か、八九年だったと思うけど……

Y——八九年一一月ですね。

マルコス——われわれはある村で、軍事演習も行なって周年行事を祝っていた。そしてその時、ラジオで攻勢のニュースを聞いていたのだ。「ラジオ・ベンセレモス」と、それからURNGの「ラジオ・人民の声」をキャッチしていた。グアテマラのほうが近いのに、不思議とその方が聞き取りにくかったな。

孤独の砂漠

マルコス——一九八三年まで話を戻して、EZLNが生まれた頃、まだあの組織は先住民を単に民衆の一部としてしか捉えず、特別な存在とは見なしていなかった。先住民が過半数を占めるグアテマラのORPA*が発していた力強い問題提起も、われわれには当たり前のことのように思えていた。「グアテマラの人口の過半数が先住民なんだから、先住民が多くなるのも当たり前じゃないか」と考えていた。先住民であるということ自体に特別な意味があるとは考えなかったのだ。彼らは搾取されている民衆で、農民として扱うべきだった。

FMLN FMLN(ファラブンド・マルティ民族解放戦線)はエルサルバドルのゲリラ組織連合である。

ORPA(武装人民組織) ゲリラ連合であるURNGを構成した組織の一つで、ノーベル文学賞作家ミゲル・アンヘル・アストゥリアスの息子、ロドリゴ・アストゥリアス(ゲリラ名ガスパル・イロム)が指揮した。

われわれはセルバに入り、ラ・ペサディージャに入った。それは本当に悪夢《ペサディージャ》だった。村からの援助もなく、一〇人にも満たない政治的な先住民のグループだけが一緒で、村からの支援をうける可能性はゼロだった。後方支援経路は果てしなく、都市からキャンプにたどりつくまでずっと地下に潜行しなくてはならなかった。集落のそばを通る時は、見られぬよう夜中に隠れて通っていた。時には、牛泥棒だとか山賊、幽霊だと思われ追われることすらあったのだ。今は仲間であったり委員会*の司令官であるような者まで、当時はわれわれを悪者だと思って追い回していた。

　最初の数年間、八三年から八五年頃の期間は、これらのグループにとってとても孤独な期間だった。

　われわれは山に生きることをまなび、闘うことをまなび、そして、いつの日かメヒコで革命が始まることを待った。もうその頃には、メヒコの革命はわれわれの手でなされるのではなく、誰かがそれを実行し、われわれはそれを助けるのだと、そう考えていた。軍事面では、山中にいた間、外部からの援助も指導もなにもなかったから、独学で軍を編成し、本で読んだ知識を頼りに自ら訓練しなければならなかった。ラテンアメリカのゲリラについて読み、また、北アメリカ軍のゲリラ・対ゲリラ戦マニュアルをよく読んだ。独学で、レンジャー部隊や海兵隊、「シエスポス」、「シールズ」など、北アメリカ軍とＮＡＴＯのあらゆる軍事部隊のマニュアルからゲリラについて学んだ。そのようにしてゲリラとは何かをまなび、正規軍については軍事史の教科書から学んだ。独立戦争の時代ではモレロス軍から、革命戦争では特にビジャの北方師団とサパタの南方解放軍から多くを学んでいる。だからわれわれは分隊、小隊、中隊、大隊、師団、軍団、全軍というかたちに編成し、指令系統も同じにした。この編成はビジャとサパタのそれにと

委員会　ＥＺＬＮの指導部として一九九三年に設置された先住民革命地下委員会（ＣＣＲＩ）のこと。ＥＺＬＮの文書は、この委員会の名のもとに出されることが多い。（訳注）

てもよく似ているのだ。

Y――抽象的にですよね。

マルコス――われわれはいないも同然の数だった。一九八五年の一月にはたったの八人だった。計画図の中では一万五千人から二万人を数えるようになっていたが……。

Y――あなた方がエルサルバドルとニカラグアにいたことがあるという説がありますが、それは本当ですか？

マルコス――嘘だ。ただ、やりたくなかったのではなく、こんな、実行不可能で、やったならばもっとひどいことになってしまうであろうような狂気の計画を支援しようとする人がいなかったのだ。

キューバ、ニカラグア、エルサルバドル、グアテマラ、モスクワ、朝鮮、どこにおいても訓練を受けていない。われわれが鈍かったからだ。やりたかったさ。やっていれば、もっとうまく闘えていただろう。だが、やれなかった。

Y――一九八〇年の、サンディニスタの識字運動にも参加しませんでしたか？

マルコス――ああ！　ひょっとしたら、彼らとの連帯運動をしていた仲間がいて、そう、あの殺された仲間はそれに参加したかもしれないな。だが、われわれがキューバやニカラグアで訓練を受けたというのは嘘だ。どんな部署の誰一人として、それを行なったことはない。

われわれの最大の関心事は、山で生きることだった。山を自分のものにすることができれば、それが最大の武器になるであろうことはわかっていた。山では、自然が人間を痛めつけるからだ。「兵隊にとっても同じだろう。これがわれわれの楯だ。山で生きることを学ばなければ」と。だから、われわれは時間の多くを山での生存訓練に費やし、外部からの補給なしで長い期間生き延びることができるようになった。われわれの補給部隊は都市から来ていたから、物資が到着するまで時には何ヵ月も待たなければならなかった。そのため、われわれは自生する果実を食べ、野生の動物を狩り、大地を知り尽くして歩き回り、山にとけこんだ。網目状の山道をつくり、山から山へ、誰にも見られることなく移動することができるようになった。だが、世界の現実を見ても国内の現実を見ても、われわれが成功するであろうとか、われわれの犠牲が報われるであろうなどという兆しはかけらもなかった。逆だ。われわれは完全な失敗に向かっていたのだ。

Y――孤独の砂漠だった……

マルコス――まさしく。地理的に孤立していただけでなく、政治的にも孤独だった。短波放送のヴォイス・オブ・アメリカ、フランス国際放送、ロンドンのBBC、スペイン海外放送、キューバのハバナ放送、アンデスの声などを聞いていたが、それらは、すべてが崩壊してゆくさまを伝えていた。国内の情報についてはほとんど何も知らなかった。外国からの放送にまじって伝えられることだけは知ることができたが、それは僅かだった。カルデナス運動*や、八五年から八八年にかけての国内での出来事*をわれわれが見逃したのも、そういう理由によるものだ。カルデナス運動の市民蜂起的現象にわれわれは気づかず、何か、普通の現象としてしかとらえなかった。その重要性に気づき、人びとの意識にどんな衝撃を与えていたのかを知ったのはずっと後になってのことだ。

Y――メヒコの市民社会の出現も感じとられなかったですか？

マルコス――一九八五年の地震のときに、組織された大規模な市民社会が初めてメヒコに出現したと言われるが、その地震のことについては外国のラジオで知った。仲間が一人山を下り、街で他の仲間たちがどうしているか、死んだり、家が崩れたりしていない

カルデナス運動　PRI（制度的革命党）の永続的支配を揺り動かす一因ともなる、クワウテモック・カルデナス主宰下のこの運動については、六六頁注および一九九頁以下の記述を参照。（訳注）

八五年以降の出来事　八五年九月の地震はメヒコ市を中心に大きな被害をもたらしたが、被災直後から目立ったのは、被災現場の住民、学生、医師、看護婦、貧しい労働者、鉱山労働者（瓦礫の山のトンネル掘り）などの自発労働が示した民衆的連帯であった。毎日新聞メヒコ特派員中井良則記者は次のように書いた。「とっさの行動に本性が現れるのは人間も社会も同じだろう。廃墟の中で自発的に救援活動を展開したメキシコ市民の活力は、社会の健全さを示している。関東大震災後、流言飛語の中で朝鮮人を虐殺した歴史を持つ日本と比べて、そう思う」（同紙八五年一〇月二二日付朝刊）。（訳注）

か様子を見に行った。ただ、それだけだった。一九八五年に起こったことについてわれわれが気づいたのは、もっとずっと後のことだった。

先住民の村落共同体との接触がなかったから、われわれは国内的にも地域的にも孤立したゲリラでしかなかった。世界的にもすべてが崩壊しようとしていたし、われわれはあらゆる意味において孤立していて、孤独の最たるもののようだった。

3　先住民共同体との出会い——文化的衝突

最初の接触

マルコス——ここは、ロビンソン・クルーソーの島だった。瓶を送る相手などいなかったし、フライデーもいなかった。ゲリラは孤立していた。そのため、地域で起こりつつあることにも気づいていなかった。当時、弾圧が激しさを増す中、生活条件も貧困も深刻化しており、それが、その頃は周辺にあった先住民運動、そして現在は目のあたりにしている先住民民衆が、後にゲリラとの接触を受け入れる原因となるなどとは思ってもみなかった。ただ、村と武装組織——都市から来た、君の言うところの大学ゲリラ——の接触といっても、ゲリラは都市から来るのではなかった。ゲリラは山からやってくるのであり、しかも、その山に三年、四年、五年と住んでいたのだ。それは、先住民の人びとにとって大変なことだった。なぜなら、彼らは山にはあまり入ろうとせず、狩りで山に入ることはあっても、出来る限り早く帰っていたからだ。この頃は、誰も、先住民でさえも、セルバの中で寝ようとはしなかった。それは危険を恐れていたところもあったし、先住民の文化的伝統の中で夜と山が持つ意味合いによるものでもあった。

しかしそれはさておき、この時点ではまだ、政治・軍事組織と先住民の政治的エリートたちはまだ少し離れている。政治的先住民のグループはのちにサパティスタ軍と村の間の仲介者ともなるので仲介者グループと呼ぶことにするが、彼らは武装闘争について知っていた幾人かの村の長たちに話をしはじめた。これは時期的に、特にセルバとチアパス北部で白色警備隊が拡大し弾圧が強化された時期と重なり、先住民は自己防衛を必要としていた。武装闘争が提案されると彼らは、「そうだな。闘い方を教えてくれて、武器も用意してくれるのなら、たしかにやる必要はあるよ」と答えた。こうした実に具体的で緊急の、生存がかかった事態に急《せ》かされて、先住民の村落共同体は政治・軍事組織と最初の接触を図ることになった。この衝突から、今日サパティスタ運動として知られているものが生まれたのだ。現在のサパティスタ運動はまた別の要素を含んでいるが、九四年一月に出現するサパティスタ運動はこの衝突から生まれたのだ。

文化的衝突

Y――弾圧機関との衝突*のことですか?

マルコス――いや、われわれとの衝突だ。ラカンドン密林の渓谷地帯からの大規模な強制排除が計画されており、この追い立てから自衛するために武装闘争が必要であることを弾圧機関はわからせてくれた。密林のすべての村落を排除して一握りのラカンドン人の所有地とし、木材を商業化することが計画されていたのだ。当時われわれは知らなかったが、調査によってその地に大量の埋蔵油田もあることもわかっていた。これはもう確認されているし、また、特にセルバの奥深くには大量のウランが埋蔵されていることもわかっている。先住民たちは当然、これら埋蔵物を採掘するためには、単なる妨害物以外の何ものでもなかった。そして、石油大資本の世界戦略にとってこれはご馳走であ

衝突 マルコスは文字通り「衝突」を意味する choque という言葉を使っているので、インタビューする側も混乱している。これ以降の説明でわかるように、先住民共同体とマルコスらは「文化的衝突」を孕んだ「出会い方」をしているので、あえてこう表現しているようだ。(訳注)

り、いずれにせよ、誰がそのケーキを独占するのかをめぐる争いになるであろうことだった。しかし、われわれは当時、なにも知らなかった。

われわれはまず地域の先住民村落と接触し、やがて、村あるいは村長と武装組織の間で、相互に協力するという暗黙の了解、共存の取り決めが成立した。政治化した先住民との間の話ではなく、村落の長たちとの話だ。「戦闘のための訓練をしてくれ、私らは物資補給に協力し——それに一番苦労していた——、それを運ぶのも手伝うから」といった、一種のギブ・アンド・テイクの最初の関係が始まった。われわれは彼らに軍事訓練を行ない、彼らは食糧を運ぶのを手伝ったり、あるいはトウモロコシ、フリホル豆、米、砂糖、電池など、必要なものをわれわれに売った。彼らにお金を渡し、彼らに買ってきてもらうこともあった。こうした交流の中で、政治的・文化的交流も生まれていった。問題は、彼らの言葉を学ばなければならないことだった。

仲介者グループの先住民たちは、ツェルタルやツォツィル、チョル、トホラバルなど、当然同じく先住民である自分の家族と相談し、もっとも若い息子たちをゲリラにするために山に送ることを決めた。こうして、政治・軍事組織に先住民という要素が加わった。すぐに——一九八四年頃の話だ——、ラディーノ*とメスティーソが大半だったところを先住民が過半数を占めるようになった。組織が村と接触する頃には、政治・軍事組織内部で先住民が過半数を占めるようになっていた。それは司令部の構成には反映されていなかったが、組織内部のあり方には反映された。彼らの方言*を学ぶという、吸収し、解決しなければならない最初の文化的衝突が起こっていた。方言を学ぶとともに、それ以上に、言葉の使い方を学び、さまざまなものの意味を知り、シンボルや、コミュニケーションの中でシンボルが持つ意味などを学ばなくてはならなかった。

ラディーノ　チアパス州やグアテマラでは、白人やメスティーソなど、先住民ではない人びとを総じて「ラディーノ」と呼んでいる。(訳注)

方言　メヒコでは一般的なことだが、マルコスは先住民言語を指すのに「方言(dialecto)」という表現を使っている。(訳注)

そのようなわけで、組織と村落が接触する頃には、すでにゲリラ内部にいわば通訳者としてはたらく先住民がいた。この先住民たちはすでに一定の政治的水準をもち、国全体を見据え、先住民のものだけではない長期的な闘いの視野を持っており、組織が以前に作り上げていた政治・文化的蓄積を吸収・消化し、そこに新たなものを創造していた。この新たなものこそが村との接触を可能とし、村との共存関係、ギブ・アンド・テイクの関係を政治的な関係性に変えたのだ。先住民ゲリラたちこそが、ゲリラと民衆の関係性を政治的なものに変え、有機的な関係を形作る力になったのだ。八五年頃の話だ……。

M――この段階における、「新たなもの」の内容とはどのようなものだったのですか?

マルコス――それは、政治的移行の概念を、非常に豊かなかたちで翻訳したものだった。より正当な世界という概念、おおよそ社会主義のすべての概念が消化・吸収され、先住民世界特有の要素というよりは、人間的な側面や倫理的・モラル的要素がそれに豊かさを与えていた。そこでは、革命とは本質的に倫理、モラルの問題となる。革命は、富の分配や生産手段の奪取よりも、人が尊厳をもちうるかどうかの問題となる。尊厳という言葉が強い力を持ちはじめ、それはわれわれの、つまり都市から来た人間の発想ではない、他ならぬ先住民共同体の発想だった。革命は、尊厳を獲得し、それが尊重されるがためのものへと転化したのだ。

光と闇

マルコス――この転換、あるいは豊かな消化について、EZLNは気づいていなかった。

われわれがそう計画したわけではなく、そうなっていったのだ。光明が暗闇にたどり着いたからわれわれは拡大していたのだと、そのように自分たちでは考えていた。だが、離れてみれば、実際にはいま言ったようなことこそが起こっていたのだ……。

Y——あなた方が村落と接触を始めた頃、村の民衆にも独自の歴史があり、独自の過程と変化があり、意識化の過程があり、農業問題や経済的な闘いに限られない独自のダイナミズムをもっていたということをあなたがたは認識していましたか？

マルコス——いや、はじめは認識していなかった。はじめの頃、われわれのゲリラとしての視点からは、彼らは搾取された民衆で、彼らを組織し、道を指し示すことが必要だと考えていた。考えてもごらんよ、われわれを世界の光明だと思っていたんだから！

Y——彼らは暗闇の中にいたと？

マルコス——彼らは盲目であり、目を開いてやる必要があったのだ。この姿勢は、いまひとりの通訳者であるアントニオ老*が現われるまで変わらない。村落がわれわれとの接触に入る時、文学的ではあるが実在したこの老人が登場した。彼は、村世界の、それも最も先住民的な部分との橋渡し役となる。サパティスタ民族解放軍は、彼や他の政治的指導者たち、村長たちを通して、彼らの政治的起源と意識、歴史意識にふれていく。そしてわかったことは、われわれは救世主を必要とした先住民運動と対しているのではなく、長い闘争の歴史と経験を持つ、抵抗力がありかつ賢くて、われわれは彼らの武装部門としてぐらいなら役に立てるかもしれないというような先住民運動と対しているということだった。

アントニオ老　マルコスたちと先住民世界の媒介者となったアントニオ老については、次の文献を参照されたい。マルコス副司令『老アントニオのお話——サパティスタと叛乱する先住民族の伝承』（小林致広編訳、現代企画室、二〇〇五年）。小林致広『「老アントニオのお話」を読む』（神戸市外国語大学外国学研究所、二〇〇五年）。（訳注）

老アントニオのお話
サパティスタと叛乱する先住民族の伝承
マルコス副司令＝著
サパティスタ
特有の言語は
ここから生まれた!

EZLN最初の「敗北」

マルコス――この時期――八五年から八七年頃のことなのだが――、われわれは学んでいた。先住民世界という予期せぬ現実と出会い、そして、彼らはわれわれを待っていたのではないということ、すべての階層のためにわれわれが準備してきた言葉を、われわれが彼らに教えるために来たのではないということに気づいた。われわれは、労働者であれ、農民であれ、雇われ人であれ、学生であれ、誰と話すのも同じだと考えていた。皆が革命のメッセージを理解するはずだった。しかし、われわれは対応することのできない新たな世界と遭遇していたのだ。

Y――政治的先住民たちでさえその準備はできていなかったのではないかと想像するのですが……

マルコス――その通りだ。彼らもその準備はできていなかった。組織はまだマルクス・レーニン主義の伝統の枠組みを維持していたが、理解することも説明することもできぬ現実があり、とにかくそこで活動しなければならなかった。

この組織のよいところは、このような状況下で、対応できないということ、学ぶべきことがあるということを認めたところだ。それがEZLN最初にして最大の敗北であり、その後に大きな影響を与えた。EZLNは新しいものと対峙し、その問題に対応できないこと、待ち、学ばなければならないことを認め、先生であることをやめた。この現実を前にできることは山のような問いかけだけであり、解決することはできないと認めたのだ。

もはやEZLNに残っているラディーノは二人か三人だった。そして、EZLNは何もできることはないと認め、意識的にか無意識的にか、先生を前にした生徒の役割を演じた。その時、アントニオ老や村の長たち、先住民のゲリラたちがこの政治・軍事組織の先生となったのだ。残っているラディーノは二人か三人しかいなかったが、まだこれは政治・軍事組織だった。

こうして、革命的前衛の軍隊が先住民村落の軍隊へと転換し、さまざまな形態をもつ先住民の抵抗闘争の一つとなる、EZLNの変化の過程が始まった。われわれはそのようにとらえてはいなかったよ。われわれにとっては武装闘争は中核的というか、最も重要な部分だった……われわれは、あらゆるスローガンや枠組みを信じこんでいた。だが、EZLNは村に入り、抵抗闘争の単なる一要素となっていく。村の影響を受け、村に従うようになったのだ。村落はそれを自分のものとし、支配下に置いた。

EZLNは、この敗北を認めたために、生き延び、成長することができたのだと思う。もしそれを認めなければ、孤立し、成長できないまま、いずれ消滅していただろう。一九九四年一月一日に現われるEZLNも生まれなかっただろう。貧しい武装とはいえ、数千人の戦闘員のいる軍隊だ。死ぬまで闘う用意のある人間を数千人集めるのはそう簡単ではない。ただし、これはEZLNの呼びかけの成果ではない。私にとっては逆に、対応できない新たな現実と向き合うことを受け入れ、その現実の中で生き延びるためにはその現実に従わなければならないということを認めたその瞬間に、EZLNは生まれたのだ。

M――この「敗北」は、政治・軍事組織の中のチアパス外にいた部隊、都市活動部隊にも認められたのですか？

マルコス――いや、もちろん認められなかった。認めなかったのではなく、彼らには見えないものだった。それは、山の中にいて初めて見えることだったのだ。社会全体を説明できる理論的枠組があるのに、それをもって社会に行ってもその枠組みは何も説明してくれないという、そういう状況だ。全人生をかけて創り上げた計画が根本的に間違っていたということを認めるのは、なかなか辛いことだ。分け入っていこうとしているはずの地の現実すら、説明することができなかった。深刻な問題だった。対立していたのではなく、彼らには見えない、理解できないことだったのだ。「それはゲリラ部隊の問題であり、セルバで活動している革命運動の問題だ。とにかく、こちらでは労働者や学生を組織しなくては」と。それについてはその通りで、別の階級を組織することは必要だった。だが、この衝突がいかに深きものであるかを彼らは感じ取ることができなかった。山にいたわれわれだけだ。

Y――このことは、すぐには分裂に結びつかなかったのですね？

マルコス――いや、というのもこれは次第に都市部にも広がっていったのだ。都市の状況は深刻で、失望と幻滅が広がっていた。都市部では組織は拡大せず、行き詰まっていた。われわれは山中の先住民の若者たちを医療や通信、大工仕事など、軍隊を維持するために必要なあらゆる事柄を学ばせるために都市へ送っていたが、やがてウイルスも一緒に移っていった。つまり、サパティスタ民族解放軍のインディオ化が戦略的に行なわれ、ＥＺＬＮ都市部隊も感染してインディオ化したのだ。軍メンバーの大半は先住民だったし、都市部隊は小規模だった――数十人という規模だ――が、それも大半を先住民系が占めていた。大した影響はなかったかもしれないが、そこで感染がおこったのだ。

われわれは、再教育と改編の過程を経た。われわれは分解されたようなものだった。マルクス主義、レーニン主義、社会主義、都市文化、詩、文学といった、われわれを成り立たせていた部品がすべて取り外され、われわれ自身は気づいていなかった構成部品も外された。解体されたわれわれは、別の形で組み立て直された。それが、生き延びるための唯一の手段だったのだ。

その他の当事者——毛沢東主義者、教会……

Y——この地域には、あえて分類的な言葉を使えば毛沢東主義者や、教会という当事者も存在していたわけですね。この地の先住民の人びとも完全に外界から隔絶されていたわけではなく、例えば、プロテスタントや新生カトリック派など、宗教組織の影響も受けていました。

マルコス——いや、そうであるかのように見えるのだが、そうではない。われわれが最初に接触した村落は、最も隔絶された村落だった。八〇年代後半の話だ。「民衆政治」派*の、「大衆路線」と「プロレタリアート路線」のメンバーたちはすでに村から追放されていた。また、教会による村落の組織には一方向にフィルターがかかっていた。つまり、教会は先住民が教会に知ってほしいと思うことだけを知ることができたのだ。教会が村について知っていたことは非常に断片的で、彼らに見せられていた部分だけを知っていた。

われわれも長い期間、存在を教会に気づかれることなく過ごした。仲間たちは何かを

「民衆政治」派　毛沢東主義組織「民衆政治（ＰＰ）」は、「大衆路線」と「プロレタリアート路線」のふたつに分裂した。進歩的カトリック教会の協力の下にＰＰは一九七七年以降、チアパスでの活動を展開した。メヒコ北部から来た人びとであったことから、「トレオン人」、あるいは「ノルテーニョ（北方人）」などと呼ばれていたが、教会と対立し、八〇年代前半にはその主要な指導者がチアパスを去った。

隠しておく必要があると考えれば、われわれにさえそれを隠してしまう。そのようにしてのみ、いかにして一〇年ものあいだ秘密を守り通すことができたのかということの説明がつく。彼らが知ってほしいことのみを知ることができ、本当に、ただそれだけなのだ。拷問したって無理だよ。言えないことは何をしたって言わないさ。

もちろん、これらの組織、なかでも教会は組織の作り方で影響を残した。しかし、それも行き詰まりつつあった。経済的状況の打開を目指した組織は危機と極貧のなかで低迷していた。新たな道は、見えていなかった。

4 マルコスと仲間たち

アントニオ老の生徒

Y——アントニオ老とは文学的創作ではなく、実際に存在した、キーワード的人物だと言われました。アントニオ老はなにをあなた方にのこしたのでしょう。あなた方の変化を刺激した人物のように思えるのですが。

マルコス——そうだ……アントニオ老は一九九四年六月に亡くなった*。私が彼に出会ったのは八四年のことだ。亡くなる前、メッセージをくれた。すでに重体だった。三月、意見投票*をやっている頃、私は彼に会った。ある日、私と同じくらいの歳の彼の息子がやってきて、彼が亡くなったことを伝えた。「なんで知らせなかったんだ。なにかできたかもしれないのに」。「そうしたがらなかったんだ。結核だったんだが」と。彼は物語を書いていた。遺言だ。覆面の起源の物語、太陽と月を創るために犠牲になる神々の物語、どうして黒い炭から光が生まれるのかという物語……そんな物語だった。それを受け取り、ある手紙の追伸でそれについて書いた。彼のことを思い起こしはじめ、後に書くことになる物語を思い出した。

彼に出会ったのは、われわれが完全に孤立していた時期だった。ある時、われわれは道に迷い、彼の村の近くを流れる川の岸を右往左往していた。村は密林の奥深いところにあって、われわれは彼と出くわした時、何を言っていいのかわからなかった。嘘を言

アントニオ老の死　他の複数の資料・証言から見て、死亡したのは一九九四年三月と推定される。ここは、マルコスの言い違いか、ル・ボの聞き違いであろう。(訳注)

意見投票　一九九四年三月、EZLNは和平のための対話の結果について、支持基盤の意見を集めていた。

うか？　彼は狩りをしているところだと言ったが、そこは彼のとうもろこし畑《ミルパ》の近くだった。私は技師だと言った。髭がこのぐらいまで伸びていたかもしれないし、武装していたかもしれない。技師には見えなかっただろう。その後、われわれは再び出会い、そして付き合いが始まった。最初の頃、ゲリラの夢は農民と出会い、政治について説明して説き伏せることだった。私は彼にメヒコの歴史やサパティスタ運動について語り、彼はボタンやイカルの伝説*を語って応えた。一九八五年のことだが、アントニオ老の村が、初めてわれわれが「獲得」した村、つまり、われわれが初めてサパティスタとして入った村となった。彼はそこで、われわれが何者であり、何者であるべきなのかということを説明する一種の通訳だった。

　サパティスタ運動内部の変化の過程と平行して、山中のゲリラたちはアントニオ老の橋渡しによって村に入っていった。彼の最大の功績は、メヒコ南東部山中における先住民問題の特徴をサパティスタに理解させたことだった。あの頃われわれはとても近いところにいて、よく会っていた。われわれのキャンプは彼の村に近く、われわれが会いに行くか、彼が来ていた。もっとこちらの方に移動したのはその後のことだ。われわれがいるのはどんな場所なのかを教えること、それが彼の果たした役割だった。「ここは、こうこうこういう場所なんだよ」と。それは大きな助けになった。

Y――先住民の文化、先住民の世界とのコミュニケーションのための決定的な役割ですか。

マルコス――そうだ。そして、マルコスは彼から得たものを利用して先住民世界と都市世界を結ぶのだ。外部向けのサパティスタの語りのなかにある先住民的要素はアントニオ老の遺したものなのだ。私は盗作をしているようなものだ……。

伝説　ボタンやイカルは、いずれもマヤの神話世界の偶像であり、前掲『老アントニオのお話』に詳しい。（訳注）

橋、窓としてのマルコス

M——マルコスは橋や窓にたとえられることがあります。これは、消極的な役割を担ってきたかのような印象を与えますが、それだけではなく創造的な意味ももってきたと思います。マルコスの積極的な役割についてどう評価していますか？

マルコス——たしかに積極的な役割を持ち得ると思う。だが現在の条件下では、彼は自制し、村落から外部世界、社会へとメッセージを発しなくてはならない。マルコスは、人びとが望む形に自らの姿を合せていく。偶像化し、背後にある本当の人物とはまったく関係の無い偶像となって利用されるのだ。私もその窓という比喩を使っていたよ。マルコスは通訳者であり、内側を覗き込み、外側を見渡すための窓なのだ。ただ、ガラスが曇っていたことから人びとは窓自体に注目してしまい、そこで、九四年以降のことだが、マルコスがシンボルとなってしまった。前はマルコスの役割はこれではなかった。九四年一月一日までは、あるいは大聖堂での対話*の時までは、マルコスの唯一の役目は軍司令官でありスポークスパーソンではなかった。それは後になってでてきたものなのだ。マルコスがスポークスパーソンになるなんてことは計画になかった。

Y——一月一日にサン・クリストバルで話したのはあなたではなかったのですか？

マルコス——いや、それはダビッド司令官とフェリッペ司令官だ。私はあとから、外国人に通訳するために加わった。あそこでは私は唯一の非先住民だったから目立ったのだ。すべてを操っているのは私だなどとも言われた。だが、大聖堂での対話までは、マルコ

大聖堂での対話　一九九四年二月〜三月、サン・クリストバル・デ・ラス・カサスの大聖堂で、司教サムエル・ルイスを仲介者として、サパティスタと連邦政府代表者間の最初の対話が行なわれた。

スはただ軍司令官であるだけだった。あとから、九四年一月一日に生まれた新しいマルコスが形成されていったのだ。このマルコスは、まず村の必要に応えて姿を整え、次に、市民社会が抱える必要性にも対応し、やがて、すべての人、バラバラで曖昧だがサパティスタ運動にとって根本的な意味を持つ動《モビミエント》きの必要に応えて姿を整えた。

マルコスと村、マルコスの孤独

Y——村とマルコスの関係はどのようなものですか?

マルコス——九四年以前には大きく分けて二つの段階がある。最初は、マルコスは山の中にいて、村との接触といえば戦闘員と一緒にやってくる人との接触があるだけだった。その後、山から下りて村落との接触を始める頃だが、繰り返すがそのメスティーソは都市から来るのではなく、山から下りてくるのだ。

Y——でも、メスティーソだった……

マルコス——そういうことだ……。方言、特に、その地域の方言であるツェルタルは少しばかり話せるようになっていた。そこで話し始めてみたが、ある種、先生と生徒のような、一方通行的な関係だった。時には彼らが先生で、われわれが教わる側になったりもした。ただ、それは緊密な関係ではなく、そうして時が過ぎていった。九四年になり、もっと近くにいることが必要になるまで、われわれは村に住んだことはなかった。九五年二月にはわれわれは退却し、現在は村内ではなく周辺のキャンプに住んでいる。
九四年以降、私は通常、村の意思決定に関わり過ぎないように注意している。私の言葉が重みを持ちすぎるからだ。それぞれ担当者がいるわけだから、誰かの味方をしてしまうことを避けるため、私のところまで村の問題がのぼってこないよう気をつけているのだ。そうでなければ、意図せずしてことを大きくしてしまう。副司令《スブ》＊がこう言ったから、ということでバランスを崩して、少数派を多数派にしてしまうことだってありうるのだ。だから距離をとらなければならない。私がなんでも自由に話せるのは子どもたちだけだ。そこには決定とか何とかが入ってこないから自由に喋っていられる。

Y――しかし孤独は深まりますね。リーダーの孤独といいますか。

マルコス――そうだ。それに、積極的にそうしなければならない。場合によるのだが、村を訪ねるときに誰の家に行くかということも、悪い印《しるし》ではなくともひとつの印を残すことになってしまう。

以前は確かによくない印だったし、今でも軍隊がくれば同じだ。「マルコスが飯を食いに来ていた家だって！　やっちまえ！」とね。だが今は、村に行く時は食事係を連れて行くことにしている。村の人に作ってもらって、ひいきをつくることにならないためだ。意図的にするのではなくても、村で人を迎える者のステータスは大きい。だから非常に注意しなければならないのだ。人びとがわれわれに孤独を強要するのではなく、われわれが積極的にそうしなければならないのだ。人びとが避けているんじゃない、われわれが避けるのだ。

村とは委員会＊を通じて接触している。委員会とは会議をもって、特に士官、司令官や各委員会と集中して議論する。

Y――ことばの知識をのばす機会はありましたか？

マルコス――山中では、あった。今は村との交流がないから。山では教えるにも話すに

副司令　スブコマンダンテ（副司令官）・マルコスは、親しみをこめてスブ、あるいはスブと呼ばれている。

委員会　先住民革命地下委員会（CCRI）はサパティスタ村の代表者が構成する基盤委員会の上部組織である。

も方言は不可欠だ。その後、村では、サパティスタのやり方というわけではないが、村で話すときはスペイン語で話すよう求められる。それを通訳するのは村役でなければならない。やり方を無視することになってしまうから、村人に直接語りかけてはならないのだ。だから、もし方言を知っていたとしても、やり方に従い、それで話してはならない。彼らが言っていることがわかっても、それがやり方だから村役が訳してくれるのを待たなければならないのだ。馬鹿馬鹿しいやり方かもしれないけれど、それが村のやり方だ。それは尊重するべきだろう。

マルコスの一日

M——マルコスはふだん、どのような一日を過ごしていますか?

マルコス——時期による。例えば、今は微妙な時期だ。なにが起こっているのか、たくさんのことを分析しなければならない。* 外部の情報に注意し、いつでも委員会の会議に対応できるようにし、文書を作成し、運動の指導部である委員会と協議する。常に準備を整えていなければならない。例えば、委員会の会議が開かれ、質問が出る。「さて、対話の件はどうなった?」。「こうなっている」とタチョが説明する。「でも、それはどういうことなんだ。マルコスを呼ぼう」と。そうなれば、自分で行くか、文書を送らなければならない。「対話はこういう状況にあると見ている」と。「大陸間会議はどうなったんだ?」、「……それは、たくさん人が来たけど、政治的にはどんな意味があったんだろうか。マルコスを呼ぼう」と。だから、準備を整えている必要があるのだ。軍が

分析 一九九六年八月の後半、このインタビューが行われた時期、サパティスタは、体制改革のためのサン・アンドレス・サカムチェンにおける交渉の失敗と、「人類のために、新自由主義に反対する大陸間会議」(七月二七日―八月三日)の結果についての支持基盤の意見を聞いていた。

動いている時は、それにどんな意味があるのか、観察していなければならない。特に、公表するための文書を作成しなければならない。ただ、ほとんどの時間は内部向けの資料、評価、分析の作成に費やしている。必要な時には外部向けの声明、手紙や演説なども作成するが、仲間たちに今起こっていることと今後起こりうることについての私の分析を伝えることが主だ。その後、休息の時がくる。村での意見投票の時期だ。その時は人びとが指示をするわけだから、私は休んでいられる。今は、私は何も言うことはない。人びとが対話について決めるのだ。もう自分の仕事は終えて提出したから決定を取る必要もない。私と委員会が決定を下さなければならない時期もあるが、今は違う。今は村をまわっていて、数日後にそれが帰ってきたらまた仕事だ。

マルコス、モイセス、ダビッドとその他の面々

Y——なぜマルコスという名前を選んだのですか？　「サン・マルコによる福音書」はイエズス会士の好む福音書ですが。

マルコス——われわれにとってはそうではない。前身である政治・軍事組織では、仲間たちを死なせないという伝統があった。そして、死者を生かし続ける方法が、彼らの名前を取ることだったのだ。私は、私に歴史を教えてくれ、メヒコの歴史、特に軍事史を百科事典のごとく知り尽くしていたあの仲間の名前をとった。例えば、アルトゥロ・ガミスのゲリラの、後の「九月二三日同盟」をみちびくことになるマデラ兵営攻撃のことなどを、彼はとても詳しく知っていた。私は彼とともに国中、端から端まで車で旅した。

ハンドルを握りながら眠ってしまわないよう話し続けていて、彼はメヒコの歴史についてたくさんのことを教えてくれた。彼はその後殺され、私が彼の名前をもらったのだ。

Y――しかし、ホスエ、モイセス、ダビッドなど、サパティスタの名前の多くは聖書にでてくるものです……これはすべて偶然ですか？

マルコス――そうだな、だってメヒコではよくある名前じゃないか……だけど、他にとんでもないのもあるんだよ……われわれは、「戦士としての名前をひとつ、自分で選んでおくように」と言って時間を与え、「それまでに決めなければわれわれが決めるぞ」と言っておいた。この脅しを前に、誰もが自分で名前を選んだ。自分で名前を選ぶ初めてのチャンスだよ、それをみすみす逃すのかい？　逃さないだろう。そこで、仲間たちはそれぞれのやり方で名前を選んだ。聖書に出てくる名前を選ぶ者がいれば、自分の仲間の名前を選ぶ者もいたし、尊敬する人物の名前を選ぶ者もいた。しかし、非常に実用主義的な者もいた。パロという村で、カルロス・サリナス・デ・ゴルタリ*とつけた者がいたのだ。「なんでそんな名前に？」とみんなできいた。「捕まっても、逃がしてくれるだろうからさ。カルロス・サリナス・デ・ゴルタリなんて名前じゃ誰も私に何もできないさ」と。歌手のアンヘリカ・マリアというのをとったのがいたし、グロリア・トレビ*というのもいた。結局、みんな自分の願望を名前にしていたのだ。「無法者の名前をつければ身を守れるかな？」と言う者もいた。これは九三年頃の話で、仲間たちは名字まで選んでいた。ロナルド・レーガンとした者、フィデル・カストロとした者、フィデル・ベラスケス*とした者。実用主義的な連中だったよ。「マネしたい人物とか、守ってくれる人とか、常に思っていたい人とか、ただその人のことが好きだからとか、なんでそんな人物の名前を選ぶんだい？」と。サパティスタの名前について、最高におもしろい

サリナス　メヒコ大統領（一九八八年～一九九四年）。

歌手　アンヘリカ・マリアは六〇年代にヒットしたメヒコのポップ・ロック歌手。現在はメヒコのテレビドラマに出演している。グロリア・トレビはセックスシンボル的歌手。

フィデル・ベラスケス　当時九七歳を迎えていたフィデルは、数十年間にわたり、政府系の労働組合連合（CTM）の指導者をつとめた。

本が一冊書けてしまうほどだ。九三年、私は部隊編成のため戦闘員のリストを作り始めた。その時、マリオ少佐に言ったんだ。「ちょっと待て！　われわれの部隊にカルロス・サリナス・デ・ゴルタリがいるだなんてことがあるか！　どうしよう?」と。「とても有能な軍曹で、よく闘うやつですから」。「名前をかえさせろ。こんな名前では闘えない」。結局彼は、カルロスはのこし、同じイニシャル、ＣＳＧとなるようにした。名字をシエラ・ゴンサレスとしたのだ。そうやって闘いに出て、オコシンゴの包囲戦から生還した。

Y――ＥＺ《サパティスタ軍》のイニシャルはエルネスト・セディージョ*と同じですね！

マルコス――われわれのほうが先だよ。

「どのようにサパティスタになったのか」――タチョ司令官

Y――サパティスタになる以前、あなたはＡＲＩＣのメンバーでしたか?

タチョ――ＡＲＩＣではなく、エヒード連合*のメンバーでした。とても大きな組織で、生産活動や事業の実行を目的としていましたが、何も達成できないでいました。村人たちは疲れてしまいました。私は指導者ではなく、組織を仕切っていた委員や助言者たちに誘われて参加はしていたけど、それだけでした。特別な役職なしで、単なるメンバーか、あるいは共感者だったというところですね。

Y――サパティスタ軍とはどのように出会ったのですか?

タチョ――ある日、仲間たちが新聞で、誰かが木材業者を殺ったのを知ったんです。彼

セディージョ　一九九四年八月二一日に選出されたエルネスト・セディージョは、同年一二月一日に大統領に就任した。

農民組織　エヒード連合と集団権益農村連盟（ＡＲＩＣ）はいずれも農民組織である。詳しくは、小林致広「瀕死の荒野の再生に向けて」（サパティスタ民族解放軍『もう、たくさんだ！』現代企画室、一九九五年、所収）を参照。（訳注）

らはそれが誰で、どこに住んでいたのか尋ね、この人物を探しはじめました。この地域では木材の切り出しがすごい勢いで進んでいて、木材会社はチアパスで好き放題のことをやっていました。休むことなく木を殺していて……私はいろいろなことのやり方なんかを知っていたから、仲間たちは私が首都のメヒコに行くように提案して——サリナスが大統領になる以前のことです——、それで私はメヒコに行って告発しました。八六年から八七年にかけて、チアパスでの木材伐採は禁止されました。* このような経験をたくさん積みました。他の組織の仲間たちに頼まれれば、役人、行政区知事、州知事などにも訴えに行きました。あの頃は偉そうにしていたのに今ではずいぶん小さくなってしまった彼らに話しに行っていたんです。将軍たちにもです。あちこち動き回って、たくさんのことを学びました。それが私の学校でした。

サパティスタはある日私を探しはじめ、すでにサパティスタだった奴が言いました。「そいつは私の友人だ」と。その頃すべては水面下で行われていたから、私には何も言っていませんでした。誰それに話せという命令がなければ、話してはならなかったのです。会うことがあっても、そのことについては話さないのです。彼らは即座に私と接触するため、遠くから人を送ってきました。この日から、私はずっとサパティスタに忠実にしてきました。闘いの道を選んだのです。

それからというもの、村人たちと話し始めた時は、誰と話すのか、それは誰で、何という名前で、何を求めている人間なのか、よくよく注意する必要がありました。特にアルコールが問題でした。飲むのが大好きな連中がいて、彼らは時には牧畜業者や商人とも飲んでいたから、それには十分気をつける必要があったのです。女性たちの参加の必要性も見えてきました。政治委員とでもいうような女性のグループを作り、すでに私た

伐採禁止　一九八六年以降、ラカンドン密林の破壊が問題にされるようになってきていたが、サリナス政権が成立する八八年まで、木材伐採に対し対策はあまり取られていなかった。

ちと共にいた先住民・農民女性の仲間と一緒に山を下りて、村の外で秘密に村の女性たちを集めていました。彼女たちはとうもろこしや薪を取りに行くかのように振舞い、集会に集まっていたのです。男たちに酒をやめるよう最初に説得したのも彼女たちです。ひとつの村に二人、三人、四人の女性同志ができると、私たちは次には誰と話せそうか考えてもらい、村全体がわれわれの側につくまで少しづつ広げていきました。このようにして私たちは大きくなっていったのです。完全な地下活動で、慎重に活動を拡大しました。

「旅人」たちとの出会い——モイセス少佐

Y——あなたにとって、どのようにして闘いは始まったのですか?

モイセス——そうだな、わしはまだ小さかった頃、親父に、どうしておじいさんに会わせてくれないのかときいたんだ。それで、親父が言うにはおじいさんはもう死んだということだった。他の子どもたちはおじいさんたちに会いに行くという話をよくしていた。だから、どこにいるのかもなにもわからないし、不思議だったんだ。だからある日親父にそれをきいたのだけど、もう死んだということだった。じゃあおばあさんはどうしたのかともきいたが、おばあさんも死んだということだった。どこにいるんだ、どこに埋めたんだとわしはきいたよ。オコシンゴの近くの、ラス・デリシアスという農園にというんだ。ラ・ガルーチャの近くの、それはそれは大きな農園だった。親父は、どんなに苦しんできたのかをわしに話し始めた。集まりに連れていってくれることもあった。いつ頃だったろう……わしはまだ一三歳ぐらいで、いろいろ議論しているのをきいているだけだった。土地の問題、農業関係の要求が受け入れられないこと、融資、衛生の問題。他の村との間にも土地の問題があった。そんなことが幾度かあって、やがて、いくつもの村の集まりにも連れていってくれた。組織の集まりだった。みんなが同じ問題をかかえているということが、きいていてわかった。わしも参加を始め、どうなっているのか、なんでそうなっているのかということもわかってきた。ある時、仕事をしに街に出なくてはならなくなった。大変なところだったよ。スペイン語がわからなければ、どこに行ったら仕事をもらえるのか、誰が仕事をくれるのか、そんなことすらわからないんだ。誰もあそこで暮らす方がよっぽど大変だ。誰も、一杯の水すら恵んでくれないんだから。誰も近づいてこないし、誰も話しかけてこない。そういう人びとなんだ。自分の物にばかりこだわって。帰らなければならなくなった。その後、ともだちが連れていってくれることになり、もう一度行った。その時は、親方について働いた。働いていた家で、ひとついやなこと、気の食わんことがあった。親方は犬を飼っていて——ここいらではチュチョと呼ぶんだ——、わしがそいつの面倒を見ていたのだが、わしよりいいものを食べていたよ。奴が犬に食わせているものを食ってしまいたかった。犬が食っているものの方が高そうだった。わしがもらっている金額は足りるものではなかった。親父のところにいても一緒だなと思い、わしは帰ることにした。村の組織は以前より進んでいた。

Y——父親はもうラス・デリシアスからは出ていたのですか?

モイセス——そうだ。おじいさんたちが死んだあと、もうそこにはいたくなかったので、別の場所を探したんだ。親方は、わしの家族をよくあつかっていなかった。というのは、親父が言うには親方は金では払わず……酒好きの連中には酒を渡していた。そうでない者には、石鹸とか、砂糖一キロとか……金では払わないんだ。三キロ、四キロ、五キロの塩と石鹸などを受け取ると、奴らはこんどは貸しがあると言い出して、そうやって一生を送らされるんだ。それはおかしいということに彼らは気づいて、それでそこを出たんだ。

Y——街から村に帰るのは二度目だったのですね？

モイセス——そうだ。帰ってみると、村の組織は少し進んでいた。農業関連の要求をかかげてハンストをやるくらいになっていた。しかし、かえってきたのは弾圧だった。

Y——七〇、八〇年代頃ですか？

モイセス——七〇年代頃だ。自分で経験してきたこと、わしが人生の中で見てきたことだから、すぐにわかった。彼らの集まりに、わしも参加することにした。集まりに来ているのはみんなわしの知り合いだったし、街での生活は村と同じくらい大変なものなんだという話をみんなにした。ものを売ればいくばくかの金は手に入るだろう。だけど、街では違う。何かほしくなって、すぐ無くなってしまうんだ。そうやって、組織としてわしらを意識化していった。このままやられたままではならん、前進するんだと。地主たち、農園主たちがいるから、団結するのは簡単だろうとおもっとった……わかりやすい話なんだ。もしわしらの動物が地主の柵を越えようものならわしらをひどく扱ったものだけど、地主の動物がうちの柵を越えてもなにもできないんだよ。でなければ、土地が取り上げられてしまう。奴らが言うには、見える限り一面、全部奴らの土地だというんだ。奴らのものなんだ。

わしらは思った。こんなことでいいはずがない。わしらはもっと団結した。そして、活動を始めたんだ。村同士お互いに行き来して、お互いの様子を知った。そうやって活動を進め、やがて、組織はトラックを一台手に入れて、コーヒーやとうもろこし、米などわしらの生産物を街に運び、街から必要な物を運んでくることができるようになった。

その後、わしらは助言者《アセソル》と呼んだのだが、何人かの者たちが来るようになった。最初の頃、彼らはわしらと共におり、わしらと共に闘うとか言って、ぬかるみのなかまで一緒に歩いた。

それで少しづつ、わしらは彼らを信用するようになったんだが、わしらが知らぬ間に彼らがなにをしていたのかに気づいたのはずっとあとになってからだ。わしらは抗議行動、デモ、集会を続けていた。それである時、わしらは抗議行動はみな、わしらが自分たちでどうやるべきか考えてやっていたことに気がついた。ところが、そこに助言者たちがやってきて、こうやるべきだと、そうすれば解決するからと言うんだ。わしらが求めているのはまさにそれ、解決だよ。だから、助言者たちの提案に沿うことにしたんだ。だけど、わしらが行って、政府庁舎につくと、助言者たちは消えてしまった。それで、彼らがどこに行ってしまったのか調べ、別のところから交渉していたのを見つけたんだ。わしらは思ったよ。「こいつらは、裏でわしらの知らんことをやっている」と。そこで、わしらは前々から考えていたようにやることにした。助言者たちとはぶつかった。わしらが予定を変え、考えていた通りにすることにした時、助言者たちは気づいてやってきた。「どうしたんだい?」と。それで、わしらは帰ることにした。わしらの間でも争いになった。助言者たちとは別れた。問題は、助言者たちと仲が良かった者たちのことで、それが問題だった。仲が良く、一緒にいろいろやっていた仲間たちもいたんだ。どんなことをしていたのか、どんな小細工をしていたのかはわかっていた。それが問題だった。わしらも体制を立て直すことにした。

Y――農民の間にも分裂が起こったのですか？

モイセス――村の中でではなく、助言者たち、指導者たちと一緒にやっていた者たちとの間でだ。わしらは体制を立て直し、助言者たちと一緒に活動していた者たちには、何をしていたのかはわかっているから注意しろと知らせた。少しづつ組織し直した。助言者たちは追放せざるをえなかった。

Y――それはARIC内の話ですか？

モイセス――いや、その時期はARICではなかった。もっと前だ。

Y――キプティック*ですか？

Y――そうだ。当時の連合――キプティック・タ・レクブツェルだ。ただ、追い出さざるをえなかった。

Y――助言者たちは北部《ノルテ》の出身でしたか？

モイセス――そうだ。アドルフォ・オリベはトレオンの人間だったし、マルタ・オランテス、レネ*という者もいた。オリベは本当にとんでもないことをしでかしてくれた。いまだに一三ペソ、旧ペソだけど、かえしてもらっていないよ……一〇ペソだした奴は百ペソ受け取るはずだったんだ。千ペソだしてたら一万ペソだよ。お願いですから金を用意してくださいと……それがこれだ……いまのいままでなんにもさ。

Y――政府庁舎での話をされましたが、それはトゥストラでのことですか？

モイセス――そうだ。トゥストラだ。

Y――彼らは裏で州政府と交渉していたと。

モイセス――そうだ。わしらは州政府庁舎にいたんだよ。

Y――その後はどうしたのですか？　もっと独自に組織化するのですか？

キプティック　クプティック・タ・レタブツェル（「解放のためのわれわれの力」を意味するツェルタル語）。一九七五年に結成された先住民農民組織。

オリベ　アドルフォ・オリベ、マルタ・オランテス、レネ・ゴメスは、七〇年代後半にチアパスで活動した毛沢東主義活動家で、一九八三年に追放されるまで、エヒード連合―キプティック・タ・レクブツェルの指導部で活動した。

モイセス――そうだ。まず、助言者たちを追放し、わしらは組織を作り直しはじめた。その時、わしには不思議なことがあった。わしはもう、集会とか、闘いの問題、組織のことに没頭しておった。それである日、不思議に思ったんだ。何人かの、旅人だという者たちがおったんだが、わしだって旅人とはどんなものか知っている。旅人はあちこち周るものだろう……だけど、彼らは議論に聞き入り、活発に動き回って、近寄ってきてはあいさつをしていた。他人のような振る舞いをしないんだ。だが、グアテマラのゲリラの噂も広がっていた……ある者たちは彼らは悪者だと思っていたし、他の者たちは彼らは人びとのために闘っていると考えていた。いろいろな噂があるもんだから、わしも疑っていた。こいつら何者だろう？　と。彼らがやっていたことといえば、どんな人が話し、参加し、意見を言っているか見ているだけだった。そうやって時が経ち、ひとりの若者がわしのところにやってきた。貧困がどうの、不正義がどうの、極貧がどうのと……それで、村人たちは団結しなければならないと、そんなことをわしに言うんだ。わしだって同じことを考えていたよ。当時、わしらは助言者たちを追い出して、どうやってわしらをまとめていくかってことを模索していたんだから。サパタやビジャのことは知っていたけど、それは闘うとか、戦闘といったことじゃないか。そこまではふみこんでいなかった。だから、この若者にわしは言ったんだ。「わしらの闘い方ではどうにもならんようだ」と。だけど、だからといってどうしていいかもわからなかった。そこで、彼が言うんだ。「でも、やる気はあるかい？」と。そんなことをきいてくるから、わしは疑ったよ。「なんだ、どういうことだ？」と。もっと話した。『エル・デスペルタール』（目覚め）というパンフレットをくれた。メヒコの歴史とか、金持ちたちがどうやって盗み、だまし、搾取するかってことが書いてあるのはわかった。わしはもっと近づいた。

ある日、わしは訊ねたんだ。「書いてあることはわかった。問題は、誰とどこでどうやって、ということだ。はっきり言ってくれないか」と。それで、もう少しいろいろ説明してくれた。そのうち、「やる気があるのならもっと仲間を連れてきてくれ」と言うので、「どうしてよいのかわからないからもっと説明してくれ」とわしは言った。それで彼は説明するんだ。これは地下活動だと、保安面のことの説明も受けた。それで、わしは若者たちを探して話した。ひどく酒飲みの若者もいたから、難しかった。酒飲みじゃない若者を選ばにゃならん。ひとつグループをつくって紹介した。七人のグループだったと思う。みんな、同じ村の若者だった。七人を引き渡すと、彼は「もっと手伝ってくれ」と言うから、「よし、なにをしようか」てなもんだ。ある時、街からの物資をここまでというところまで運び、そうやって参加した。ある時、わしは彼に言った。「あのな、わしにも訓練をしてほしいんだが」と。それで、わしに本当にその用意があるのか試すためのテストを受けた。それを通り、まず、読み書きを教わった。

Y――学校に行ったことはなかったのですね？

モイセス――ああ、一年だけだ。行ける者はとても少なくて、いや、ほとんどいなかったか……いま話しているように話すなんて無理だった。言っていることはわかったが、答えられなかった。わしは街に連れて行かれた。街で働いたが、街にいるのはいやだった。好きじゃなかったんだ。ただ、大都市での生活がどんなものか知るのはとても役立った。そのうえ、工場の労働者を訪ねて、当時のわしにとってとても大きな発見があった。多くの農民の仲間たちと同じように、わしも、労働者は工場にいるのだから金持ちなんだろうと思っとった。工場の主なんだろうと思っとったんだ。だが、働いとるのを見ると、八時間も立ったままの者もおるじゃないか。「なんてことだ！　これはひどい！」と思った。話しかけてみたけど、「まずいんだ。もし話しているところを職長に見つかったらクビにされちまう」と言う。手伝っているようにみせかけようとしたけど、職長はわしらがそこの者じゃないことに気づいてしまった。だから、そいつは追い出されてしまった。わしらのグループもあったんだが。

Y——それはメヒコ市ですか？

モイセス——そうだ、メヒコでだ。

M——重要な経験になったのですね？

モイセス——そうだ。土曜日、仕事のない日に彼をあらためて訪ねた。その時は、いろいろ話してくれた。どんなに苦しんでいるかとか。社会福祉なんて言葉だけで、ありもしないんだから。いろいろなことがはっきりわかったよ。山に入るためにこちらに戻る時には、何人もの仲間を一緒に連れて帰った。人間が苦しまなければならないというのはどういうことなのか、理解するためのたくさんの材料を得た。

Y——その中に先住民はいましたか？

モイセス——ああ、いた。

Y——以前あなたに接触したのも先住民でしたか？

モイセス——メスティーソだった。

Y——「旅人」のグループはどうでしたか？

モイセス——ああ、いたよ。最初にわしに会いにきた若者はメスティーソじゃなかった。だが、その後、私に本格的にいろいろ説明してくれたのはメスティーソだった。

山に着いて、大体どんなところかはわかった。しかし、軍なんて言うけど、何が軍隊だい！　何人かの人間がいるだけだったよ。どんなふうに村との活動をするかを考えた。

政治計画はあった。村とどうやって話すかを考えなければならなかったのだ。それが八五年頃のことだ。本や小冊子、勉強会もあった。メヒコの歴史と、わしらの国がどんな状況にあるのかということがテーマだった。政府の計画は何か、なにが起こっているのか、状況を分析した。そうやって研究を始めた。

M——思想的にはやはり、社会主義……ですか？

モイセス——いや、ほとんどなかった。われわれの問題は、健康も、教育も、衛生も、自由も、民主主義も、独立も、平和も、何もかもが欠けていることなのだということをわしらは学び始めた。

5　蜂起

転機

マルコス——一九八八年まで、村との接触は散発的なものだった。われわれゲリラは山の中にいて、若者たちがそこに入り、それが耐えられなければ村に戻って仕事を続けながら活動を助けた。処刑されることはなかった。ゲリラが耐えられない者は村に戻り、ただそれだけだった。だが、八〇年代後半、八七年、八八年頃までは緊密な関係はなかった。村との接触は非常にまれで、ゲリラが村に近づく時だけだった。もっと関係が近づくのは八〇年代の終り頃で、その頃には山中に百人以上、数百人のそれだけに従事する正規のゲリラ戦士がいた。* この頃から、四月一〇日、一一月一七日、九月一六日など、メヒコあるいはEZLNの歴史的日付*のお祝いなどの時に村の人びとが山中のキャンプを訪れるようになった。われわれが村に下りる時はまだ夜にこっそり行っていた。「支配下にある《コントロラードス》」村とわれわれは呼ぶのだが、ここのように全員がサパティスタであるというような村はまだなかった。もっと後になって、セルバとロス・アルトスの大多数の村が全面的にサパティスタになるという時期がくるのだが、この頃はまだそうなってはいなかった。

Y——いつ、それは変わったのですか？

マルコス——一九八九年だ。

正規のゲリラ戦士　EZLNは参加のレベルを三つに区別している。反乱正規軍と、共同体内に住み必要時に動員する民兵、そして、サパティスタ運動を支持する共同体の一般市民によって構成される支持基盤である。ただし、このインタビューにおいても他のサパティスタ文書においても、これらのあいだの境界は不明確で、数字も正確といえるものではない。

歴史的日付　四月一〇日＝エミリアーノ・サパタ暗殺記念日（一九一九年）、一一月一七日＝EZLN創設記念日（一九八三年）、九月一六日＝独立戦争への蜂起への呼びかけとなった「ドロレスの叫び」の記念日（一八一〇年）。

Y――なぜですか？

マルコス――わからない。正確なことは言えないよ。そうだな、それは、われわれが物事をうまくこなしたからだと思ったよ。

しかし今見直すと、われわれの気づかぬところでいくつものことが時を同じくして進行していたようだ。論理的に言って、社会主義路線をとらなかったとはいえ、武装闘争と社会変革というわれわれの訴えが大きな反響を得て受け入れられたということ自体が驚くべきことであったはずだ。なぜなら、武装闘争など意味がなかったと誰もが言い、教会までもがそれを強調するキャンペーンをはっていた。エルサルバドルの例を示し、何年もの後、結局なにも変わらなかったというのだ。

われわれは、EZLNの急速な拡大を説明する要素がいくつかあると考えている。そのひとつは、一九八八年のカルデナス運動に対する不正*だ。それは、一部の先住民、特に、エヒード連合やARICなどの非常に政治的な先住民にとって、平和的な変革の可能性が否定されたことを意味していた。ふたつ目はコーヒー価格の暴落。いまひとつはセルバにおける大規模な伝染病の発生だ。たくさんの子どもたちが単核（細胞増加）症などの疾患で死んだ。それは説明しがたい現象で、われわれはグアテマラで行われた化学兵器による爆撃の影響が風で運ばれてきたためではないかと疑っている。何百人もの子どもが数週間で死んだのに、原因が分からないのだ。もうひとつ重要な要素は、連邦政府軍がセルバに入った時のことだ。マリファナかなにかの捜索でセルバに入り、彼らにとって破滅的な掃海作戦を行なったのだ。彼らは山に痛めつけられ、へとへとになっているところを人びとに見られてしまった。もはや彼らは無敵の軍隊ではなかった。「これが軍隊かい？ こいつら相手ならいけよ」と。このことが、飛行機・戦車に対する

不正　一九八八年の大統領選挙で、ラサロ・カルデナス大統領（一九三四年〜一九四〇年）を父とし、そのポピュリスト的路線を継承する野党候補クアウテモック・カルデナスは、与党候補カルロス・サリナス・デ・ゴルタリを追いつめていた。しかし、票数計算システムの「故障」の後、サリナスが当選したと発表された。

怖れや神格化をわずかなりとも壊した。山の中に入ってしまえばこいつら兵隊たちも大したことないじゃないか、と。また、このころ、特にチアパス北部とここセルバでは農園主の白色警備隊による暗殺が多発していた。彼らは闘うか殺されるかという選択肢しか与えず、人びとをおしのけようとしていた。われわれは、われわれが人びとを説得していたのだと思っていた。だが、実際には人びとを説得していたのは別の要素だった。サリナスによる憲法第二七条*の改定は決定打となった。農地分配が完全に放棄され、エヒードも含めたすべての土地が売買可能になった。もはや希望はない。すべては終わった。もはや武装闘争しかない、と。

Y——同時に、サリナスは全国連帯計画*を通じて補助金を交付します。

マルコス——だがそれは村までは決して届かなかった。すべては行政区の役人や現地担当者、すでに腐敗していたARICの指導部などの手にとどまってしまったのだ。村にはなにも届かなかった。だからわれわれはそのことは全然心配しなかったし、今の攻勢*もまったく気にならない。村にはなにも届かないからだ。PRI派にすら届かないのだ。メヒコ政府の腐敗状態はそれほどまでにひどく、すべての対反乱軍キャンペーンは失敗するだろう。だから、われわれは心配していない。

周囲で起こっていたことをより深く分析する必要はあるだろうが、私は以上のように見ている。コーヒー価格の下落と弾圧も考慮した、もっともよくできた分析のひとつはルイス・エルナンデス・ナバロによるものだ。だが、サパティスタ軍が急速に拡大したこと、それも特にロス・アルトスでそれが起こったのはなぜかを説明する地域的要因が、他にあるはずだ。

Y——ロス・アルトスでもですか?

憲法第二七条 一九九二年、サリナス政権は革命後の農地改革の最重要部分である憲法第二七条を改定した。

全国連帯計画 サリナス政権が、世界銀行の勧告に従って新自由主義経済体制に適応する国内経済の再編のために採用した開発モデル。先住民・農民の内発的なイニシアティブや自発性とは無関係に、「上からの」温情主義的な政策の展開を図った。(訳注)

攻勢 政府は、土地の所有権を与えたり、新たな援助や公共サービスを約束するなどして、先住民村を分裂させ、サパティスタ運動から切り離すことを画策している。

マルコス——そうだ。八〇年代後半、セルバではないから条件がより厳しいロス・アルトスでもわれわれはすでに数千に達していた。そこでは村が密林の役目を果たした。木が生えていなかったから大きくなるのはより難しく、人びとがわれわれをかくまい、助けてくれたのだ。そこで大きく成長した。

Y——そこにはすでに接触があったか、細胞があったかしたのですか？　当初、サバニージャ*の方にあなた方の細胞があったと言われていますが。

マルコス——いや、もちろん政治的接触は州内どこにでもあったが、北部に武装部隊をもったことはなかった。八〇年代後半にはロス・アルトスにも小さなゲリラ部隊を持つようになった。より条件のよいセルバに主力部隊は集中していたが、ロス・アルトスにもゲリラ部隊をおいていたのだ。それはここと同じように、軍事活動よりも組織的政治活動に従事していた。

八九年から九〇年にかけて、われわれは数百の戦闘員から数千へと成長した。村のいくつかの家族がわれわれを援助してくれていたのが村全体になり、谷全体あるいは地域全体がサパティスタになった。昼でも夜でも動くことができ、そこを行くのは誰か、向こうから来るのは誰か、すべてがわかっていた。その頃は、ラス・カニャーダスを完全にコントロールしていた。

サパティスタ運動のブームともいうべき、桁外れに急激な拡大がおこり、八三年～八四年には夢または悪夢だった軍の計画図がどんどんうめられていった。中隊、大隊、師団ができ、軍は突如、可能なものとなったのだ。われわれは、われわれの考える人民軍隊のあるべきかたちにすべてを組織しはじめた。闘いつつ、生産もする軍隊だ。戦闘に備えるだけでなく村のための仕事も行うのだ。軍は共同農場を耕し、現在のアグアス

サバニージャ　チアパス北部の村落。

カリエンテス*で行っているような活動もやっていた。診療所、集会所、軍部隊の集まる運動場、子どもの遊び場など…

Y――そうした条件で、地下性を守り通すのも難しいでしょうね…

マルコス――問題はそれだった。いや、問題ではない。長所だ。例えば、今ここの場所だが、私がこの村を離れた場合、ここに私がいるかいないかは誰にも分からないが、私は誰がここにいるか知っているのだ。だから、われわれはオコシンゴの三つの谷のどこでも動くことができた……。

Y――しかし軍事情報機関が……。

マルコス――情報機関は大して情報通でもないんだよ。われわれは後になってそのことに気づいた。それに、どうしたらそんなことが可能だと思えただろう? どうしたら、グアテマラ人ではなくメヒコ人だと思うことができただろう。彼らはセルバにおける武装組織についての情報を持っていたが、それがメヒコで可能だなどと誰が思っただろうか?

その上、活動していない軍隊、活動していないゲリラだったから、グアテマラ人だと考えてしまったのだ。彼らの立場にたってみれば、一九八九年にイバラ地区でサパティスタ民族解放軍という武装組織が千二百人の戦闘員を集めて、闘うかわりに診療所を建てていたなどと言われても、私は信じなかっただろう。この軍が一九九一年にセルバへのすべての入り口をかためる演習を行っていたということだって、一九九二年に五千人を集めて五〇〇年の抵抗闘争を祝う軍事行進を行ったということだって信じなかっただろうよ。もっとも、写真を手に入れるのも難しかっただろう。写真を見せられたって信じなかっただろう。村ではお互いに全員が知っているから、村の外から誰かやってきて

アグアスカリエンテス サパティスタは、一九九四年八月の全国民主会議(CND)と一九九六年七・八月の大陸間会議の会場をアグアスカリエンテスと名づけている。アグアスカリエンテスはメヒコ中部の都市で、一九一四年、ここにメヒコ革命の指導者たちが一堂に会し、結果的には失敗だったとはいえ、内戦をくいとめるための合意に達した。

もすぐわかってしまう。漏洩はあっただろうし、酔っ払ってゲリラのことをばらしてしまった仲間もいただろう。だが、それはこの時期、とても信じがたいことだったのだ。

軋轢

Y――しかし教会は知っていましたよね。教会組織とあなた方は競合関係にありましたし。

マルコス――そうだ。九〇年から九三年頃、教区とではなく、地元の教会、先住民教会と対立した。

というのも、EZLNと村との出会いの中で、村の影響による変化もあるが、EZLNも影響を与えるのだ。そして、その影響の中には、例えば、女性への扱いがあった。村での女性たちの扱いは、わかっているだろう、結婚の時は女性たちは売買されているようなものだ。そしてそこには、地元の教会の権力が大きく関わっているのだ。

Y――「地元の教会」というのは伝統派のことでしょうか。それとも…

マルコス――村の中の役職者、つまり、トゥウネレス*、助祭、伝道師《カテキスタ》、のことだ。外部の教会、教区、司教、司祭、教区教会のことではなく、村の中の教会だ。EZLN、特にEZLNの女性たちが、意図してかあるいは意図せずしてか騒ぎを起こし始めると、村の中では反発も起こり、それは特に宗教的役職者の間で強かった。彼らは、われわれが女性や若者たちに悪い考えを広めていると批判した。関係は緊張した。その上、サパティスタ軍によって平行的に自治組織が作られ、これは村の指導権をめぐって教会の権

トゥウネル　ツェルタル語で「奉仕者」を意味する。カトリック教会が共同体の先住民伝道師（カテキスタ）に与える、助祭としての肩書きと地位である。

力と競合関係に入った。教会の権力も村を治めるもので、場所によっては共存していたが、別の場所では激しく対立していた。それは、その土地の支配権をめぐる争いだったのだ。

M——老人たち、伝統的権力である「プリンシパレス*」とも、こうした問題は発生しましたか？

マルコス——あった。セルバ奥深くのツェルタルの地域でだ——ラカンドン密林のはずれ、アルタミラノ周辺にもツェルタル地域はある——。ここでは、プリンシパレスは教会の役職者でもあった。そこでは、場合によってはわれわれは容認され対立は起こらなかった。教会の指導者も村役もエヒード管理人も行政区の役人も同じ面々がやっていた。つまり、ひとつのグループにすべてが集中し、そんな村ではすべてが油の効いた機械のように機能し対立は起こらなかった。しかし、別の場所ではARICの指導部と宗教的役職者、サパティスタ指導部などと、二つも三つも指導部があったりした。

Y——教区との対立はなかったと言いますが、テージョはあったと言っていますし、サムエル・ルイス*もあなた方が「用意された馬にまたがり」他人の仕事を利用したと言っています……

マルコス——テージョが持っているのはCISEN*から得た情報だ。ただ、ドン・サムエルがそう言ったのは、九二年か九三年、サン・ミゲルで行われたキプティック・タ・レクブツェルの周年行事のお祭りの時で、彼は「民衆政治」派との間の問題についてふれてそう言ったのだ。「民衆政治」派は村でマルクス・レーニン主義を推進し、教会の役割を疑問視しようとして、村によって追放された。サムエルはキプティックの歴史について話していて、村が自らのために用意していた馬を利用してまたがろうとした連中と

プリンシパレス　伝統的な村落共同体では、役職制度の最高位に位置する「プリンシパレス」が権力を握っている。

サムエル・ルイス　当時、サンクリストバル教区の司教であった。当初、政府とサパティスタの対話を仲介する和平調停委員を務めた。（訳注）

CISEN（国家安全調査部）　内務省の諜報機関。

いかにして袂を別ったのかを話したのだ。テージョはそれがサパティスタのことだと言いたいわけだが、実際は、それは「民衆政治」派のオリベたちのことだった。

発展の失敗から戦争経済へ

M――サパティスタ運動を先住民共同体を近代化する要素として見ることもできるのでしょうか?

マルコス――村の生活にどの程度影響を与えることができたかは分からないし、それがよいことなのか悪いことなのかもわからない。

サパティスタ運動と村が出会い、例えば、避妊具が取り入れられた。まだ広く定着してはいないが、女性たちの持つ可能性が変わったのだ。電気、ガソリンエンジン、ビデオの利用やわれわれの設置した小さなラジオ局などは電気があって可能になる文化だ。また、われわれは衛生システムも発展させた。

EZLNの組織を利用して、われわれは村の衛生条件を大幅に向上させた。村では、みんなで決めたことを守らない者は罰せられる。そこでわれわれは、村で各戸にトイレを設置すべしという合意をとるようにさせた。それを守らない者は罰せられるのだ。あちこちにトイレが作られた。それはわれわれの命令ではなく、村役がそう定めるようにさせたのだ。トイレを作らなければ罰金が課せられた。人びとがそれを使わないという問題はあったが、とにかくトイレは作られた。最高権力である寄り合いを通じて、こうした取決めをさせていった。これにより、衛生キャンペーンや子どもの予防接種、デング熱流行の時にはその予防策をとることなどができた。続いて、九四年——これはまったく別の話になるが——からは、国内的にも国際的にも、仲間たちの外部世界との出会いがある。しかし、これはもはや別のサパティスタ運動だろう。

Y——生産活動についてですが、これについては何かしましたか？　あるいは生産関係ではなにをしてきましたか？

マルコス——この時期、生産の向上と多種化をこころみ、農学講座を開いた。肥料も導入し、いくつかの場所では多種化のために果物の栽培も奨励しようとしたが、完全な失敗に終わってしまった。

Y——なぜ失敗したのですか？

マルコス——それをやるだけの組織力がなかったのだ。講師を用意して、そこで学ぶ人間も用意することはできたが、数百の村の必要性にこたえることはできなかった。何しろ数百の村が相手だから。

Y——開発機関やNGOにプロジェクトを提出することはできなかったのでしょうか。

マルコス——いや、われわれのレベルでは無理だった。仲間たちにプロジェクトを提出するよう言ったよ。だが、多くの場合受理されなかった。国際的援助機関は、何かより具体的なものを求めていた。肥料のように土にまかれてしまって効果があったのかなかったのかわからないようなものには関心が無いのだ。工房、診療所、薬局などは、見て、写真に撮れるからいいのだが。

Y——「人民連合」*派と「民衆政治」派は、あなたがたよりも経済的な、生産の計画に力を入れていたと理解しているのですが。

マルコス——そうだ。そして、こうした経済主義的路線あるいは経済路線の失敗が人び

人民連合　七〇年代チアパスで活動したもう一つの毛沢東主義組織である。

とをＥＺＬＮへと動かしたのだ。結局、それは貧困の軽減のための方策でしかなく、そこから抜け出すためのものではなかった。貧困を軽減することが目的であり、それを解決するものではなかった。そしてそれは、経済危機によって限界に達したのだ。

Ｙ――武装闘争の出現が生産事業を失敗させたということはありませんか？

マルコス――逆だ。事業の失敗こそが、彼らの組織の幾千の構成員をわれわれの方に動かしたのだ。だが、この頃、もはやサパティスタ民族解放軍の大多数はツェルタル、セルバではなくツォツィル、チョル、ノルテとロス・アルトスの人びとになっていた。ＥＺＬＮの根拠地がセルバにあったことから、われわれがその地域に依存していたということにテージョは固執している。しかし、キプティックやセルバ全体が組織から離れてしまったとしても、ＥＺＬＮは州の他地域にキプティック以外の数千の戦闘員を持っていた。だが、キプティックの人びとも他に道がないことをみてとり、大挙してわれわれと合流したのだ。

われわれは裁縫や衛生、訓練、教育の講座などを行なったが、それは常に戦争経済の状況を念頭に置いていた。裁縫の講座は軍服を作るためだったし、大工仕事の講座は武器、銃の遊底、槍、弓、矢など、戦闘に使うものをしまう箱をつくるためだった。衛生サービスのために看護士の講座を行い、みんながメヒコの歴史、政治文書、われわれの宣言や説明文書を読めるように、人びとに読み書きを教えるための教師を養成した。すべては戦争経済の観点から行われていた。

Ｙ――市場は完全に無視したのですか？

マルコス――市場なんてなかったよ。

Ｍ――都市との交換と言いますか。

マルコス――都市、コレトス*はコーヒー豆と家畜しか求めていなかった。それ以外には一切関心がなかった。カステジャノス家*が木を切り出せるよう政府がエヒードに対する許可を取り消したから、木を切り出すこともできなかった。農民にはもはや、もし病気にかかっていない家畜がいればそれか、あるいはコーヒーぐらいしか売れるものはなかった。しかし、コーヒーの価格が暴落し、すべては終わった。セルバにはもう何もなかった。他にできることはなかった。

蜂起の決定

Y――そして、九四年のサパティスタにたどりつくわけですね。

マルコス――そうだ。ここでわれわれは以下の三つの構成要素を持っている。政治・軍事組織、政治的先住民と、われわれは気づいていなかったがこれまた政治意識を高めつつあった先住民民衆だ。三者は出会った。政治的先住民たちが橋となり、また、政治・軍事組織の中でやがて倒されることになるものとの橋あるいは通訳者となる存在が、村の中からも出てくる。アントニオ老だ。

一九九二年、「アメリカ大陸発見五〇〇年」を祝う大規模な公式記念行事が行われるなか、われわれは「征服」と「アメリカ大陸発見」が先住民共同体にとって極めて重要な意味を持つ出来事であったことを見逃していた。国内でどうであったかは知らないが、少なくとも地域の先住民運動内部では、声を上げなければという気運が高まり、彼らは、支配に対する抵抗の闘いの五〇〇年*という、歴史の本当の姿を思い返そうと提起する。

コレトス　サン・クリストバル・デ・ラス・カサスのメスティーソや白人を指す言葉である。

カステジャノス家　チアパス州の寡占階級の一家族である。アブサロン・カステジャノスは一九八二年から一九八八年までの間、州知事をつとめた。

抵抗の五〇〇年　ラテンアメリカ諸地域の民衆運動は一九九二年に向けて「先住民と民衆の五〇〇年抵抗」と名づけたキャンペーンを展開した。この動きは、日本も含め世界各地で起こった。米国の言語学者ノーム・チョムスキーはこれを指して、次のように言った。「状況の変化は全般についていえる。一九九二年を考えてみよう。コロンブスの五百年目が一九六二年だったなら、その記念は、コロンブスのアメリカ大陸「解放」を祝うもののみであったろう。一九九二年には、「解放」を祝う反応一色というわけにはいかなかった」(『アメリカが本当に望んでいること』、益岡賢訳、現代企画室、一九九四年)。(訳注)

運動は急進化し、後に委員会を形成することになる先住民村落の村役や地域の役職者を通じて発せられる人びとの戦争への決意はもはや後戻りできない確固たるものとなっていった。先住民の長たちは、戦争を九二年に始めることを提案した。司令部の合意で、この段階ではまだ私が指揮権をもっていた。われわれは、この間君に言ったのと同じことを説明した。条件が整っていない、国際情勢から見て不利だし、変革の模索、ましてや武装闘争などということについては国内的にも有利な条件はないと。みんなの意見をきくことが必要だということになり、初めての意見投票が行われた。意見投票はその後、サパティスタの村で日常的に行われるようになった。

これは一九九二年後半のことで、五〇〇周年記念に対する先住民による大規模な組織行動と同時期のことだ。先住民たちは十月一二日、サン・クリストバルでの大デモ行進を、すでにサパティスタだった先住民運動の最後の平和的行動ととらえていた。

その頃、後に公表される文書、「暴風渦巻く南東部」*がシンボルを用いつつ、行く先を理論的に預言していた。また、弓矢や槍で武装した先住民がサン・クリストバルを象徴的に占拠し、預言を前倒しした。ロス・アルトス、ノルテ*、セルバから参加したサパティスタをこの行進の中から見分けるのは簡単だ。それは整然と、軍隊のように行進しており、もっとも女性の多い集団だった。だが、誰も振り向かなかった。先住民たちが独自に祝い、抵抗を続けると言ったらしいぞと、それだけだった。

先住民運動内部において行進は、意見投票の結果の結実であり、先住民たちが自らの姿を映し、その活動能力をみいだす鏡としてとらえられた。一万人から一万五千人が行進に参加し、およそ五千から六千がサパティスタの先住民だった。

しかしこの時期、村では意見投票が行なわれており、村や民族のおかれている状況、

「暴風渦巻く南東部」 一九九二年八月に書かれ、サパティスタ内部での討議の材料とされた文書。九四年一月の蜂起に際して公表された。サパティスタ民族解放軍『もう、たくさんだ！』（太田昌国＋小林致広編訳、現代企画室、一九九五年）所収。（訳注）

ノルテ このインタビューで「ノルテ（北部）」という場合、通常はメヒコ北部ではなくチアパス北部をさしている。

国際情勢、国内情勢について説明がなされ、そして、いま戦争を始めるべきか否かが尋ねられた。九月から一〇月、一一月の前半にかけて、ツォツィル、チョル、トホラバル、ツェルタルの四民族の四〇〇か五〇〇の村で意見投票が行われた。ロス・アルトス、ノルテ、セルバで、大半の村がこの意見投票に参加していた。女性たちがはじめて独自のセクターとして参加し、村の意思決定に、ましてやこのような問題についての決定には参加していなかった若者たちも参加した。一種の住民投票が行なわれ、十月のデモの後開票された。

Y――大半が投票したのですか。

マルコス――そうだ。EZLN内部の過半数が投票した。ロス・アルトス、ノルテ、そして特にセルバでは住民の過半数が戦争を支持した。

投票は一人づつ記名投票で行われた。つまり、「いくつの村が賛成でいくつが反対」というのではなく、「何人の男が、何人の女が、何人の若者が」というようにしたのだ。それぞれの村が公開個人直接投票の結果を提出することになっていた。秘密投票ではなく、村の寄り合いで投票するのだ。しかし、そこで激しい議論がかわされた。結果は保留された。というのも、投票結果とともに賛成・反対両方の理由が各村から送られてきたのだ。論理的にはこれは意見聴取であり、その段階で決定してしまうことはできなかった。趣旨は指導部が村の意見を聴取するということであり、指導部の参考にするために意見を求めたのだ。戦争反対に票を投じたサパティスタの意見の中には、村の上に弾圧がふりかかる、用意ができていない、分裂した村がある、待つべきだ、といった意見もあった。どれも、重い意見だった。しかし、大多数はいま戦争を始めることを求め、村はEZLNに対し、共に闘うよう命令した。

このため、後方支援や戦術的・戦略的な問題がでてきた。われわれは攻撃にでる準備をした軍隊ではなかった。政治・軍事組織時代から、戦争はある日誰かが始めるのであり、われわれがそれを始めることは考えていなかった。また、村と出会って以降はわれわれの軍事的役割は防衛であると考えてきた。村が攻撃を受ける、軍が入るまたはわれわれを発見する、強制排除があってそれに抵抗しなくてはならない、白色警備隊を攻撃しなければならない、白色警備隊の背後に警察が迫り、その背後には軍が迫っている、われわれはそういった事態を想定していた。そのため、防衛のための兵力はラス・カニャーダス全域とわれわれの主力がいるロス・アルトスの重要な場所をおさえていた。

ノルテでの拡大は主に政治的なもので、村、ないしは村の一部を組織した。ノルテにはたくさんの政治組織があり、政治的に非常に分裂した地域だ。ロス・アルトスではPRIが事実上唯一の活動している政治勢力だったし、セルバではキプティックとARICが活動し、その背後には教会がいた。あそこにはPRIすらいなかった。しかしそれに対してノルテでは、右翼組織、白色警備隊、左翼組織、PROCUP—PDLP、PRD、OCEZ*、合法・非合法を問わず、すべての左翼農村社会組織・政治組織が活動していた。そこにはたくさんの政治路線があり、極めて濃密で、そのためひどく分裂・分極化した空間だった。激しい抗争も頻繁に起こっていた。PROCUP—PDLPはノルテの農民組織内で彼らのやり方に同意しなかった人びとを処刑した。特にOCEZの指導者たちだ。OCEZは最初二つに分裂し、その後三つになり、やがてさらにバラバラになった。

軍事的には、われわれの主勢力は戦術的・戦略的にロス・アルトスとセルバに配置されており、小さな部隊に分散して全域に展開していたので、攻撃作戦を行なうためには

諸組織　PROCUP—PDLP＝労働者・農民革命党・人民連合（一九七一年結党）と貧民党（六〇年代から七〇年代初頭のゲレロ州におけるゲリラ運動指導者ルシオ・カバーニャスによって一九六七年に結党）。PRD＝民主革命党（一九八八年、クアウテモック・カルデナスの大統領選立候補のために結集した左翼野党連合で、一九八九年結党）。OCEZ＝エミリアーノ・サパタ農民組織。

勢力を結集することが必要だった。その上、村も長い間攻勢に抵抗する準備をしてきており、これを攻撃をかけるために訓練しなおす必要があった。政治的・組織的意味においてもだ。そのため、村の先住民役職者たちが行ってきた政治活動の中の優先順位や、反乱軍と民兵の政治・軍事訓練の目的も変更する必要があった。それは要するに、計画の全面的変更、すべて消して新たに始めるようなものだった。攻撃のために使うことなど考えてもいなかった数千の戦闘員を持つＥＺＬＮにとって、それは軍事的にも組織的も大変な努力を必要とした。

一九九二年一二月、意見投票の結果を受けて、先住民指導部と山中のＥＺＬＮ司令部の間で会議が開かれ、戦争を念頭においた指導部体制への移行が必要であることが提起された。ＥＺＬＮと先住民村落が都市部も含めた組織全体を統括すべきであること、戦争を地域的なものにとどめず、全国、少なくともＥＺＬＮの存在するすべての州に広げることも確認された。この頃――一九九二年末だ――、ＥＺＬＮの司令部は形式的には政治・軍事組織の手にあったが、司令権は現実には三地域・四民族の地域責任者と民族責任者である村の役職者たちに移っていた。

Ｙ――のちの先住民革命地下委員会（ＣＣＲＩ）となるものですね。

マルコス――そうだ。ＣＣＲＩは九三年一月に生まれた。そこで、都市のメンバー、反乱正規軍、村の代表らの会議が提案され、それは一九九三年一月に実施された。この会議で、戦争について再度議論した。これは先住民村落のイニシアティブに基づくものであり、当然、都市ではまったく反響すら得ていなかった。われわれでさえ懐疑的だったから、情報をもっと持っていた都市の連中はなおさらのことだった。完全な狂気になる条件がすべてそろったようなものだった。数日間に及ぶ議論ののち、政治・軍事組織がゆずり、今後は民主的に、方針を組織内の多数決で決めることで合意が成立した。そして、組織の過半数は村落だった。そこで、先住民の代表たちは意見投票の結果を認め、役職者として村落の意思だった戦争を支持した。こうして彼らは正式にEZLNの指揮権を掌握した。軍司令部が作られ、地域・民族責任者は先住民革命地下委員会（CCRI）を結成した。

司令官の位を与えられた四つの民族の長が初めて一堂に会し、先住民の戦争、一民族の戦争ではなく州の主要四民族の戦争を闘う共同作業について調整を行なった。戦争の一般的要求も、先住民のみのものではない国全体に影響する要求であると明確化された。主要な要求、闘いの旗印は、民主主義、自由と正義だ。

国全体のための闘いといっても権力奪取を目指すわけではなく、民主体制への変革が目標であり、それは、政治闘争における平等と市民の平和的運動の可能性をひらくことを意味している。具体的には先住民のためだが、より広義にはすべてのメヒコ人のための闘いだ。EZLNの一部を構成する政治・軍事組織は、平和的な政治闘争のための道がすべて閉ざされていたことを見て取って武器を取ったことを忘れてはならない。

一月一日のサパティスタ・カクテル

Y——では、「第一ラカンドン密林宣言」*で権力奪取などについて触れられているのはなぜなのでしょうか?

マルコス——いや、そこでは権力奪取ではなく、独裁者サリナス・デ・ゴルタリの打倒

*「第一ラカンドン密林宣言」　一九九三年十二月に書かれ、蜂起と同時に公表された。前掲『もう、たくさんだ!』所収。（訳注）

を訴え、議会、つまり上院・下院議員に対し、政治制度を再組織し、あらためて真正な選挙を行うための移行政府を指名することを求めたのだ。

Y——しかし、一月一日の時点では、体制の全面的変革を、つまり単にサリナスの打倒ではなく、六〇年以上にわたる独裁体制の打倒について触れていました。社会主義についても、幾度かはプロレタリアート独裁についてすら言及しています。初期の文書は古典的で、「民主主義、自由、正義」とは違うように感じるのですが。

マルコス——それというのも、サパティスタ軍は外に出た時、まだ調整の段階にあったのだ。サパティスタ軍はさまざまな運動が合流して生まれていたから、思想的にもいろいろだった。正統派マルクス主義の流れをくむ仲間もいたし、トロツキズムのほうに近いマルクス主義者や、グラムシ、ユーロコミュニズムに近い仲間、マルクス主義者ではなく社会民主主義者の仲間もいた。「第一ラカンドン密林宣言」はこれらさまざまな考え方を要約したものだったのだ。

戦争宣言である以上、誰が敵なのかが明確に示された。サリナス・デ・ゴルタリによって代表される、メヒコの党＝国家一体化システムが敵だ。第一宣言の問題提起の中核は民主主義体制への移行の必要性であり、それは、第一宣言から今日までわれわれが一貫して要求してきた一一項目の実現のための唯一の条件だ。一一の要求とは、屋根、土地、職、パン、健康、教育、独立、自由、正義、民主主義、そして平和だ。これが一致した見解だった。はじめの一〇の要求が満たされてはじめて平和が可能なものとなるだろう。ＥＺＬＮは蜂起の最初の段階から、別の形の平和のために闘っているのだということを明らかにしてきた。議会（具体的には当時の上院・下院議員）に対し、移行の指揮をとるよう呼びかけ、また、あらゆる領域の勢力に対し、それぞれの持ち場で民主主義への移行のために闘うよう呼びかけたのだ。

EZLNが出現し、外部に姿をあらわにした時、この「第一宣言」こそが、否応なしに相互に影響しあうさまざまな考え方や路線をひとつにまとめたのだ。もちろん、EZLNは他者に対して主張を取り下げるよう求めたりはしない。そうではなく、世界、社会制度、あるいは体制といったものについての主張は武器によって強制されるのではなく、社会全体によって議論されるべきだと主張しているのだ。われわれの武力によって体制を打倒し、社会主義やプロレタリアート独裁を樹立しようというのではない。このような主張であれ他のなんであれ、それらは現在は党=国家一体化システムのもとで不可能となっている新しい政治空間において、社会と向き合わされるべきだと主張しているのだ。

これ以前、一九九四年一月一日より前の一九九三年、サパティスタ民族解放軍は攻撃に転じ、人びとの前にその姿をあらわす準備をする必要があった。これまで話してきたいくつかの路線は概ね画一的に浸透していた——いくつかは都市部で浸透しており、もういくつかは山中で、もういくつかは村々で浸透していたのだ——が、これらを合流させ、サパティスタの基本的アイディンティティを確立する必要があったのだ。サパティスタ運動はマルクス・レーニン主義ではなかったが、マルクス・レーニン主義でもあった。大学のマルクス主義ではなく、マルクス主義による具体的現実の分析ではなく、メヒコの歴史でもなく、先住民原理主義や先住民千年王国主義でも、先住民の抵抗闘争でもなかった。それらすべての混ぜ合わせであり、山で用意され、EZLNの戦闘勢力に具現化したカクテルだった。正規軍つまり反乱軍であるわれわれ、マリオ少佐、マリベル大尉、アナ・マリア少佐など、この間を山中で過ごしてきた者たちは、この文化的衝突の最終的な産物なのだ。タチョ*やダビッド、セベデオなど、委員会の中でも最も昔からいる者たち、一〇年、一二年前、創生期からおり、そのため運動の指導者となった者たちは、彼ら独自のサパティスタ運動の定義を創造していく。

一九九三年、サパティスタの語り口の中で先住民的な要素が重要性を強めていく。それまでは例えば、なにかについて説明がなされ、それが先住民村落のために翻訳されていた。一九九三年、戦争を指揮することになり、これは逆の方向に行なわれるようになった。人びとの前に出て行き、EZLNとはなんであるのかを説明するという任務を持った軍のために、先住民の要求が翻訳されるようになったのだ。そうこうするうちに九三年五月、コラルチェン山中で戦闘が発生し、戦争準備が混乱してすべてを困難にした。だから、九四年一月一日に出現した時、われわれはサパティスタについてきわめて曖昧な定義しかできていなかったのだ。それは、六〇年代のメヒコの地下左翼運動、先住民文化の要素、メヒコの歴史の軍事的要素、中南米のゲリラや民族解放闘争の遺産など、故国を大事だと思う価値観が渾然一体となった曖昧さがあった。

これらすべてが「第一ラカンドン密林宣言」に反映された。結局、全員は一つのことで一致していた。一一の要求が満たされることを求めており、党＝国家一体化システムが敵であるということ、その打倒のために闘うということで一致していたのだ。この点は記憶にとどめておいてほしい。

M——組織の大多数を占める先住民に決定権を与えるということは論争と断絶を引き起こしたのではないか、そのため、九三年一月の会議は非常に重要な意味をもったのではないかと想像します。九四年のサパティスタは、大多数の先住民が指揮権を取ったことの結果として生まれたといってよいのでしょうか。

タチョ　タチョ司令官は彼の参加の経緯について、かなり異なった説明をしている。

マルコス――そうだ。このため、九三年一月、メンバーの一部は離れた。彼らは、われわれが人びとを失敗と殺戮に導いてしまうと言い、また別の者は労働者の組織活動に力を入れると言い、先住民は他の勢力の成長を待つべきだと主張した。国全体の規模での戦争を闘い抜くだけの基盤が無いと言った者もいた。特に、組織構成員の大多数が先住民であり、彼らが力を持っているということに組織の残りの部分が気づいたとき、激しい対立と議論が起こった。内部の民主主義を尊重することが決まると、組織内の多数派はそれまで認められていなかった力を手にした。本来の権力が公式化され、組織全体に力を及ぼすようになった。こうして、都市から指導されていた活動は山中の革命地下委員会によって指導されるようになった。

組織全体が変化していった。すべては先住民指導部に従わなければならなくなった。しかも、さっき説明したような経歴をたどった、ごったまぜのカクテルのような先住民指導部だ。だからこそ、先住民問題は根本的で、それが最重要課題となった。国際・国内情勢についての分析はもとより、都市における組織拡大の遅れや、労働運動の参加が得られていないことなどに関する内部分析も無意味なものとされた。先住民問題が中心的課題となり、大多数である先住民はこれを押し通したため、蜂起の最初の段階からこれは見て取られ、サパティスタの語り口をすべて規定した。先住民の人びとの物事の理解の仕方は直接普遍性へと向かう。彼らは、地域や国という次元を通過することなく、自分たちの理解の仕方で直接普遍的呼び掛けを始めるのだ。

M――しかし、この先住民的側面は「第一宣言」にはあまり明確にあらわれませんね。

マルコス――なぜなら、「第一宣言」は、この内部衝突の後の最低限の共通認識を表したものだったからだ。集団的・民主的・複数主義的な先住民の組織により、都市の政治・

軍事的組織が力を失うという、内部的移行の過程が必要だった。これが決まったのは一九九三年一月だったが、委員会の仲間たち自身、公式に指導者となってすべてを指揮するのに慣れていかなければならなかった。それは決められたからといってすぐそうなるわけではなく、少しづつ変わっていくのだ。

先住民の軍隊？

Y――「蜂起のあった一九九四年」一月当時、あなた方は先住民問題を口実として利用しているに過ぎないと考えられていました。当時、私自身も同じように考えました。そして事実、これは国内的・国際的に反響を呼んだのです。いつか言っておられたように、「先住民の血は以前よりも値が張る」ようになったのです。これは象徴的ですが、利用しているのではなく、ずっと奥深くから発しているものなのだということが、今になってわかってきました……

マルコス――「第一宣言」の中の、「われわれは五〇〇年の戦いの申し子である」という表現が先住民問題をさしているということに疑問の余地はなかっただろう。だが、委員会における「第一宣言」についての議論の中で仲間たちは、われわれの闘いが先住民の闘いではなく、国全体に及ぶ闘いであることをはっきり示すべきであると強く主張した。「先住民ではない者がそこに含まれていないと思わせてはいけない。われわれの呼びかけは広い、すべての人に向けたものでなければ」と。

Y――ＣＣＲＩの司令官たちもそのような意見だったのですか？

マルコス――そうだ。国全体の問題として解決しなければならないのに、われわれの闘いが先住民の戦争だと受け取られてしまうことを仲間たちは恐れていた。だから、五〇〇年の闘いの産物であるとの宣言は、先住民の抵抗闘争が遺したものを継承しつつ、すべてをそこに包含していたのだ。彼らは常にそのことを強調した。われわれのメッセージが先住民問題に片寄り過ぎると、疑いの目で見たりすらした。「先住民の話に行き過ぎだ。地域的・民族的な運動だと思われてしまうぞ」と。それに、民族主義的性格の戦争にすることは、残酷で激しい内部対立という過去の失敗に逆戻りすることを意味していた。中間的な姿勢をとるよう彼らが要求したのだ。「先住民問題に行き過ぎると孤立してしまうぞ。もっと開かれたものにしなければ。先住民的部分を利用するなら、普遍的な、すべてを包含してしまう部分を利用しよう」と。

しかし、すでに話したように、われわれは一〇年間死ぬために準備してきていた。われわれは死なず、生きていることに気づき、そして一月二日から即興で始めたのだ。まだ終ってはおらず、物事が予想通りに起こらなかったとわかった時……しかもあらゆることについてきわめて詳細に予定がたてられていた……一月一日のためには、どの戦闘部隊がどの角に何時に到着するかが決められ、その時間にそこに着かなければならないことになっていた。そこでなにをするかまでが決められていた。しかし、その後のことはなにもだよ。語るために一〇年間用意してきたのではないのだから。

とにかく、闘争の先住民的性格について、それが強調されることにもっとも抵抗したのは委員会だった。サパティスタ民族解放軍のなかでももっとも先住民的であるロス・アルトスの人びとは先住民全国フォーラム[*]からも距離を取っている。ダビット、アナ・マリアなど、先住民としての起源により近い彼らが、EZLNが先住民運動だととらえ

先住民全国フォーラム 先住民の権利と文化についてのサン・アンドレス・ラライン サル交渉と平行して、EZLNは先住民全国フォーラム（九五年一〇月一九六年一月）を開催した。

られることをもっとも危惧しているのだ。

Y——ということは、当初から、少なくとも九三〜九四年には、国全体に及ぶ政治的ビジョンを持っていたということでしょうか？

マルコス——委員会のメンバーの何人かは政治的先住民グループのメンバーだったから、彼らは国全体を見わたす視点を持っていた。党＝国家一体化システムを打倒し、民主的で自由な政治制度を確立するという……

Y——しかし、ここのように、村全体ないしはほぼ全体が行動を始めるとき、まさに先住民であるということが力を与えているのではないのでしょうか？　「メヒコ人」という言葉は他者をさす言葉ではありませんか？

マルコス——彼らは都市の人のことを「市民《シウダダーノス》」と言うね。

Y——メヒコ人を外在的にとらえていて、ある意味そこに先住民連帯、マヤ民族連帯の感情が生まれているということはありませんか？　これは「マヤの軍隊」ではありませんか？

マルコス——そうだな、それは事実だ。実際そういうことが起こっている。どう言ったらよいだろう……ふたつの水準の語り口があり、ひとつは内部的な、凝縮力と鏡を表わす語り口だ。「われわれはわれわれだ。われわれには尊厳があり、だから闘うのだ」と。もう一つは外に向けてのもので、特に、メヒコ人がわれわれを外部から見るのではなく、内部に見出してくれるように、これはうまくいかないこともあるのだが、他の人びとを排除しないよう特に気が使われている。しかし、仲間たちはインディオの軍隊として、先住民の軍隊として非常に強い団結意識を持っている。

Y——お互いを兄弟のようにとらえている……

マルコス——そうだ。結局われわれは兄弟であり、他者は他者なのだ。ギリシャ人であろうと、ロシア人であろうと、メヒコ市のメヒコ人であろうと、他者であることには変わりない……

Y——そのことが、サパティスタ軍がなかなか非先住民を取り込めないことと関わっているのではないですか？　「フレンテ」*ではなく、サパティスタ軍のことですが。

マルコス——その通りだ。われわれがやったようなことをやるためには、絶望していることが必要だった。九四年の段階では、大半のメヒコ人は政治・経済の危機をまだ自ら経験してはいなかった。明晰な人はいたけれども、大多数はチアパスを一種の例外として見ていたのだ。「ああ、かわいそうな先住民たち。彼らは正しい。だから蜂起したんだ。にっちもさっちもいかなくなってね……しかし、私にはまだ政治的手段がのこっているし、輝かしいか、少なくとも有望な経済的水準がある」と。九四年、危機はまだ爆発していなかった。他方、サパティスタの語り口は形成の過程にあって、先住民問題という根本的課題に集中していた。

九四年にもっともよく受けとめられ、よりよくわれわれのことを知らしめたのは、声明、手紙、マルコスの物語などではなく、村に入り、覆面の奥にあるものを知らせたジャーナリズムの仕事だった。ジャーナリストを通して、外部の人びとはサパティスタ軍の背後にあるものを発見したのだ。村がどのように組織されているのかを知り、人びとを知り、それが別世界であることを発見した。それは、独自の政治組織と社会組織をもって抵抗し、生き抜く別世界だった。なにも問題が起こっていないかのようなメヒコの一部で、誰にも知られることなく別の「くに」《エスタード》が機能していたという事実は多くのメヒコ人にとって衝撃だった。しかも、その「くに」は彼らのものよりもよいものだった

フレンテ　サパティスタ民族解放戦線（FZLN）は、武装組織であるEZLNとは別に、市民社会の内部でこれを支える組織として創設された。一八一頁以下で、少し詳しく触れている。（訳注）

のだ。

　だから、先住民の語り口についてのあなたの意見は興味深い。というのも、代表者と委員会の間の声明や大聖堂での対話についての最初の日々の議論を覚えているのだが、委員会と代表者の最大の関心事はこの運動を単なる先住民問題に封じ込めないということだった。彼らなら、すべての先住民要素を語り口から完全に消してしまっただろうよ。

とにかくわれわれは存在している

マルコス——九二年一〇月一二日のあと、次に大きな鏡が九四年一月一日のそれだ。戦争ができる、運動の先頭にたって指導することができるということに彼らは気づくのだ。九三年の間、やっていくことができるだろうか、どれだけの人を戦争に向けて動かすことができるだろうかということをわれわれは考え続けた。集会や意見投票に人を動かすことはできたし、村や集落の中での活動に動かすことはできたが、しかし、もう帰っては来れないかもしれない闘いにでるのにどれだけの人が参加してくれるかはわからなかった。九三年の間中、このことが心配で、一一月、一二月は不安で身を焼かれるような思いだった。九四年一月一日午後四時、答えがわかった。午後四時、オコシンゴ駐留部隊が降伏した。オコシンゴが落ち、それが最後の行政区陥落だった。ラス・マルガリータスは午前三時、サン・クリストバルは午前一時、アルタミラノは午前六時に陥落していた。ウィシュタン、チャナル、オシュチュックは、ランチョ・ヌエボの兵営を包囲するために進んでいた部隊が通り際に落とし、そして午後四時、五時、オコシンゴ駐留部隊が降伏したと無線を通じて知らせがあった。目標は達成された。われわれは成功したのだ。存在を知らしめることができた。われわれは存在していたのだ。

Y――やや前の話にもどりますが、コラルチェンでのことについて、九三年における重要な断絶と話されましたが……

マルコス――この戦闘により、先住民村落、戦闘部隊と都市の者たちにとって戦争は現実的なものとなった。もはや、戦争はいつかやってくるものではなくなった……一九九三年一二月三一日夜一二時が期限だということはわかっていた。委員会が司令権を握ってそう決めたんだから。「一年以内に戦争を始めよう。それ以上はだめだ。やらないならば、われわれだけでもやってしまうぞ」と。村は、もしわれわれが彼らと一緒にやらなければ自分たちだけでもやってしまうと警告し、そして一年の期間をわれわれに与えたのだ。

街への攻撃を政治・軍事的な意味で準備している時に、コラルチェンで戦闘が起こり、それはまずオコシンゴへの攻撃計画を狂わせた。だから落ちるのが遅れたのだ。オコシンゴの庁舎模型を彼らに見つけられてしまい、敵はすでにオコシンゴへの攻撃があるものと考えていることを前提としてやらざるをえなくなった。

だが、重要なことは、我が軍が初めて政府軍と戦闘を行なったということだ。現実の戦争を目の前にして、考え直し、去る者もいた。何人かの士官も去り、それも計画に悪影響を与えた。計画の再調整が必要になった。一二月三一日にもわれわれのところから去っていく者がいた。一九九三年に起こったいろいろなことを見れば、われわれの行動が狂気じみていたことがよくわかる。一九九四年一月一〇日までは、何もかもがわれわれに敵対していた。一九九四年一月一日の早朝以前、すべてはわれわれが出撃してはならないことを示していた。兵が去り、車両も確保できず、いくつかの村には問題があり、その上コラルチェンの事件によりさらに混乱した。混乱だけではないか。それは結局、たくさんの人間の意志を確固たるものにし、計画の具体化に役立ったという意味では、われわれに有利にはたらいたのだ。例えば、コラルチェンの事件のために、政府軍の軍事諜報部はオコシンゴへの攻撃があると確信しているとわれわれは考えた。そこでわれわれは、一二月三〇日よりオコシンゴ攻撃の陽動作戦を行い、そのため、アルタミラノとサン・クリストバル・デ・ラス・カサスへと展開することができたのだ。敵はオコシンゴに注意を集中していたから、われわれが、そこに現われなければどこにも現われないだろうと考えさせるため、われわれはオコシンゴへの攻撃開始を可能な限り遅らせた。他の行政区庁舎が陥落してからオコシンゴへの攻撃を開始したのだ。

Y——政府軍は情報をもっていたのに、なぜ防衛手段をとったり、もっと早く策をうったりしなかったのでしょうか？

マルコス——それは、評価を誤ったからだ。まず、われわれと同じように彼らもゲリラ運動の成功などありえないと考えていたし、それでいて、起こるとすれば大規模の軍隊ではなくゲリラだろうとふんでいた。また、セルバでは土地問題があったことから、噂の運動は多数の先住民によるいつもと同じ行政区庁舎の占拠程度のものとなるのであろうとも彼らは予測していた。一二月三〇日、われわれが出撃のための車両の確保を始めると、茶色のシャツと黒いズボンの制服をまとい、覆面をした武装集団がそれをやっているという噂が流れた。当時第七管区司令官だったゴディネス・ブラボ将軍はオコシンゴに移動して状況を分析し、それは、わずかな武器で武装した準軍隊《パラミリタリー》組織か農民だろうと考えた。表に出たのは二二口径のライフルと旧式の猟銃だけだったから、土地や行政区庁舎占拠以上のことにはならないだろうと考えたのだ。これだけの規模の運動なのだとは考えられなかった。ただし、われわれが連邦政府軍に潜り込ませていた兵士たちによれば――戦争が始まる時には彼らに出てくるように知らせた――、コラルチェンでの戦闘の後、軍はもちろんゲリラ組織の存在を把握し、それを鎮圧する戦略を策定していた。包囲して、麻薬ゲリラであるかのごとく扱うのだ。だがその時、彼らは上部から一月まで待てとの指令を受ける。つまり、北米自由貿易協定（TLC）*が発効するまでだ。われわれは、一九九四年一月六日から一〇日にかけて、セルバで四〇人から六〇人規模のゲリラ組織の掃討作戦が準備されていることを知った。そのことを知ったのは一二月の末、二五日か二八日頃のことで、われわれはすぐに攻撃に入ることを決定した。そうしなければ、われわれの陣地で闘うことを余儀なくされていただろうからだ。そして一月一日、サイコロはふられた。

政治的情勢

Y――この決断の時に、国内の政治情勢はどのような意味を持ったのでしょうか。大統領選候補者決定、大統領任期の最終局面への突入、北米自由貿易協定はどうですか？　時期的には体制が政治的にきわめて脆弱になっていた時期でしたが……

マルコス――時間が経ってから見れば脆弱だったが、当時はそうは見えなかった。体制は強固であるように見え、候補者に問題があるとは思えなかった。コロシオはサリナスの支持を得ていた*。サリナスはこの国の最高実力者で、すべてを支配下においていた。

TLC　アメリカ合衆国、カナダ、メキシコの間の自由貿易協定（英語の略称はNAFTA）は一九九四年一月一日に発効することになっていた。

コロシオ　サパティスタ蜂起は、一九九三年一一月、カルロス・サリナスの後継者としてルイス・ドナルド・コロシオが公式に立候補者と決定されたことに不満を持つPRI内部の勢力の間接的な反応ではないかと分析する評論家もいた。コロシオは一九九四年三月二三日、暗殺された。大統領、議会、それにチアパスも含めた各州の知事選挙は一九九四年八月二一日に実施された。

一九九三年の段階では、体制は本当に強固で一枚岩であるように見えていたのだ。われわれはそう考えたが、仲間たちはそれでも蜂起しようとしていた。そこでわれわれの考えは、とにかく選挙まで持ちこたえなければならないということだった。出撃すればすべてがわれわれの上にふりかかってくるだろうが、それでも八月までは闘って持ちこたえなければならない。それがうまくいけば、選挙を問題なく実行するため、絶対に相手は停戦、対話、交渉などを持ち出さざるをえなくなるだろうと考えたのだ。代表的な左翼野党であるPRDが九四年の選挙でかなり不利な立場に追い込まれていることはわかっていた。彼らは九一年に敗北を経験していたが、まだもう一つ大きな敗北が待ち受けているはずで、自分たちの勝利の可能性について非常に懐疑的に見ていた。PRIが勝利し、結局PAN*との二位・三位争いになるだろうと。

われわれは委員会の仲間たちとの内部分析の中で、すべては演じられた見せかけのもので、実際にはサリナスはさして強固ではないと仮定して検討してみた。サリナスはメヒコの近代化を主導し、メヒコを世界市場と新自由主義の論理に組み込む際に、別種の歴史的計画を持つ体制内権力グループの利益を害せざるをえないと仮定してみたのだ。権力内にであり、左翼にではない。そしてそれは、メヒコの政界内部で反感と恨みをかっており、もしかすれば、サリナス・デ・ゴルタリに対する反乱の闘いへの反応も、全面的に否定的なものにはならないかもしれないと考えたのだ。そうであるかもしれなかった。しかし、われわれがより真剣に考えていた可能性とは、蜂起すれば、敵はわれわれを圧倒するだろう、だが、蜂起は先住民問題への関心を呼び覚まし、体制と世界はこちらを向かざるをえなくなるだろうということだった。

われわれの考えでは、新自由主義の枠内でのサリナスの戦略は、安定した国と市場向

*PAN　右派政党国民行動党（PAN）は、一九三九年結党。近年PANは左派政党PRDを上回る代表的野党政党となっている。

けの良質な生産物のイメージを外国で宣伝することだった。だから、もしこの宣伝キャンペーンを阻止することができたなら、二つのことを達成したことになるだろう。一つは、本当に起こっていることを明らかにすること、この政治的・経済的計画が国にとってどんな意味を持っているのか、この国の一部分である先住民に対しては何を意味しているのかを明らかにすることであり、その上、メヒコの視線を、自らの一部分である先住民世界に向けさせ、自らの一部分を忘れ去ろうとしていたことに気づかせることができるはずだった。それは、忘却に対する闘いだった。だが、軍事的にも政治的にもそれ以上のことは一切期待していなかった。絶望的な闘いであることはわかっていた。われわれはただ、この闘いをわれわれにとって恩義のある人びと、すなわち、先住民村落に少しでも意味のあるものにしたいと、そう思っていた。

先住民の血の値段(一月の戦闘)

Y——あなた方の行動によって、村が戦争に巻き込まれてしまうことになるとは考えなかったのですか?

マルコス——まさにそのために、注目をひきつける強力な一撃を与える必要があった。一般市民を攻撃することのコストを非常に高いものにしてやるのだ。われわれは、彼らが対反乱軍作戦の非常に古典的なやり方で反撃してくるだろうと考えた。武装勢力を追い詰め力を失わせる一方、市民をコントロールし管理下に取り戻すのだ。支配地域外では、頭と心の戦争と呼ばれるベトナムでのやり方でくるのではないかと想像していた。

しかし、われわれがもし即座に人びとの注目を集めることに成功すれば、政府軍の鎮圧作戦や村の一般市民への攻撃はより難しくなるだろうと考えた。とにかく、そのようにして戦争が準備された。先住民の村の人びとは退却しつつ抵抗する準備を整えており、初期の大規模な軍事作戦が成功すれば、政府が殺戮を行うとしてもそれを無法的にやることはできないはずだった。先住民の血の値段を高くしてやる必要があったのだ……

Y——国内世論、国際世論を頼りとしてですか？

マルコス——そうだ。この国は先住民を殺戮していると訴えるのだ。先住民の血を株式市場に上場するようなものだ。それを目指していたのだ。

そのためには一定の時間が必要だった。世界と国内の世論が反応し、政府が少なくとも一般市民には配慮せざるをえなくなるまでの時間——実際最初の日々そうなったように、サパティスタの戦闘員へはあらゆる攻撃が降りかかってもだ——、村は持ちこたえられなければならない。

M——しかし、一月一日の後、メヒコの他の勢力があなた方に続いて蜂起するかもしれないという希望はなかったのですか？

マルコス——わずかばかりの希望は抱いていたが、可能であるとは思えなかった。心の片隅でわれわれは、ひょっとしたら先住民だけではなく、学生、労働者、教員、雇われ人が、チアパスだけでなくメヒコ全体でわれわれとともに立ち上がり、権力との闘いが始まるかもしれないと夢見ていた。しかし、それは心の片隅にあった希望であり、本当にそうなるとは思えなかった。

Y——それでは、メヒコ市に向けて進撃するとの宣言は、そう計画していたというよりは希望の表現だったのですか？

マルコス――いや、そういう戦略だったのだ。ちょっと待って。図に書くとわかりやすいだろう。ここにチアパスがあって、ここがセルバ、東側に国境、そしてグアテマラがあって、北にはタバスコ、その先にベラクルス、西側にはオアハカ州だ……われわれの計画は、われわれの存在を知らしめるために強力な攻撃を加えた後、できる限り進撃することだった。村が抵抗闘争を持ちこたえられるよう、ラカンドン密林、チアパス北部とロス・アルトスに集中しているサパティスタ地帯から戦争をできる限り遠いところへ持っていくことが必要だった。まず都市を占拠し、それから首都に進軍するのだ。途中で壊滅されるであろうことはわかっていた。しかしそうすることで、戦争を村の外へ持って行くことができるはずだった。

それに、まだ終わったわけではない。われわれはメヒコ市を目指している。メヒコ市行きをあきらめたわけではないのだ。とにかく、当時の戦略的意味はそういうことだった。われわれはトゥストラ、タバスコ、オアハカ、ベラクルスへ進撃するための展開を始めた。そこに、停戦の命令がやってきた。

Y――一月一二日ですね。しかし、それ以前に退却したことがありましたが……

マルコス――村を守るための部隊は退却していたが、ゲリラ部隊は進軍の準備を整えていて、ロス・アルトスとノルテの町を占拠し、タバスコ方向へ進軍しようとしていた。サン・クリストバルにいた部隊はトゥストラをめざし、そこからラ・ベントサ、オアハカへ進もうとしており、別の部隊がベラクルスをめざしていた……

Y――一月二日、三日には何が起こったのですか？　計画を変更し、退却を命じたのはなぜなのですか？　ラス・マルガリータスに続きコミタンもとらなかったのはなぜですか？

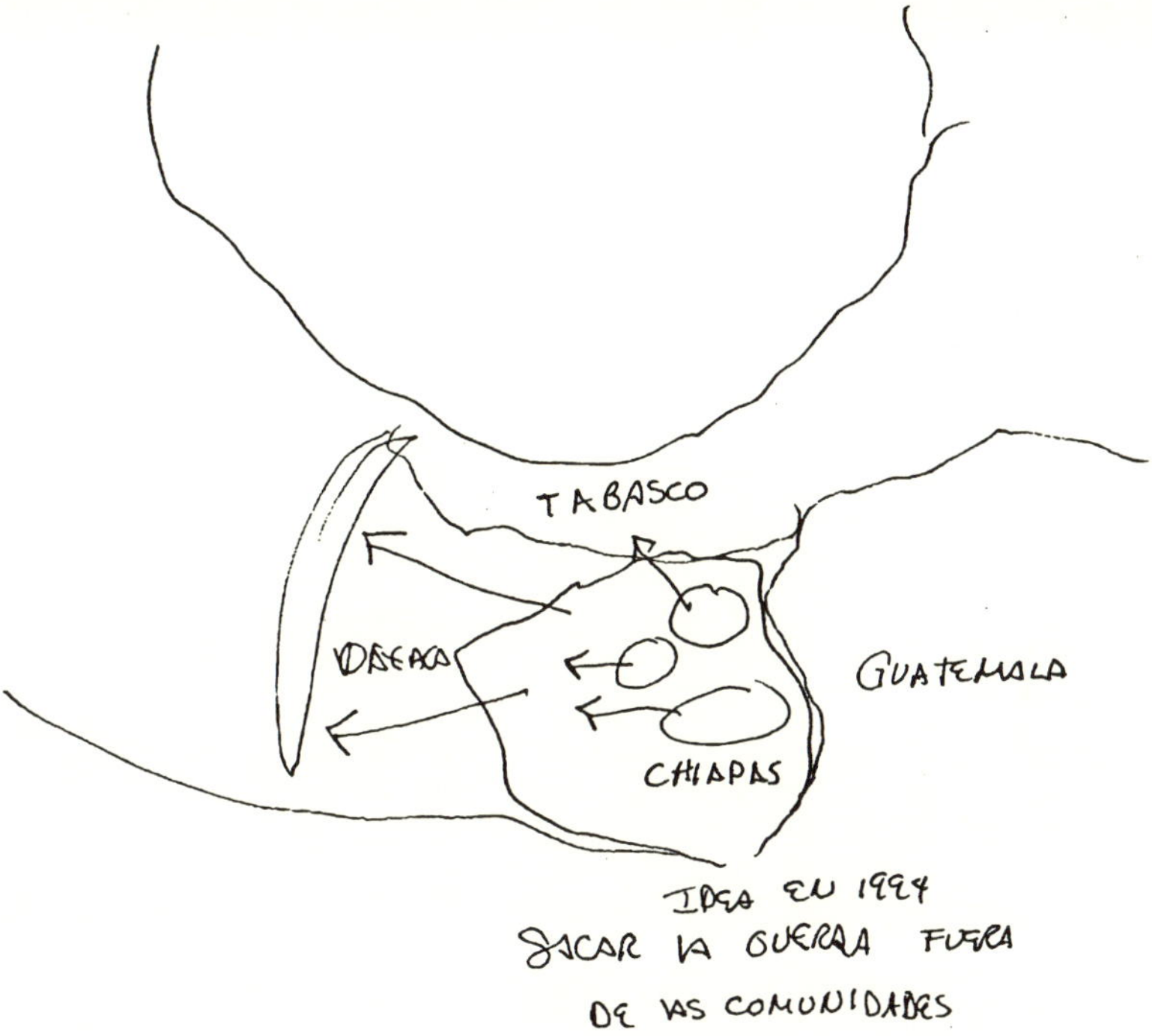

この略図はマルコスの手になるもので、彼は蜂起にまつわる話をしながら、これをスケッチした。「1994年当時の考え：戦争を村落共同体の外へと引き出すこと」と題されたこの図で、副司令官はサパティスタの目標を明らかにしている。すなわち、戦争を、村はおろかチアパスの外へと広げ、オアハカ州やタバスコ州を通って、首都（メヒコ市）にまで至るというものである。

マルコス――コミタンの場合、部隊はラス・マルガリータス占拠の際に、部隊の前進を指揮する士官を失っていた。彼を失い、村落を守る責任者だった士官がかわりにコミタン方向へ進撃を始めるのだが、そこで私は村落の防衛が無くなってしまうことに気づき、無線を通じて退却を命じた。彼らはもうあと四キロほどのところまで迫っており、すでに街の光が見えていたそうだ。しかし、他の部隊はすでにトゥストラ方向とノルテ、タバスコ方向に向かっていた。軍はサン・クリストバル南側の村の爆撃を始めた。一月の三、四、五、六日に爆撃が行われ、われわれは山中でヘリ三機と航空機三機を撃墜した。ランチョ・ヌエボの駐屯地を攻撃し、軍が防御にまわらざるを得ず外に出てこれないようにする任務を持った部隊はサン・クリストバル南部の村を守るため退却せざるをえなくなる。

この作戦行動により、トゥストラ、そして州の中心部にある水力発電所をともなった大規模ダム群に向けて進撃するはずだった部隊が遅れてしまった。しかし、タバスコに向かう部隊は予定通り進撃を始め、若干遅れていたもう一つの部隊も、六日、航空機を撃墜して展開を始めた。軍も攻勢をかけるが、ランチョ・ヌエボを締めつける部隊がそれを食い止めていた。しかし、オコシンゴを占領した部隊が問題をかかえていた。

Y――それを質問しようと思っていたのです。何が起こったのですか?

マルコス――一月一日深夜、私は各所のすべての部隊に対し、二日の夜明け前に撤退するよう命じた。オコシンゴ駐屯地にいた部隊の一部はノルテに進撃し、残りは村落防衛のためセルバに戻ることになっていた。指令は部分的に実行された。というのは、セルバに退却すべき部隊の一つが退却せず、マリオ少佐の部隊が退却のための車両を待って市場の中に残ってしまったのだ。二日、パラシュート部隊が攻撃をかけ、出口がふさがれた。そのうえ、パレンケ方向からは機動部隊が入ってきた。軍事的ミスもあった。周囲の防衛が無かったのだ。だが、基本的な問題は、この部隊は二日にはすでに退却していなければならなかったということだ。

二日、私は無線でオコシンゴで部隊が一つ全滅したという連絡を受けていた。数百の死者が出た模様だった。

Y――数百ですか？

マルコス――最初はそう思ったのだ。そうであるならば、セルバを防衛するための部隊は弱体化しており、北へ向かった部隊も同じなはずだった。そこで、北へ向かった部隊の一部が援護のためオコシンゴに引き返すと、包囲網から少しづつ人が脱出してきて、そして、部隊は抵抗しており、全滅してはいないと言うのだ。彼らは英雄的に闘った。最終的に、オコシンゴにおけるわれわれ側の死者は四〇か五〇にとどまった。軍はそこにいたたくさんの市民を殺害した。われわれが制服を着用していたにもかかわらず、軍は動くあらゆるものに向けて発砲したのだ。

Y――軍隊はなぜこんなにも簡単にパレンケから入ることができたのですか？

マルコス――すべての進入路はカバーされていた。オコシンゴへのルートは三つある。サン・クリストバルからの道、村を守るため展開すべき者たちによって守られることになるセルバからの道、そして北側にはパレンケからの道だ。しかし二日の朝、われわれは退却を始めた。パレンケからの道を妨害するのはノルテ、タバスコに向う部隊の任務だった。しかし彼らは橋を破壊せず監視するにとどめ、その後、すでに全部隊がオコシンゴから出ていて防衛部隊はセルバ内部に展開しており、もはや守るべきものは無いと思い込んでそこを離れてしまった。市場に残った部隊は孤立し、軍はわけもなく入ってしまったのだ。橋のところに来た時に少しでも手間取らせることができたはずだが、そこを担当した部隊はみんなすでに脱出したと考え破壊しなかった。

Y——これらの作戦でたくさんの死者が出るであろうと考えつつ、死者が出ないようできる限りのことをしたのですね。

マルコス——われわれの計画は、最初の作戦行動を犠牲ゼロで実行することだった。地獄が降りかかって来るのはその後だろうと計算したのだ。

Y——村に対してですか？

マルコス——いや、われわれにだ。もし村が攻撃を受けたなら、われわれは外部で攻撃するのだ。「ほらほら、こっちだよ」と。軍がセルバから出て、われわれを攻撃してくるように。

すべては可能な限り少ない犠牲で済むように計画されていた。死者、負傷者をセルバ内部へ運ぶ後方支援部隊もあった。オコシンゴでは政府軍兵士たちは絶望していた。ジャーナリストに「サパティスタ側の死者は何人か」と聞かれ、見せられる死者が一〇人や一二人しかいなかったんだから。死者が出ないよう出来る限りのことをしなければならなかったし、もし出ても最小限の数でなければならなかったのだ。そして、その後は……

Y——自爆作戦……

マルコス——そうだ。軍隊が村に入るのを阻止するか、少なくともそれを遅らせるためには。

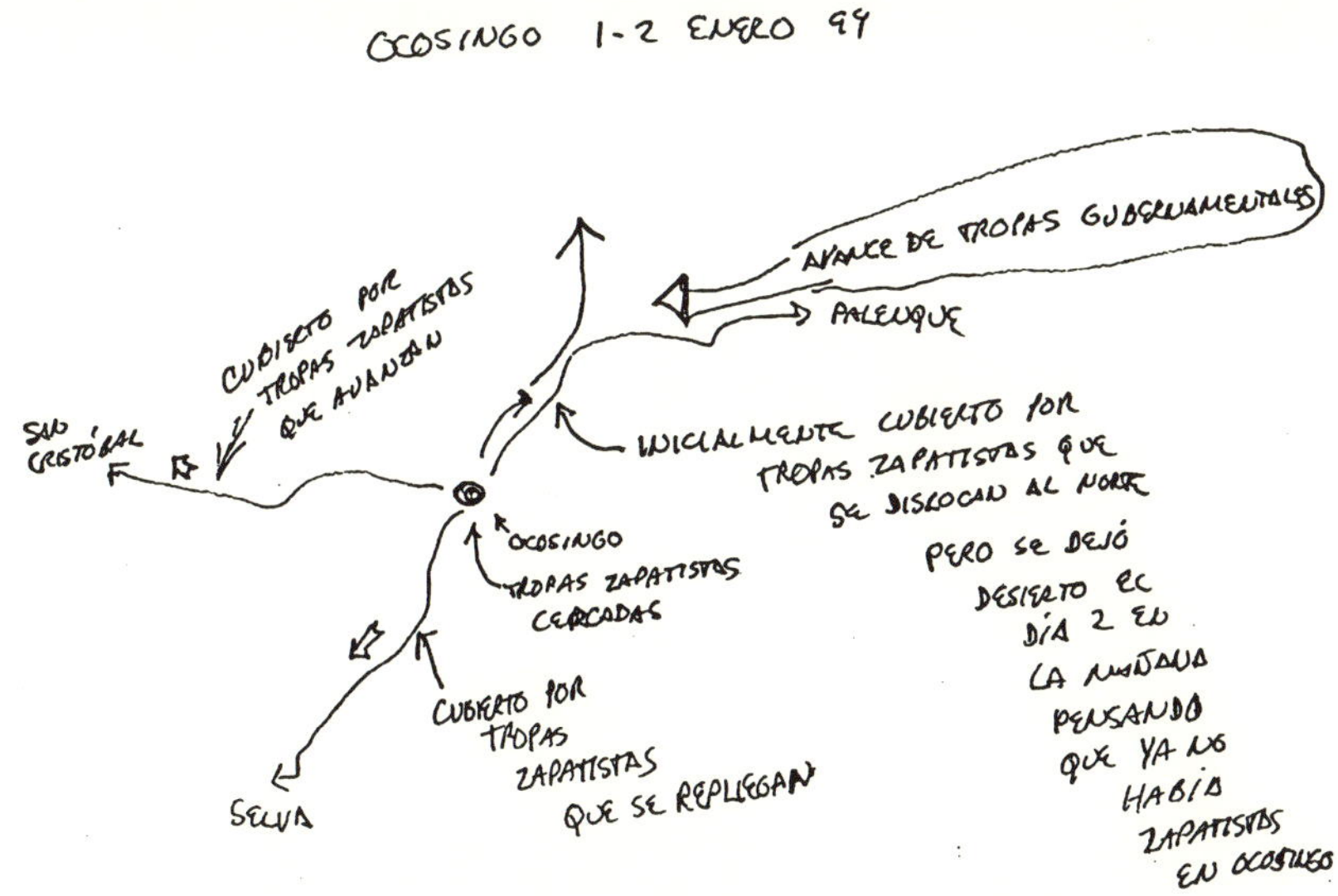

前図と同じくマルコスの手になるもので、1994年1月1日から2日にかけての、オコシンゴの戦況を説明したものである。1月1日にオコシンゴを占領した叛乱者たちは、翌2日には分散して撤退した。同日朝ノルテ（図の上方）へ向かった兵士たちは、同志たちはすべてオコシンゴ（中央の黒丸印）を離れて、セルバ方向（図下方）で展開しているものと思い込み、パレンケ方面（右上方）から上ってきた政府軍への道を開いた。そのため、オコシンゴの市場に残っていた部隊は政府軍に包囲されることになった。

「武器の選択」――モイセス少佐

Y――武器はどのように手に入れたのですか？

モイセス――仲間たちが働いて買ったんだよ。コーヒーを売り、家畜を一頭、二頭と売り、武器のために少しづつ貯めていったんだ。警官からだって武器を買ったよ。そうやって少しづつ部隊、軍をつくっていったんだ。戦争においては、戦争の法律、ジュネーブ条約というのを守らねばならんのだということも教えていった。進むにつれ、彼らこそが指揮をとり、闘いをどのように進めていくべきか決めなくちゃならんのだということに気がついた。組織が大きくなってくると、管理は難しくなってきた。耐えきれなくなった者たちが、ここで起こっていることを政府軍に言いに行ってしまうかもしれなかった。団結し、武装した民衆として、彼らが指揮をとることになった。サリナスが自由貿易協定や二七条、エヒードと企業の民営化、デノミの話などを持ち出し、状況は私らにとってどんどん厳しくなっていった。仲間たちが説明してくれた。二七条のことが私らの国にどんな意味をもっとるのか、特に農民にとって何を意味しているのかということを。それは、私らをポルフィリオ・ディアスの時代の状況に後戻りさせてしまうようなものだということだった。人びとは言いはじめた。こんなのはもうたくさんだ、闘おうと。彼らがそう言うのだから、仲間たちにも聞いてみないとならない。そしてこれが決定だった。こうして九四年一月一日が起こったのだ。

Y――蜂起することを決めたのはいつですか？

モイセス——九三年だ。いま君に言ったことを、サパティスタになっていたすべての村で説明したんだ。立ち上がり、特に土地のために闘うのに、時はきていた。

Y——九三年にそう決められた時、それに反対した人たちはどうなったのですか？

モイセス——本当にサパティスタだった者たちにだけ意見をきいたんだ。組織から出てしまった者たちにはきかなかった。だから、私らがなにをしているかはわかっていただろうけど、それだけのことだ。邪魔することなどできないということを彼らはわかっていた。村がそう決め、それをやる用意のある者たちがそう決めたのだから。オコシンゴとラス・マルガリータスなど、ほとんどセルバ全域が組織に入っていたから止めることなどできなかった。告発もあったけど、政府はそれを信じなかった。

Y——真に受けなかったのですか？

モイセス——そうだ。真に受けなかったんだ。兵隊を送ると言ったこともあったが、それだけだった。コラルチェンでの戦闘の後だって、一握りのグアテマラ人だなどと言っていた。だから、私らは一月一日に、出て行って「ゴディネスはゲリラなどいないと言うけれど」と言ったんだ。事実、パトロニシオ*は何も起こっていないと言っていたんだから。

Y——この時期、セルバから追放された人もいたのでしょうか？

モイセス——いや、多数意見に従いたくなかったから出ていったんだ。みんなは「もうたくさんだ！」と言った。反対した者もいた。だけど、多数意見でなにかを決定すれば、それを実行するんだ。彼らに説明したよ。「仲間たちよ、こうするしかないじゃないか。これまで合法活動で平和的に要求してきたことはあなたたちもわかっているだろう。どうしてもいやだと言うのなら仕方ない」と。そういうことだ。一月一日、彼らは知って

ゴディネスとパトロニシオ　ゴディネス将軍は一九九三年、チアパス軍管区の司令官だった。一九八八年から一九九三年一月までチアパス州知事を務め、その後内務大臣の座に就いたパトロシニオ・ゴンサレス・ガリドは、一九九四年一月の蜂起発生後即座に辞任を求められた。

いたんだよ。だけど、なにもできなかった。大規模な行動が始まり、彼らは気づいた。「これを見ろ！　奴らはほらをふいていたのではなかったんだ！」と。たくさんの者たちが、コミタン、ラス・マルガリータス、オコシンゴへ出ていった。それから起こることへの怖れでね。

M――その後、彼らの一部は帰ってきたのですか？

モイセス――ああ、そうだ。

M――どのように再統合されたのでしょうか。

モイセス――私らは退却してくると、村の代表者である仲間たちのみんなと集まって、「さて、どうしようか？」と話し合った。たくさんの兄弟たちが出て行ってしまっていたが、そうしたくてしたのではなく、なにが起こるかわからなかったから出て行ったのだった。そこで仲間たちは、みんなの合意をとらなければならないと言った。まず、出ていった者たちの多くはゲリラのことを知っており、そして、それに同意しなかったのだということを理解しなければならない。そこで私らは、彼らの財産や家畜の面倒を見て、かかった費用は彼らが戻ってきたら請求するということに決めた。「いくらいくらかかりました」と。それをどうするかはあなた方が考えることだけど、と。もし彼らが帰ってきたら、私らの間で争いたいのではなく、敵は向こうにいるのだということも説明する。だから、ここに残り、一緒に働こう。もし闘いに参加したいのならばそれでもよいし、そうでないのならそれもまた結構。こうして彼らは帰ってきた。戻ってきた者たちの多くはこの合意を知っていた。

Y――しかし、多くの人は九五年二月かそれ以降に軍隊と一緒に戻ってきたのではないですか？

モイセス――多くの者たちは私らが彼らをおいまわして殺してしまうだろうと思っていたからこの時期に帰ってきたんだよ……でも、その前に帰ってきていた者たちもたくさんいた。それは、なんて言おうか……彼らの多くは家族にサパティスタがいるんだ。だから私らが村の代表者たちと合意をとると、村に残っている家族が彼らにもう問題はないからと伝えたんだ。だから彼らは帰ってきたんだ。彼らはむこうに残った連中をもう信じようとはしなかったよ。なぜかというと、そいつらが、サパティスタってのはとんでもない奴らで、殺されてしまうかもしれないだとか、なにも尊重しないだとかふきこんでいたからだ。だから、彼らは本当のことに気づき、すべては彼らを悪く導いた奴のせいだと言った。その連中はもう帰ってこなかった。

Y――帰ってきていない人はたくさんいるのですか？

モイセス――少ないよ。少なくともここ、私が管理している部隊ではとても少ない。五人か六人だな。街に残ってしまった連中はもうそこに居残ることに決めたんだろう。帰ってこれないわけじゃないんだから。

一九九四年一月の日々

M――あなた方は戦争を準備し、初期の声明には「メヒコ市に向けて進軍する」とありました。しばらくの後、戦略を変えたかのように見えます。何が起こったのでしょう？ 声明の文体も変わったようですが？

モイセス――そうだな。というのも、私らは長い間、軍事面での準備をしていた。この面では今のところ私らはよくやっていると思うし、得意だ。連邦政府軍のある将軍も言っている。「ここではサパティスタの方が有利だ。奴らは土地を知りつくしているから」と。その通りだ。彼はいい将軍だよ。自分の兵隊をどう動かすべきか考えているということが見てとれる。その時期、私らはただひたすら闘い、闘った。他の兄弟たちが一緒になってくれないかと、そのことを期待して。だって、こんな人生ではひどいじゃないか！

M――自分たちを前衛のようにとらえたのでしょうか？

モイセス――いや、そういうことじゃない。そうではなくて、この国は本当にひどい状態にあった。だから、一緒に闘う仲間たちが現われてくるんじゃないかと思ったのだ。だが、私らが闘っている時、「戦争をやめろ！」と人びとが訴えていることを知ったんだ。市民社会がそれを求めているんだということを、私らは認めざるをえなかったよ。それで私らは立ち止まって、言った。「なんだ？　私らのことが嫌いなんだろうか？　彼らのために闘っているのだというのに？　彼らと話し合わなくては」と。その後、私らは彼らに借りがあるということに気づいた。借りというのは、メヒコの人民は私らが何者で、なにを求めているのかということをなにも知らなかったんだ。最初の戦争宣言を発表してはいたけれども、それをメヒコ全体に知らせるなんていうのは難しいことだった。だから、そこで私らは立ち止まった。起こっていることについての山のような情報を受け取っていた時だ。人びとに会って、私らが何者で、なにを求めているのかを彼らに説明するべきなのだと私らは理解した。攻撃がやってきたのはその時だ。そこらの新聞や雑誌なんかで、私らが暴力集団であるとか、牛泥棒だとか、あるいは私らは農民、先住民をだまして操っている嘘つきどもだとか、エルサルバドル人だとかグアテマラ人だとかロシア人だとか、いろいろ言われたよ。だから全国民主会議（ＣＮＤ）をやろうとしたんだ。私らは本当に戦争はやりたくないんだ。政府は、誰かに教えてもらわないと何をやるべきなのかもわからんようだ。メヒコ人民のためによりよい職業を与えるのが彼らの義務だというのに。自国民によりよい教育を与え、よりよい健康を保証するのは彼らの義務じゃないか。「サリナスさん、セディージョさん、これがあなたの義務ですよ！」と言うために、なんで血と命をかけなくちゃならないのか。統治するのを学びにどこだかに勉強しに行ったと言うけど、一握りの先住民に何をやらなくちゃならないのか教えてもらわなくてはわからないんだったら、その勉強はなんの役に立ったんだろう？　私らは戦争はしたくない。だけどもし私らを人間として扱わないのなら、私らにも尊厳があるんだ。そのために私らが闘わなければ、誰も私らの代わりに闘ってくれなどはしない。だから、もし奴らが私らに耳を貸さず、私らが命を賭すことが必要なのならそうなるだろうと言うんだよ。

Y――ランチョ・ヌエボへの攻撃の目的は何だったのでしょう？

モイセス――目的は……武器の徴発だ。武器が必要だったんだ。そして、誰が金持ちたちの利益を守っているのかを明らかにすること、軍隊とはなんなのかを明らかにすることだった。退却したのは、軍隊として、兵士として、私らは命令に従わなくちゃならない。命令は守るんだよ。議論してなんかいられないんだ。これは軍隊なんだ。わしだって、コミタンを攻撃する準備を整え、街の近くまで迫っていた。そこに通信兵がやってきて、「指令がきた」と言うんだ。わしはもう最終段階の指示を出しているところだった。あとは、出撃の命令を出すだけだったんだよ。そこに指令がきたんだ。一月三日の話だ。だから、わしは自分の受けた指令をそのまま命令した。オコシンゴにはその指令が届かなかったんだよ。時間がかかった。だからそういうことになってしまった。

Y――オコシンゴではたくさんの死者が出ました……

モイセス――たくさんの市民の兄弟たちが死んだ。

Y――しかし、その上……

モイセス――仲間の中からも死者がでたよ。もちろん。

兵士との対決

Y――蜂起しても鎮圧され、もっとひどいことになってしまうかもしれないとは考えなかったのですか？

モイセス――ああ、私らはそう思っていたよ。私らの敵は最強の敵だ。武力の面では最強なんだ。だが、尊厳ということについては強くはない。苦しむのは命令を下す奴じゃなくて、兵隊たちだけが苦しむんだ。兵隊たちは、なぜ闘うのかは知らない。ただ、財布がいっぱいになるから幸せに感じるだけなんだ。財布をふくらませているお金が、彼のものにはならないかもしれない、人民の戦士であるわしのものになってしまうかもしれないということに気づく時、ただお金のためだけに自分の命を賭けているんだということに気づくんだよ。闘いの倫理、意識、闘う目的が彼らにはないんだ。

Y――しかし、武器をもっていますよね。

モイセス――そうかもしれん。しかし、私らの二二口径は大して強力ではないが、ここでは奴らの武器よりも有効なんだ。

M——［政府軍の］兵隊たちもやはり大多数が先住民なわけですが、あなた方は彼らに近づいて、闘いについて話をするということはないのですか？

モイセス——もちろんするよ。私ら戦闘員はできなくても、村人たちがそれをやっている。五月八日に女性の仲間たちが行進をして、兵隊たちの所にメッセージを伝えに行ったんだ。彼女たちは説明した。「ご両親の所へお帰りなさい。あなたがたにも連れ合いがいて、子どもがいるんでしょう。もしかすればあなたも、どこかに行ってしまった私の甥や息子、従兄弟なのかもしれない。あの子が今ここに来ているのかもしれない。私たちの闘いはあなた方のためでもあるんだということをわかってください。だから騙されないように。私らとなんにも関係ない人間を守ってやるなんてことをしないで。奴らこそが私らを五〇三年もの間搾取してきたんだから」と。

M——それは成功しましたか？　転向した人はいましたか？

モイセス——もちろんだよ。下っ端の兵隊が私らに言うには、中尉から下の連中は山に入ることを命令したりなんかしないんだよ。中尉から上の連中がそれをやらせるんだ。「中尉を捕まえても、そいつは命令する奴じゃないんだ。命令するのは大尉だ」と彼らは言うんだ。まるで「大尉を捕まえたら、殺してしまえ」と言いたいかのようだけど。でも、私らは戦争法というのを知っとるから。

グアテマラ人との関係

Y——グアテマラ人のことについて言っておられましたが、ここにはグアテマラ人がたくさんいました。準備期間の間、あなた方は彼らとどんな関係にあったのですか？

モイセス――誰も参加しようとはしなかった。彼らはいつも距離を取っていて、もしかすればここにももう一つゲリラ・グループがあるなんてことを知りたくもなかったのかもしれない。グアテマラの兄弟たちとは一度も問題は起こらなかったよ。

Y――対話はなかったのですか？ 闘いの大義などについて意見交換することも無かったのですか？

モイセス――いやいや。

Y――しかし、あなた方はグアテマラで起こったことについては知っていましたか？

モイセス――ああ。仲間たちや敵がどんな風にふるまったかや、敵が村に入って人びとを虐殺したことなどは知っていたよ。

Y――ここでも同じことが起こるのではないかとは考えなかったのですか？

モイセス――いや、私らは武装していたから。危険を冒すことになるのは村にいる仲間たちであり、彼らには説明した。だけど、彼らが言ったんだ。下痢、高熱、嘔吐、寄生虫なんかで死んでいるのはわれわれだ。だから、闘って死ぬのも同じことだと。仲間たちがこう言うのだから、彼らは決心ができているものと私らは思った。

Y――もしメヒコ政府がグアテマラ政府と同じように暴力的に対応していたらあなた方はどうしていましたか？

モイセス――私らの任務を果たしていただろうよ。闘い、闘い、ひたすら闘うんだ。それでどうなるか、ということだ。

タチョ司令官――「われわれは尊厳ある生のために蜂起した」

タチョ――私たちがサン・クリストバルやサン・アンドレスに出た時、たくさんの人たちが、なぜ私たちが武器を持って立ち上がらなければならなかったのかを知るためにやって来ました。私たちは彼らと話し、私たちの大義は何なのかを説明したかったのです。思えば、私たちはただ、生きるために蜂起しました……尊厳ある生のために。ただ、それだけです。彼らは、私たちが一握りの無法者だという政府の宣伝を本当に信じていたことでしょう。

Y――しかしもちろん、最初はそれだけではありませんでしたよね？　権力奪取と社会主義についても話していませんでしたか？

タチョ――初めの頃はそうでした。ですが、私たちも変わっていったのです。どう変わるか、それを模索してきたのです。武器を取ることでわれわれに注目を集めることができるのならば、それでよし。そして、武器が語る時は過ぎ、今度は私たちの言葉が語る、それもそれでよしと。私たちに耳を傾けてもらうために、全国民主会議（CND）を開くことを思い立ちました。そのように、道を探してきたのです。

　あるやり方をとってみたけれど、それがうまくいかなければ、他の道を探すのです。道をそれたのではありません。状況に応じて、必要性に応じて、変えていくのです。

M――これらの変化に伴って、思想的にもあなた方は変わりましたか？

タチョ――ええ。私たちはいつも夢を見ていて、そしてあらわれる夢ひとつひとつを実現しようとするのです。しかも、私たちの夢はひとつではありません。ひとつしか夢がなかったらそれが武装闘争の道ということになっていたかもしれないけど、そうではなかったのです。それは夢の中の一部分でした。しかし、他にもいろいろな夢を見て、それを実現してきたのです……

Y——他にはどんな夢があったのでしょう?

タチョ——蜂起の後、二番目の夢がありました。ひとつ目のアグアスカリエンテス*を建てることです。それは狂気じみたことでしたよ。ふたつの丘の間にとてつもなく大きな幕を渡して、そしてそれはその後まるで夢か幻だったかのように消えたのですから。私たちはそんなことをしてきました。計画してあるのではなく、突然思いつくのです。それを私たちはすぐに実現します。ある日突然私たちはアメリカ大陸会議を開くことを夢見、その夢を実現しました。私たちはいつも、夢見て、夢見て、夢を見続けてきました。そして、その夢を実現するのです。今度は大陸間会議を開くことを夢見て、その夢を現実にしました。それは、最初の、武器を手にした夢の中には無かったことです。知識人、労働者、教師、学生、主婦、農民たちと話さなくては、他の先住民たちと団結しなければと考えたことがありましたが、それがずっと先のことなのかすぐできるのか、いつできるのかということはわかりませんでした。しかし、こんなふうにやってくる中で、それを実現することができたのです。これをやろうといったらやるのです。時々、私たちはずいぶんと狂ったことをやっていると思います。本当に、かなり狂っているんです。とんでもない狂気です。

M——言葉使いも変化してきました。社会主義やプロレタリアート独裁、武装革命といった四角張った言葉が、次第に民主主義や正義、人間、人類といった言葉に変わってい

アグアスカリエンテス 一九九四年八月、サパティスタは当時司令部のおかれていたグアダルーペ・テペヤック近くに、全国民主会議開催のための会場を建設し、アグアスカリエンテスと命名した(六九ページの注を参照)。

ったのです。これは、裏切りではありませんが、大きな変化だと思います。

タチョ――そうですね。というのも、私たちはそれが必要だと思ったのです。私たちが見てきた夢はすべて、必要だったのです。それらは最初に見た夢と違ってもいません。最初の夢の一部分なのです。例えばメヒコへ行くという夢ですが、どうです？　私たちは今この任務を実現させようとしています。*

Y――ただし、当初の夢とは違う形でですね……

タチョ――同じ形ではありませんね。もしかしたら武器無しで行くかもしれない。人間として、真実の言葉を持って行くでしょう。着いたら、例えばこんなことを言ってみましょうか。「兄弟たち、任務は完了した」と。私たちは必要に応じて状況に適応していくのです。時には難しい状況もあります。闘いの最初から私たちにははっきりしていました。仲間たちは、私たちの闘いは長く、厳しいものとなるだろうということを最初から知っていました。しかし、それは正義の闘いであり、必要な闘いなのです。長く、厳しくて、しかも必要な正義の闘いですから、私たちはいろいろなやり方を組み合わせてきました。平和的手段でやろうということなら、それでよい。出会い、対話し、そうやって新しい政治のやり方を模索していきます。たとえば、アグアスカリエンテスでの会議は楽しいものですよ。それが政治のひとつのやり方であり、新しいやり方だからです。時には武器が必要で、私たちはそれを持っているわけですが、それはひとつの保証になるし、武器に反対しているわけではありません。しかし、もし別のやり方があるのなら私たちはその道をゆくでしょう。私たちは、国内と世界の市民社会に従っているのです。だから私たちは誠実に、彼らに従っているんだということ、それを本当に見せなければならない。もし結果が出せなければ私たちはそれを人びとに説明し、人びとはそれを聞

***メヒコへ行く夢**　このインタビューの数週間後、全国先住民会議（CNI）にEZLN代表として参加するため、ラモナ司令官がメヒコ市を訪問した。

いて、このままでよいのか、あるいは他にできることがあるのかを言うでしょう。なにをするにも、いつでもいいわけではなく、それも判断しなければなりません。私たちはこうしてサパティスタ運動を創造してきたのです。

Y――「サパティスタ運動を創造する」と？

タチョ――そうです。創造されていくのです……

Y――しかし、サパティスタ運動は口で言うことを変えたか、あるいは言葉だけで創られているもので、実際には当初と同じ目的を持っており、同じ思想を信じ続けていると言う人もいます……

M――はっきり言えば、武装闘争による権力奪取ですね。

Y――あなた方は本当のことを言っていないという人もいますが……

タチョ――その人たちは、サパティスタの政治とは私の言ってきたような新しいやり方のものであり、それが国内政治や国際政治に大きな影響を与えてきたということをわかっているのです。だから彼らは言うんですよ。「彼らはそんなことを考えているんじゃない。別のことだ」と。でも、私たちは真面目に言っているのです。「正当で尊厳ある解決策を探す意志があるのなら、やろうじゃないか！」と、私たちは本当にそう思っています。和平合意にサインしてもいいのです。ただし、それが正当で尊厳あるものであればですよ。沈黙のなかの平和、死の平和、貧困のもとの平和、ごまかしや嘘の平和ではない平和を。正当で尊厳ある平和を、特に村の仲間たちとすべてのメヒコ人に、そしてもし可能なら、世界中の人のために。私たちにとっては、「戦争は終わった」と言われても平和が達成されたことにはなりません。それでは何の意味もないのです。問題が解決され、闘う理由がなくなった状態、それが私たちにとっての平和です。平和とは、メヒコ人民の要求が解決された状態のことなのです。
Y――地域的に、チアパスについてはどんな夢を持っていますか？
タチョ――そうですね、今は、どんな夢があるか、仲間たちの言うことを待っているところです。夢を見るのは彼らで、それを私たちが実現するのですから。*
M――変化の過程について、一つ質問があります。ベルリンの壁とソビエト連邦崩壊の知らせが届いたときのことを覚えていますか？ また、その時あなたが何を考えたかは覚えていますか？
タチョ――私たちの運動のことを知っていた人たちは、「もう闘うことなどできない」と言って私たちを脅かしました。私たちは言いました。「闘うことはできる。価値ある、正義の闘い、正義の戦争をやるべきなんだ」と。これまでの伝統の繰り返しではない、新しい何かをやるべきだったのです。
世界的な力を誇示していたベルリンの壁が崩壊し、人びとは言っていました。「あなた方は狂っている！ もう戦争なんてできない。戦車やヘリコプター相手にどうやって戦争なんかやろうというんだ！」と。なにか新しいもの、違うもの、命のためのなにかを創りだそうとは彼らは考えもしなかったのです。すべての運動が権力奪取を目指し、その姿勢を変えようとはしませんでした。私たちはそれに異を唱えました。私たちも場所がほしい、ただそれだけです。私たちにはなにもいらない、みんなにすべてを。それが合言葉でした。
Y――そう考えるようになったのはいつですか？ 一月一日の前ですか、後ですか？
タチョ――正直に言えば、私を含め、私たちの多くは武器をとる用意はできていたけれど、政治のことなどなにも知りませんでした。私たちは政治のやり方、それも新しい、

夢 タチョ司令官が言及しているのは、一九九六年八月、このインタビューと平行して行われていた、共同体での意見投票である。

生のための政治のやり方をみんなで学びはじめました。一九九四年にそれを始めたのです。それ以前ではありません。闘い、守り、死に、殺すために準備していたのですから。でも、政治が必要なのだとは考えもしませんでした。もし考えていたら、そう、もっと別の狂気をやっていたかもしれませんね。しかし、私たちは武器を手にしたのです。私は民兵でした。そこから現地責任者となり、やがて地方責任者となりました。仲間たちは私の働きぶりを見て、少しづつ、闘いについて考え、模索し、話さなければならないような役目を私に与えていきました。そうやって始めたのですが、当初は政治をするための準備などまったくできていなかったのです。

Y——あなた自身は一月一日をどう過ごしましたか？　どこにいたのですか？

タチョ——たくさんの仲間たちと一緒に、ラス・マルガリータス行政区の中心部にいました。私たちは前線部隊で、たくさんの仲間たちとともに町の入り口の前線で戦いました。

Y——死者はたくさんでましたか？

タチョ——いえ、私たちはほとんど死者はだしませんでした。

Y——ペドロ副司令官*はそこで死んだのではないですか？

タチョ——彼は任務を果たしたのです。勝利か死か、それが戦士の任務です。私たちは死んだ仲間たちを誇りを持って認めます。しかしもちろん、闘いは続きます。何が起きるのかはすでにわかっていたことですし、私でも、どの戦士でもありえたことですから。

Y——なんという経歴でしょう！　民兵から始めて、武器の扱いや政治を学び、そして今、四三カ国からやってきた三千人の人の前で話すなんて！　どのように感じていますか？

ペドロ副司令官　マルコスも、まるで自分の兄弟のように親しげに語るペドロ副司令官は、EZLN創設時のメンバーの中の数少ないメスティーソの一人である。

タチョ――そうですね、それは夢以上のものですよ……マルコス副司令官同志も含め、私たちはみんな、とても「自然のまま」なのです。仲間たちの何人かは学校に行ったけど、でも、例えば私なんか「読み書き知らずの二年生」ですよ。小学校や中学校、高等師範学校には行きませんでした。日常の生活の中ですべてを学んだのです。まさに、そうやって歩んできました。歩み始め、年寄りになる前に年を取ったのです。とても若い頃から、七〇年代から歩んできました。あっちへ行き、こっちへ行き。生き、考え、提案し、語り、そうやって経験をつんでいきました。ご存知のように、たくさんの者たちは途中でほかのことに気をとられて脱落していきます。しかし、歩み続ける者は、どこに向っているかも知らずに歩み続けるのです。とても長い道程ですが。

M――宇宙にまで！

タチョ――ええ、宇宙までもですよ。すべての道はとても役立ちました。群衆の前で話す時も、私はまるで村にいるかのように感じています。のぼせあがってしまうことなどありません。たくさんの兄弟たちが集まってくるのは、彼らの人生も厳しいものだったからでしょう。ならば私たちはそこからもっと大きなものを見つけて、経験を積み上げていくのです。言ってみれば、存在しない学校に私たちはいるのです。

ためらうことはありませんし、後戻りもしない。恥ずかしくなったり、足が震えたりすることもありません。私たちが兄弟であると感じることができるからです。兄弟だと感じることができれば、ほかの先住民や社会組織、偉大な作家、知識人とも気持ちよく話すことができるのです。以前からそう考えていたわけではありません。わかってはいましたが、どうしたらよいかはわからなかったのです。やがてその時がやってきて、私たちは密林の奥深くから仲間たちが伝えてくる希望を実現させようとしているのです。

6 武装したサパティスタ運動から市民のサパティスタ運動へ

ふたつめの衝突——市民社会の発見

Y——政府によるカマチョの任命と一方的停戦の命令*をあなた方はどう説明するのでしょう？　政府がこのような決定をすると思っていましたか？

マルコス——いや、この時期——一月五日から一〇日の間——、さっき言ったようにわれわれは問題を抱えていた。オコシンゴと南部の山中で激しい爆撃が行われており、私はサン・クリストバル南部の山中で爆撃にあった。平和を愛するスイス人がメヒコ人を殺すために送っているピラタスという飛行機が使われたのだ。われわれは一部の部隊をセルバに退却させる一方、他の部隊をさらに前進させた。何が起こっているのか、われわれにはわからなかった。マスコミはわれわれを殺せと叫んでいた。ラジオ、テレビ、報道機関は、「この男、マルコスという男が先住民を騙している。自首せよ、降伏せよ」と呼びかけていた。われわれに対する厳しいキャンペーンだった。

カマチョが和平委員に任命された時、われわれはそれは罠だと思った。和平を目指していると見せかけるために適当な人間を任命しつつ、攻撃を続けるのではないかと。だから、それは無視した。驚いたのは一月一二日だ。攻撃停止とサリナスによる恩赦、カマチョによる対話の提案だ。その時もこれは罠だと思った。奴らはわれわれが姿をあらわしたところで裏切るつもりだろうと。われわれは現実世界とはかけ離れた世界と闘っ

停戦命令　大統領選候補としてコロシオの不運なライバルであり、サリナス政権で外務大臣を務めたマヌエル・カマチョ・ソリスは一月一〇日、サリナスによりチアパスにおける平和と和解のための委員に任命される。一月一二日、サリナスは一方的停戦を宣言した。

ていた。メヒコ市と世界各地で起こっていた市民社会の大規模な行動について知ったのはずっと後のことだった。

一月一二日、それは罠だろうとわれわれは思った。そこでわれわれは軍事的分析を行なった。オコシンゴにはまだ追いつめられている部隊がおり、われわれの野戦病院には約八〇人の負傷者がいた。ロス・アルトスからセルバへの長距離の退却中に行方不明になっている部隊もいた。そこでわれわれは、停戦の提案を利用し、対話への条件をつけることを決めた。だがそれも、条件がのまれることはないだろう、すべては罠であり、停戦が守られることはないだろうと考えながらのことだ。一三日と一六日にはサン・ミゲルとモンテ・リバノで戦闘があったし、爆撃も続いていたからなおさらのことだった。

Y——死者はありましたか？

マルコス——われわれの側にはなかったが、政府軍の側にはあった。サン・ミゲルの近くでわれわれは敵の装甲車を攻撃し、乗員が死亡した。

停戦が実現されると、外で起こっていることが少しづつ見えてきた。一六日から二〇日頃にかけてのことだが、その時までは何もわからなかった。前に説明した計画は実行不可能だった。政府ではなく民衆という新たな勢力が出現し、われわれに対話を求めていたのだ。われわれは、人びとはわれわれに関心を持たないか、またはわれわれの闘いに参加するか、どちらかだろうと思っていた。だが、人びとの反応はそのどちらでもなかった。何千もの、何十万、もしかすれば何百万もの人びとは、蜂起こそしなかったが、われわれに闘ってほしいとも、われわれを鎮圧してほしいとも思っていなかった。われわれに、対話を求めていたのだ。それは、われわれの前提をすべてうちこわし、サパティスタ運動、あるいはネオサパティスタ運動の行方を定めたのだ。

一月一日に姿を現したあのごったまぜの集まりは、一月の最初の日々に市民社会と出会い、その行方を決められた。そこで、政治・軍事組織が村に対してやったのと同じように——譲歩し、ここに何か新しいものがある、なにかはわからないが、それから学ばなくては、と——、運動の指導部である先住民革命地下委員会は、「ここに、なにかわからないがなにか新しいものがある。立ち止まってよく見てみよう。われわれの計画はもはや不可能なようだ」と考えたのだ。待ってみることにした。いったいなにが起こっているのだろうか。われわれは民衆のために闘おうとしていたのに、政府ではなく民衆が戦争をするなと言っていたのだ。どうしよう？ 彼らを無視して闘うか、それとも？と。

モイセス少佐

Y——政府側の攻撃中止の決定は、あなた方にとって驚きでしたか？

モイセス——いや、それがサリナスの決定ではなく、人びとの圧力がそうさせたのだと気づいたんだ。市民社会が介入して、「連邦軍兵士ちょっと待った！ サパティスタもちょっと待った！」と。もしサリナスがそれを無視すれば、私らも続けざるをえなかっただろう。だが、民衆の力が勝ったんだ。私らもそれを無視するわけにはいかなかった。というのも、私らの名前には「民族解放」とあるんだから。だが、武器を使うわけにいかないのなら何をしたらよいのだろう？ そこで地下委員会の仲間たちは、どのように闘いを続けるのかを考えるため、人びとと話し合う必要があると判断したんだ。そうやって、国全体が視野に入ってきた。

Y――しかし、計画していたように武器を使ってではなく、また、他地域で蜂起が起こるということもありませんでしたね……

モイセス――それは起こらなかった。人びとはそういう決心はしていないということに、私らは気づいた。サパティスタだけだったのだ。

M――それは残念なことだったのでしょうか。それとも、平和的変革を可能とする積極的意味を持ったものとしてとらえられたのでしょうか？

モイセス――残念ではなかったよ。すべてのメヒコ人のために闘わなければならないということはわかっていた。「どうしたら彼らと一緒に活動できるだろうか。われわれのことを受け入れてくれるだろうか」と。意見投票*をやったのも、大義のために命を賭ける用意はできていたから、私らの要求が本当にメヒコ人民のそれと一致しているのか知りたかったのだ。委員会の仲間たちは……よく考えていて、「危険な賭けではある。もし五パーセントの人しか答えてくれなかったらいったいどうしよう？」と言っていた。どこかに行ってしまおうか……でもいったいどこへ！　しかし、九〇％以上の人びとが、それらが中心的要求だと答えてくれたんだ。

意見投票　一九九五年八月、EZLNは運動の方針を問う意見投票を国内と全世界で行った。

サリナスの打算（「サパティスタはいくらだ？」）

Y――停戦が実際に真剣な決定だったということについて、今どのように考えていますか？

マルコス――われわれは、これまでの宣伝キャンペーンをすべて台無しにしてしまうかもしれないサパティスタ殲滅作戦を試みるよりも、交渉をしてサパティスタを買収してしまうことができるかどうかためしてみたほうが安くつくというのがサリナスの計算であると考えた。彼が築きあげた対外イメージの中で、傷のひとつぐらいは許容範囲内だった。「確かに私は完全ではなく、チアパスという問題を抱えている。しかし、それは解決できる。それはチアパスだけの話で、他の場所は大丈夫だ」と。その方が、危険を冒して殲滅作戦を実行するより安くあがったのだ。殲滅作戦への反対はすでに国中で始まっていた。サリナスはきわめて頭のいい、悪辣だが桁外れに頭の切れる人間だよ。こうして彼は平和を求める空気を自ら利用し、国全体を中性化した。姿勢を一変し、時間と金をうまく利用して国際的な評価と権威を回復したのだ。「さあ、奴らは何者で、いくらするんだ?」と。これは理由の一部だ。影響したもう一つの要素は、強固であるとわれわれが想像していた国家体制の内部分裂だ。実は内部でかなり分裂が進んでおり、やがて、内部のだれかがEZLNを操っているとまで考えられるようになった。

Y――当時、よくそう言われました。フェルナンド・グティエレス……

マルコス――そうだ。誰かが背後で糸を操っている、フェルナンド・グティエレス・バリオス*、マヌエル・カマチョ・ソリスなど体制に恨みのある者、体制から排除された者が背後にいるのだと。そこで体制は、敵は外部ではなく内部にいるのかもしれないと考え、それが誰なのか調べる時間を必要としていた。

三番目の要素として私が考えるのは、サパティスタの蜂起によって政権の内部対立が明らかになり、サリナス政権はゲリラ殲滅という方向で一致することができなくなったということだ。それに反対した人がいただろうと私は思う。権力内部の高いレベルでも、

フェルナンド フェルナンド・グティエレス・バリオスはPRIの「恐竜」たちの一人で、長い間諜報機関の責任者を務めた。一九九三年一月、内務省長官の座を追われ、かわりにパトロシニオ・ゴンサレスが就任した。伝統的にキューバ政府やラテンアメリカの革命運動と友好的だったメヒコ政界の代表的人物の一人だった。

武力解決策に反対した人がいたものと私は確信している。軍人たちは、自分たちが想定していなかったような運動を相手にしているということを知っていたから、軍内部にも殲滅作戦に反対する人がいたかもしれない。連邦政府軍の士官たちは、国家安全保障の観点からスクール・オブ・アメリカス*のやり方を念頭に訓練されており、それは、外部から入り込み、外国の支援を受けたゲリラを前提としていた。しかし、彼らが出くわしたのは先住民のゲリラであり、彼らが殺していたのは先住民だったのだ。しかもこの敵は、祖国、民主主義、自由、歴史といった、政府軍の大義をまったくそのまま自分のものにしてしまっていた。連邦政府軍の大義をそのまま別の軍隊が自分のものにしていたのだ。われわれは、軍事的にではなく政治的・倫理的に非常にやりにくい敵だったというわけさ。

スクール・オブ・アメリカス　アメリカ合衆国は長年、パナマ運河地帯に設置された施設「スクール・オブ・アメリカス」で、ラテンアメリカ各国の軍人に対して対反乱軍作戦の訓練を行った。八〇年代、施設は閉鎖された。

転回

Y――メヒコ軍は神話であるとあなたが言ったというのは本当ですか?

マルコス――そう言ったかどうかは覚えていない。言おうとしたのは、メヒコ連邦政府軍はメヒコの軍隊ではなく、メヒコの政治制度の軍隊であるということだ。

Y――あなた方を圧倒する軍事力を持ってはいないという意味ではなかったのですね……?

マルコス――軍事力はもちろん持っているさ。それに疑問の余地はない。われわれは軍の内部構造も武器のレベルも知っていた。彼らが言うように、簡単にわれわれを殲滅できるだろうとはわれわれは思わなかったし、今も思っていない。しかし、彼らの軍事的優位性は明白だった。われわれを殲滅することはできないだろうが、われわれを後退させ、山中に閉じ込めることはできるだろう。とにかく、軍事的に彼らを打倒することは不可能だった。

M――この時、先住民革命地下委員会は他の武装組織と接触しないことを決定しましたが、それは停戦を本当に受け入れているということを示すためだったのでしょうか?

マルコス――いや、それはもっと後のことだ。われわれは、戦争の最悪の段階においては他の武装組織との接触を求めていたかもしれないが、唯一われわれと接触してきたのはPROCUPだった。彼らは一月に爆弾作戦を実行したが、彼らとはずっと以前から違いがあって距離を取っていた。

サン・クリストバルにおける対話の後、意見投票を実施している時、われわれは他の武装組織と接触した。報道によれば、そのうちのいくつかは今のEPR*に属している。九四年一月について、興味深く意味のあったことはサパティスタ蜂起ではなく市民社会の出現であり、武装闘争が過半数市民の支持を集めることはできないだろうという点で、われわれは一致した。とにかく、八月二一日の［大統領］選挙を待つべきだった。市民社会の行動に場を与えるため、われわれは選挙前の期間に軍事行動をとらないことで合意した。

九五年二月の後、対話が始まり、他の組織と接触を取ろうとした時、村落共同体は「ふたつの路線を同時に進むわけにはいかない」と言った。意見投票の後*、われわれはある決断をした。意見投票の結果は「政治勢力に転換して闘争を続ける」ことを求めており、それには従うべきだった。もし他の組織と軍事的接触を持つならば、人びとにそ

EPR　一九九六年六月二八日、ゲレロ州でゲリラ組織EPR（革命人民軍）が姿を現した。

意見投票　一九九五年八月、EZLNはその方針と進路について、国内・国外における広範な意見投票を行った。

のことを伝えるべきだった。われわれは政府のように嘘をつき、人びとに意見を聞きながらそれを考慮しないなどということをするわけにはいかないのだ。そしてもしそれを明らかにしてしまうなら、他の武装組織に迷惑をかけることになっていただろう。だから関係を絶ったのだ。

一九九四年、カオス的一年

Y——市民のサパティスタ運動というのはいつ生まれたのでしょう？　「大聖堂の対話」のときでしょうか？

マルコス——あの、馬鹿馬鹿しくも美しい「平和ベルト」がつくられたときかもしれない。われわれにとってそれは驚きだった。想像してもごらんよ。われわれは、殺されることを覚悟し、死ぬことを覚悟してサン・クリストバルから退却した。そのわれわれがサン・クリストバルに戻り、われわれを一目見るために詰めかけた人びとに拍手で迎えられたのだ。気温は低く、雨が降る中で、たくさんの人が平和ベルトを組織してくれた。彼らのほとんどはどんな組織にも属さず、なにか特定の政治路線をもった人ではなかった。そこにいることでなんの利益を得るわけでもない人びとだった。空腹と闘い、写真に撮られるなどの危険を冒し、仕事を失うかもしれなかった。それでも、自らの信ずるものを守ろうとしていたのだ。

これが、われわれにとって予想外の現実との最初の出会いだった。私はこの動きをサパティスタ運動と呼ぼうとは思わない。それは、ＥＺＬＮの問題提起のどこかに共感した、上から下まで幅広い社会階層の人びとによって生まれたばかりの運動だった。おそらく、彼らの大半はわれわれを知りたいと思って来ていたのであり、なにか決心がついていたわけではなかった。

対話への参加については激しい議論が交わされた。それは罠だから行くべきではないと考える者もいた。その上、やってきたのは政府の交渉のエキスパート、カマチョ・ソリスで、彼はPRDのような政党を中性化し、説き伏せてきた人物だった。一部の委員は、行けばカマチョにうまく丸め込まれてしまうだろうと考えていた。別の者たちは、この機会を利用して人びとと話し、何が起こっているか知らなくては、と言った。われわれは、人びとと話す必要がある、対話なのだから政府とも話すがとにかく人びとと話し、そうすれば何が起こっているのかがわかるだろうと考えた。結局、危険を冒すことにした。対話を政府が利用するかサパティスタの方が利用するか、それは不確実な賭けで、大聖堂ではそれが闘いの争点だった。そして私が思うに、われわれが勝ったのだ。

Y——どんな意味でですか？

マルコス——対話はサパティスタのことを人びとに知らしめ、たくさんの人びとと出会うために役立った。直接の接触があったわけではないから、マスコミを通じてだ。そして、政府はわれわれを買収し、説き伏せてしまうことに失敗した。結局この対話のプロセスも、三月二三日にコロシオが暗殺されすべてが台無しになるのだが。

Y——それは決定的な出来事でしたか？

マルコス——そうだ。それは、政府が危機的状況にあり、交渉を続ける能力を持っていないということを示していた。危機にある政府と安定的な合意を結ぶことなど不可能だ。コロシオ殺害により、EZLNとの和平合意の可能性も無くなった。自らの後継者の生命すら保証できない者と合意を結ぶことなどできない。ならば彼らは敵の生命は保証するのだろうか？ そしてそれは、どんな成果をあげることもできないであろう深刻な政治の危機を反映していたのだ。

Y――あなた方が八月の選挙を待つことにするのはその時ですか？

マルコス――待ちつつ、抵抗を準備する。

Y――この決定によって、あなた方はカマチョの政治生命を断ち切りました。もし和平合意に前向きな態度を示していれば、［和平］委員であり大統領候補者になる可能性もあったカマチョの地位を上げることになったのではないですか？

マルコス――いや、それはもう不可能だった。三月二三日にコロシオが暗殺された時、カマチョの政治生命も絶たれたのだ。

Y――あなた方は止めを刺しましたよ！

マルコス――いや、そういう問題ではなかった。われわれが署名しなかったのは、署名を交わすべき相手がいなかったからだ。イエスかノーかではなく、「いったいどうなるんだ？」ということ、それが委員会の疑問だった。もはや合意の可能性は無かった。どうしよう、攻撃するか、それとも待とうか、と。

もはや希望はなかった。当時、カマチョ自身も合意を具体化できるとは考えていなかったと私は思う。コロシオを殺した人間は誰を殺すこともできる。次はカマチョの番だろう、というのがわれわれの分析だった。

とにかく、われわれにとっての問題は、組織として次になにをするかを決めなければならないということだった。われわれはまたもや、次に続くのは何かがわからない状態にあった。

Y――あなた方の姿勢はそこから非常に不明確になっていきます。ホルヘ・カスタニェーダ*は、「マルコスは政治ゲームに参加するチャンスを得ていた」と言っています。それがマルコスの目指すところではないのはわかりますが、カスタニェーダの解釈に沿って言えば、マルコスはこの時チャンスを逃し、それ以来政治的に引き潮にのってしまったのです。つまり、サパティスタは象徴的なものだった政治・軍事的力を、政治的なものへと転換するチャンスを得ていたということですが。

マルコス――そうであったのかもしれないが、当時はそう考えなかった。なぜなら、われわれは場当たり的に対処していて、次になにをするのかということがわれわれの課題だったのだ。問題は、戦争を止めさせたこの人びととなにをするか、彼らはただ戦争を止めさせただけなのかそれとも何かをする用意があるのか、なにをする用意があるのか、ということだ。再び出会い、話し合うべきだった。彼らは大聖堂における対話の時で終わってしまうことなく、救援物資を送ってくれていた。

　われわれは権力奪取を考えたことはなかった。それはわれわれの目標ですらなかった。他の者が権力について、われわれの要求を解決すべきだと考えていたのだ。これらの問題を解決できるのならば、左翼あるいはカルデナスのような中道、PRI内部からでも、と。もしかすれば、その後でわれわれも政治への参加も考えることができたかもしれない。だが、そうすべきだとは考えなかった。

　今、われわれは正しかったと思う。その当時最も有望だった者たちもみんな結局失敗したのだから。カスタニェーダのグループ、サン・アンヘル・グループだって、権力の要素としては失敗した。一人の元ゲリラにそれが可能だなんて、どうしたら思うことができただろう？　ありえないよ。それは非現実的だったし、いずれにしてもEZLNの

ホルヘ・カスタニェーダ　メヒコの政治学者。

視野にある話ではなかったのだ。

Y――九四年八月の選挙については、カルデナスが勝利する可能性はあると考えていたのですか?

マルコス――われわれは、PRIが勝利するが、大々的に不正が行なわれ、人びとがそれに対して反乱するだろうと考えていた。武器を取ってということではないが、大きな抗議行動が広がるだろうと考えたのだ。「選挙まで待とう。そうすれば、PRI、党=国家一体化システムは自滅はしないのだということに人びとは気づくだろう」と。自滅しろとわれわれは求めているのだが、そうはしないだろうとわれわれは考えていた。

だから、選挙まではなにもするべきではなかった。選挙は国家の計画通りに行われるべきだった。政府機構内部の情報を持つ人間とわれわれはコンタクトを持っており、われわれはカルデナスに、政府の狙いは彼を第三位まで落としてしまうことだと警告した。選挙では、彼に勝つだけでなく反対の声を上げる力を徹底的に奪ってしまうことを狙っていたのだ。五月一五日にそれを伝えたし、CND*の時もロサリオさん*を通じて再び伝えたと思う。大統領選を二位から争うつもりでいるならそれは間違いだと。彼は三位まで落とされる、それが作戦だったのだ。

彼はそれを無視した。そんなことはありえない、PANに可能性は無く、PRIがわざとPANを大きく見せているのだと彼は考えていた。私も自分のことだったらそう考えていただろうし、それは自然なことだ。彼は勝てると思っていたし、そうでなければ最初からやろうとは思わなかっただろう。確信が無ければやらないさ*。

サパティィスタ運動がカルデナスのイメージを傷つけたという意見が多いが、彼を平和的移行を可能にする人物と見せ、彼に有利に動いたと私は思う。われわれに代表される

CND 全国民主会議(CND)はEZLNの提案で一九九四年八月にグアダルーペ・テペヤックで開かれた。

ロサリオ・イバラ 一九七〇年代に「行方不明」にされた政治活動家の母親で、政治犯・行方不明者の支援団体を創設した。サパティスタにも近い人物である。

確信 一九九三年末の段階ではPRDは自分たちが勝利できるとは一切考えていなかったと、以前マルコスは述べている。

暴力による移行との対比で。

Y――「恐れ」によって票が動いたということはないでしょうか？　体制の不安定化を恐れてセディージョを支持したということはないですか？

マルコス――それもひとつの見方だ。九四年の選挙過程はあまりにも完璧なものだったからいろいろ考えるべきことがあって、われわれも確信を持ってはいない。例えば数字についてみても、PRI、PAN、PRDの得票率はだいたい、五〇、三〇、一五の順だ。そして二％がPT。*この得票率は、経済的に安定した層の住むロマス・デ・チャプルテペックやポランコでも、あるいはラグニージャや、先住民地域であるチアパス、ゲレロといった地域でも同じだった。地方議員選挙では地域によって異なった結果が出たが、大統領選はどこでも同じ得票率だった。

このことは、人びとがきわめて政治化していて、セディージョ、つまりPRIを大統領の座を占める党としては求めたが、上院・下院議員や市長としては求めなかったということを意味していた。大統領の座にはあらゆる場所と階層の間で驚くべき均一性を持って支持を集めていた。

資金力の差は明らかで、それは証明できることだ。セディージョもそれは認めている。「確かに他候補よりも金を使った。だから勝ったのだ」と。マスコミを有利に利用できたし、キャンペーン資金もあった。不正が行われたとわれわれは思う。人びとに怖れは感じられなかったし、ましてやサパティスタ運動に対する怖れなど存在しなかった。われわれに対する殲滅作戦が行なわれそうになっても、人びとが政府を支持する行動を起こすことはなかった。逆だ。われわれを攻撃せぬよう求めて行動を起こしたのだ。活動家や労働者のことじゃない、経済的に安定した中産階級、芸術家やインテリの話だよ。

*PT　労働党。左派の少数党。

料金受取人払

神田局承認

4929

差出有効期間
2007年3月31
日まで

(切手はいりません)

郵便はがき

101-8791

504

東京都千代田区猿楽町二の二の五
興新ビル三〇二号

(受取人)

現代企画室 行

■お名前

■ご住所 (〒)

■E-mailアドレス

■お買い上げ書店名(所在地)

■お買い上げ書籍名

■図書申込書■

小社の刊行物のご注文にご利用ください。その際、必ず書店名をご記入ください。

現代企画室
TEL 03(3293)9539
FAX 03(3293)2735

書名		
( )冊	( )冊	( )冊

書店名

地名

ご氏名／ご住所

通信欄

■本書への批判・感想、著者への質問、小社への意見・テーマの提案など。ご自由にお書きください。

■何により、本書をお知りになりましたか?
書店店頭・目録・書評・新聞広告・
その他（　　　　　　　　　　　）

■小社の刊行物で、すでにご購入のものがございましたら、書名をお書きください。

■小社の図書目録をご希望になりますか?
はい・いいえ

■このカードをお出しいただいたのは、
はじめて・　　　回目

Y――サパティスタへの恐れはなかったのかもしれませんが、コロシオの暗殺が人びとに恐怖心を与えたということはありませんか？

マルコス――それは確かに影響したと思う。体制は、ここまでやるのならどんなことでもやるだろうと人びとは考えた。

さて、選挙はいくつものことを明らかにした。まず、これはPRIが過半数を獲得しない初めての選挙だった。棄権と、PAN、PRD、PT、それにサパティスタへと――EZLNを支持する票がたくさんあったが無効票とされた――分裂したとはいえ、半数以上の人がPRIに反対票を投じたのだ。このようになるのは初めてであり、PRIに反対した投票結果だった。ただ、それが棄権と各野党勢力の間に分散してしまったのだ。

Y――しかし、あなた方が期待していた大規模な異議申立ての行動は起こらなかったのですね？

マルコス――九四年一月と同じように、われわれは再びそこを見誤った。そして、「さあどうなる？」という問いがまたやってきた。大規模な異議申立ては起こらず、われわれと外部との間の橋だったCNDも選挙の失敗により内部危機に陥った。サリナスが任期を終えて、新大統領が何をするか見るしかないと委員会は決定した。対話は行き詰まった。ルイス・マシエウ[93]が殺された時、われわれはサリナスとの対話を放棄し、セディージョがどうするかを見ることにした。セディージョは信書を通じてわれわれと接触を始め、就任したら問題を解決すると申し出た。われわれは、その時点では彼は大統領ではなかったから何もできない、大統領になった時点で対話に応じる用意があると伝えた。セディージョは［大統領に］就任するやいなやロブレド・リンコン[94]を後押しした。そ

ルイス・マシエウ　PRI書記長ホセ・フランシスコ・ルイス・マシエウは、一九九四年九月二八日暗殺された。カルロス・サリナス大統領の実兄ラウル・サリナスが、正式に起訴されてはいないものの、この事件を計画したとして一九九五年から身柄を拘束されている。

ロブレド・リンコン　一九九四年八月、エドゥアルド・ロブレド・リンコンは正式にチアパス州知事として選出されたが、すぐに辞任せざるをえなくなった。

れはわれわれにとって明確なサインだった。セディージョの選挙における不正が証明できずとも、チアパス州知事選でのロブレド・リンコンの不正は明白だ。証拠があり、裁判が行われ、たくさんの証人が不正を証明した。にもかかわらず、セディージョが行った最初の公式行事がロブレドの就任式への出席だったのだ。委員たちは言った。これでは、こいつはわれわれのことを気にもかけず、何事もなかったかのように振る舞うだろう。われわれはここにいるということを見せつけるために、何かやらなくてはと。こうして、一九九四年一二月の包囲網突破作戦が決定された。*

われわれの目論見はこちらを振り向かせることだった。「セディージョよ、われわれはここにいる」。「おまえは南東部にゲリラをかかえていて、それを軍事的にか政治的にか解決しなくてはならないんだぞ」と、サリナスにやったのと同じ具合だ。われわれは包囲網を突破し、政府はそれを利用してすでにさしせまっていた危機を爆発させた。数時間後に経済危機が爆発し、その責任がわれわれに押し付られた。ペソと株が暴落し、資本は逃避した。

Y――しかしもちろん、あなた方の行動は国際的に大きな影響を与えました。メヒコの金融危機、あるいは国際的金融危機に影響を与えたとは思いませんか？　当地では有力な金融機関であるバンク・ド・フランスの理事長は、「世界システムは現在、メヒコの片隅の一握りの先住民によって危機的状況に陥れられてしまうほどに弱体化している」と述べています。

マルコス――EPRの連中だったら「詩人たちが」とでも言うだろうね。一握りの詩人たちが、と。

ところで、これは危機がすでに迫っていたということだ。私が思うに、われわれの行

包囲網突破作戦　一九九四年一二月一九日、「紛争地域」のそとでEZLNは軍隊と衝突することなく攻勢を展開した。

動が圧力鍋に風穴をあけ、それで爆発したのだ。これはメヒコでは、貧困が突如、先住民だけでなく幾百万のメヒコ人へ広がるという激変につながった。貧困が当たり前の現実となったのだ。それは政府にとって、早く鎮圧しなければ暴発しかねない危険な種だった。先住民の人びとと同様の極貧状態に落ちていったたくさんの人びとにとって、この闘いはもはや、離れた位置から支援すべき先住民の闘いではなく、われわれを闘いの仲間とすら見ようとしていたのだ。そうして、一九九五年二月の攻撃が行われた。

サパティスタの中にいくつものサパティスタ運動がある

M――組織された市民社会や新しい政治のあり方、大衆組織といった概念を発展させたのはその時期ですか？

マルコス――いや、まだだ。当時、われわれはまだサパティスタ運動をＥＺＬＮのみのものとしてとらえていた。武装したサパティスタが市民のサパティスタとの交流を通して変化しつつあることに、われわれは気づいていなかった。これは、ＣＮＤを失敗と見ている人びとにはわからないことだ。なぜ失敗なのか？　カルデナスが負けたからか？　ＣＮＤが政治組織に転換しなかったからか？　実際は、ＣＮＤをきっかけに、武装したサパティスタと並んで市民のサパティスタが生まれてきたのだ。そのような参加を促すため、ＥＺＬＮは自らのメッセージや提起を変化させてきた。こうして、サン・アンドレスの対話の芽が生まれた。* ゲリラ側は、政府とゲリラだけではなく、もっとたくさんの人が参加する場とすることを主張した。意見投票の芽が生まれ、第四宣言、会議やそ

サン・アンドレス対話　サン・アンドレス・ララインサルの対話は一九九五年四月に始まった。

の後のフォーラムの芽も生まれようとしていた。まさにCNDをきっかけとして、われわれはEZLNのものではない、あるいはEZLNに限定されないサパティスタ運動というとらえ方をし始めたのだ。*

M――サパティスタ運動とは、そしてネオ・サパティスタ運動とは何なのでしょうか？今まで話してくださった、九四年一月一日以前に起こったことを受け継ぐ軍事的要素、そして社会的要素とでも呼ぶべきもの、それに政治的要素という三つの構成要素があると考えることができると思いますが、どうでしょう。

マルコス――それぞれの要素がお互いに交錯していると私は思う。EZLNのサパティスタ運動があり、そこには村落共同体と戦闘勢力が含まれている。両者を区別するのは、村落は戦闘勢力を通じて外部との関係を作るからだ。先住民はサパティスタ民族解放軍を通じて外部との関係を成り立たせているのだ。この点が重要なのは、この組織が軍事組織であるからだ。サパティスタの語り口や行動の多くは、言ってみれば軍隊的な権威主義や短気さをかかえている。

M――戦争経済、戦時下社会……

マルコス――そうだ。そして、やるべきことがすぐさま実行されないと、軍隊的にいらだってしまう。人びとがすぐにやらないからこうすることにした、われわれは戦争状態にあるんだぞ！　と。

だから、EZLNと先住民の村落共同体が、いわばオリジナルなサパティスタ運動だ。その後、サン・クルストバルの大聖堂での対話とCNDから市民のサパティスタ運動が生まれた。それは、支援し連帯するだけにとどまらず、組織化をはじめようとしている。連帯委員会から政治組織へと変化しようとしているのだ。

EZLNに限定されない運動　マルコスがここで言及しているのは、一九九五年八～九月の全国・全世界意見投票、一九九五年一〇月から一九九六年一月までの先住民の権利と文化フォーラム、一九九六年七月の体制改革のためのフォーラム、一九九六年七～八月の大陸間会議である。

M——フレンテ・サパティスタですか?

マルコス——そうであることを願うよ。サパティスタの市民は自ら組織化してゆき、独自のサパティスタ運動として展開する。そして、もし条件が整えばEZLNは政治的移行の過程でこの組織に合流できると考えているのだ。

サパティスタ運動にはさらにもう一種類ある。それは、広く散らばっており、EZLNにシンパシーを持ち支持してはいるが、自分たちを組織する意思が無いか、すでに他の政治団体や社会組織に参加している人びとだ。

これら三つが、国内におけるサパティスタ運動の主要な構成要素だろう。武装したサパティスタと市民のサパティスタ、それに社会のサパティスタだ。

曇り空の世界

マルコス——その上、九五年二月以降、一連の出会いの中から国際的サパティスタ運動が生まれてくる。九四年の頃には、大した関心はなかったか今のように具体的なものではなかった。サパティスタ運動が外において知られ、消化・吸収されるには時間がかかったのだ。九五年二月の裏切りの後、人びとはわれわれのことを思い出し、少しずつ盛り上がっていった動きは大陸間会議によって姿をあらわした。トルコのテレビ局の人と話をしたばかりなのだが、すべての声明がトルコで出版されていて、四つか五つの連帯組織があるんだって! この国際的サパティスタ運動はEZLNの先住民的性格をよりよく理解しているようで、また、彼らは、軍と先住民村落からなるもともとのサパティスタによる問題提起が普遍的重要性を持つものであることも理解しているのだ。

それは、より独立した、自律的なサパティスタ運動だ。トルコ人、クルド人、ギリシャ人をむすぶ何かがあるのだろう。それぞれが独自の問題意識と独自の提案を持っており、サパティスタの主張のなかのきわめて一般的ないくつかを共有しているのだ。サパティスタ運動と言えるものではないのかもしれない。しかし、それはサパティスタ運動のまわりに、サパティスタ運動を契機にあらわれたものなのだ。バスクのサパティスタとカタルーニャのサパティスタ、ギリシャ、クルド、スウェーデンや日本のサパティスタの間に共通点など何も無いよ。ただ、彼らみんながここに集まってきて、そして、それぞれが、サパティスタとは何であるか、あるいは何であるべきなのかということについて独自の理解をもっている。しかし実は、それは彼ら自身の運動なのだ。とにかく、その現象は実在しており、どんどん先住民問題から離れ、日本人、オーストラリア人、ギリシャ人、クルド人、カタルーニャ人、チカーノ、チリのマプーチェの人びとやエクアドルの先住民が共有できる普遍的価値観を探そうとしているのだ。

M——一五年にわたる左翼の危機の後、人びとはここに再建のための出発点を見出しているかのようです。単なる夢や願望、幻の投影というだけではないのではないでしょうか。

マルコス——サパティスタ運動は、闘わなければならないこと、闘う価値はあるのだということを人びとに思い起こさせたのかもしれない。普遍的な理論を構築したり、新しいインターナショナルを指導したりなどといったことをサパティスタが目指すべきではないということは、はっきり認識するべきだろう。サパティスタ運動の普遍性や曖昧さこそが重要なのだ。これを維持することは重要で、はっきりさせようなどと考えてはならない。「国際的サパティスタ運動」とのつながりは村落にとって、抵抗の可能性を意味しているからだ。それは、EZLNや市民団体、国内社会によるものよりも強力な盾となっている。これは、対外イメージがきわめて重要な意味を持つメヒコの新自由主義の論理ともつながっている。これはある種の暗黙の了解で、ここで彼らは勢いを取り戻すために必要な支えを受け取る一方、村落は自らの生存を可能とする保護を受けるのだ。

Y――新しいもの、再建の可能性を提供することで、サパティスタ運動は家父長制的あるいは道具としての利用のような関係を乗り越えることができているのだと思います。国際連帯を盾としてのみ利用するのでは、家父長制的あるいは被保護者と援助者という関係を作り出してしまうでしょう。

マルコス――率直に言って、私はそのような傾向は感じない。平和キャンプ*などにやってくる人びとからはさまざまな批判を受けており、それは、われわれを同等の相手ととらえていることが見てとれる、親身だがとても厳しい批判だ。このように、国際的サパティスタ運動とは相互の尊重がある対等な関係を築いてきたと思う。時にはそれは不公平でもある。われわれは常に戦争状態にあり、たとえば、PRDのようにして他の政治団体と関係する組織と同じ論理で人と話すことは、追われている存在であるわれわれにはできないのだ。

さて、以上がおおよそ私が感じていることだ。EZLNはこれら四つのグループ、つまり、村落と武装勢力からなる自分自身、組織されたサパティスタ運動であるフレンテ、社会のサパティスタ運動、そして、国際的サパティスタ運動との関係をどのようなものとするのか決めていかなくてはならないだろう。挑戦は、いつ指を見て、いつ星を見るのかということだ*。アラン・トゥレーヌ*は、普遍的なもの、世界的なもの、国内的なも

平和キャンプ　ラ・レアリダや他のサパティスタ共同体には、国外の若者たちによって「平和キャンプ」が設置されている。

指と星　「アントニオ老は再び星を指さす。アントニオ老は指を見つめ、言う。《夢を見る時は星を見るとよい。だが、闘う時は星を示す指を見つめるのだ。それが生きるということだ。それは、休みない視線の行き来なのだ》」（一九九六年七月の大陸間会議においてマルコス司令官が読み上げた文書より）。

アラン・トゥレーヌ　前出（一三頁）のフランスの社会学者。自らが生活する産業社会が抱える問題群と、その社会が歴史的・現在的に大きく依存する第三世界の問題項とを、相互関連的に捉えるトゥレーヌの方法を、マルコスはこのように評価しているのであろう。（訳注）

の、先住民的なものについて社会学的に語り、そのことをアントニオ老は詩的に語っている。私は、まさにそれがサパティスタが今かかえている課題だと思う。軍隊や対話の中断、飛行機や戦車がどうしたといったことよりも、そのことこそに将来の存在がかかっているのだ。明確にしようとする中で、サパティスタ運動はただ当たり前の組織に終わるか、それとも本当に何か新しいものを提示できるのかが明らかになるだろう。

7 倫理、共同体と民主主義

サパティスタ運動と権力の問題（サパタ、チェ……）

Y——メヒコ市に行くことをあきらめてはいないと言いますが、エミリアーノ・サパタがやったような、あるいは一月一日の蜂起のような、そのような形でメヒコ市に行こうとしているのですか？　それとも別の目的があるのでしょうか。

マルコス——そうだな。メヒコ市を目指すということはまず、われわれの闘いがメヒコ全体におよぶものであるということの再確認だ。われわれの要求はメヒコの政治・経済的権力の核心にまで達するものだ。サパティスタ民族解放軍は、地理的に一地方のことで、社会的には先住民の運動であると限定されてしまうことを拒否するのだ。

また、一方でそれは、われわれが武装闘争を放棄してはいないということも意味している。平和的変革への道は開かれておらず、武器はその意味を持ち続けている。もっとも明白な意味とは、政府は武装勢力とのみ対話し、政治勢力とは一切対話していないということだ。サパティスタ民族解放軍のように武装して出現しない限り、市民的社会勢力とは対話しないのだ。

メヒコ［市］行は象徴的行為であり、武装して行くかもしれないし、平和的に行くかもしれない。地域的で先住民のみの問題から、メヒコ全体に及ぶ問題まで引き上げることが目的なのだ。つまり、サパティスタ民族解放戦線の考え方と共通していることだが、先住民が大多数を占めるのではなく、都市と農村の労働者や教師、知識人、学生、芸術家など、サパティスタ市民として知られるさまざまな社会階層の人びとによる組織にしようということだ。この象徴的行為により、大多数が先住民である組織と［社会］運動の間に何か新たなものが生みだされることを期待しているのだ。

Y——すると、国立宮殿よりもソカロ*の占拠を目指していると言えるのでしょうか？

マルコス——もちろんだ。ただ、メヒコ市に行き、ソカロに着いたとしよう。ひょっとしたらソカロが埋まるかもしれないし、埋まらないかもしれない。ところで、そこで何をしよう？　なにを言おうか？　今世紀初めにサパタの軍隊がやったように、メヒコ市に着いて、見てまわって、そしてなんの政治的成果も獲得できないまま山に帰るのかい？　とても美しく、ロマンチックだけど、それではなんの政治的意味も無いだろうね……

Y——国の歴史に美しい場面を残すかもしれない……

マルコス——カサソラの写真庫と報道にたくさんのすばらしい写真を残すだろう。問題は、EZLNと、実際にそこまで行く者たちの政治的・身体的リスクの計算だ。誰を敵にまわしているんだい？　ただ大きな集会をやって、「われわれはここにいる！」と言ってシュプレヒコールをあげても、なんの政治的前進も得られないとすれば、行く意味は無いだろう。

あなたの質問に戻る意味で、われわれは権力奪取を目指して行くのではなく、メヒコの政治と経済、社会闘争の中枢神経に達することを目指しているのだということが言いたかったのだ。

Y——権力奪取をまったく目指していないということであれば、サパティスタがチェ・

*ソカロ　メヒコ市の大統領府は「ソカロ」と呼ばれる、広大な中央広場に面している。

ゲバラの闘いの継承者を自認していることはどう理解したらよいのでしょうか。マルコスはチェ・ゲバラの息子だとレジス・ドブレ*は言っているし、あなた自身も彼の遺産を引き継いでいます。

いつかあなたはあるジャーナリストに、もしチェ・ゲバラが現れたら、彼に場所を空けてあなたは身を引くだろうと言いました。それは、これまで話してきた、武装闘争によって権力を目指しはしないという方向への変化との整合性に欠けるように思います。そもそも、チェとはなんなのでしょう。彼に共感するゲリラはまさに武装闘争による権力奪取ということで一致するわけですが。

マルコス――それはチェの一側面だが、サパティスタ民族解放軍にとってのチェとは、キューバを去り、ボリビアに向かうチェだ。闘い続けるチェ、反乱者であり続けることを選ぶチェ、別の場所で、あらゆる困難を抱え、失敗と過ちをおかしつつも、すべてを捨てて一から始めることを決断するチェ。われわれにとっては、ゲバラの政治的計画や権力奪取のマニュアルなどよりも、彼の人間的側面――彼の提起の中に見出すことのできる、抵抗と反乱、「みんなのためにすべてを。われわれには何もいらない」に通ずる精神など――の方がはるかに重要なのだ。われわれは昔からチェを尊敬しており、山中で過した一〇年の間も彼はわれわれにとって歴史的な人物だった。ゲリラの教本や根拠地主義を尊敬していたのではない。われわれは正規軍を目指していたし、サパティスタがいろいろなものと混ざり合って今日のネオ・サパティスタというものになってからはさらに彼から離れたが……しかし、そういったものではなく、われわれはゲバラから人間的な感性や自己犠牲の精神、主義主張の一貫性を学び取っているのだ。彼は自分の考えにそって行動していた。そういう人はめったにいるものではない。考えが正しいか間

レジス・ドブレ　（一九四二〜　）フランスの評論家。『革命の中の革命』（一九頁参照）を書いて後、ボリビアに形成されつつあったゲバラ指揮下のゲリラ根拠地を訪れてボリビア政府軍に逮捕され、禁固三〇年の刑を受けたが、のち釈放。フランスに戻り、ミッテラン政権の政策顧問を務めたりした。蜂起後まもない頃サパティスタ支配区を訪ね、マルコスとも対話したことがある。評論家として活動し、最近の著書に『娘と話す国家のしくみってなに？』（藤田真利子訳、現代企画室、二〇〇二年）がある。（訳注）

違っているかということ以前に、考えが間違っていようが、考えと行動が一貫している人はとても少ない。有名な人だけではなく、まったく無名の人びとでもそうだが、サパティスタは世界中にたくさんの鏡を見出してきた。そして、その中でも最もよく知られた人物でありかつ、逆境の中で、夢と理想を守るためにたちあがったことにおいてわれわれと共通する人物がゲバラなのだ。

Y――うまくはいかなかったわけですが……

マルコス――問題はそれだ。しかし、失敗しなかった革命運動を見つけるのも難しい。チェの場合、彼の決定的な失敗は六七年一〇月九日の死だろう。だが、われわれにとっては倫理のほうが政治的有効性よりも重要なのだ。われわれはゲバラの政治的あるいは軍事的成功を評価しているわけではない――もちろん、特にサンタクララ大攻勢*などは少数部隊による作戦として模範的なものだったけれども――。われわれが尊敬するのは、本や宗教哲学のなかに残るのみのものであるかにみえる倫理的価値観が人間の中に生き、それが首尾一貫して守られたということなのだ。

サパティスタにとって彼は、政治的実践、リアル・ポリティックの模範ではなく、倫理的模範だ。リアル・ポリティックの観点からはサパティスタの選択は常にチャンスをみすみす逃してしまうようなものだろうが、それもわれわれが倫理的価値観を重視しているからなのだ。

サンタクララ大攻勢　一九五八年一一月末、ゲバラが指揮する革命軍は、バチスタ政府軍の要塞であって、ハバナ市に通じる戦略的な要衝サンタクララ市で、大量の兵士と武器を積んだ装甲列車を急襲し、政府軍を敗北させた。それは、五九年一月の革命勝利に直結する重要な転換点となった。（訳注）

犠牲と絶望

Y――「犠牲」ということについてですが、以前、一月一日のことについて言われていたこともこの論理のなかにあるものと思います。人間的側面、倫理的側面のことはわかりますが、それは住民にとって危険ではありませんか？　蜂起すれば武力攻撃はあなた方戦闘員に集中するだろうと考えたということですが、その時、村の上にも暴力が降りかかっていたかもしれないとは考えなかったのですか？　特にグアテマラの例から思うのですが、近年の対反乱軍作戦においては、戦闘員よりもむしろ一般市民が暴力の標的となり、市民が受ける被害は極めて大きなものになっています。

マルコス――まったくその通りだ。それはわれわれも一九九三年当時に考えた。だが当時、村では絶望の論理が支配していたことを忘れてはならない。何人かはやめるべきだと言ったし、少し待つべきだと言った者もいた。また、もっと穏やかに、控えめにやるべきだと言う者もいた。突飛で狂ったような大騒ぎではなく、と。結局、九四年一月一日は実際そういうものになったのだけど。だが、先住民民衆全体を圧倒的な絶望が支配していた。この絶望の論理において、生の可能性はなかった。どんな死か、沈黙における死か、それとも英雄的な死か、選択肢はそれだけだった。これが九四年の論理だ。九六年の論理は違う。だが九四年当時、われわれは、沈黙の闇の中での死、忘却の中での死を宣告された幾千、幾万の民衆と共にいたのだ。そして彼らは決めた。「どうせ殺されるのなら、このやり方で殺されよう」と。

あなたが言うように、論理的に考えている余裕はなかった。できることはただ一つ、村への攻撃をできるかぎり食い止め、そして、それをすることが体制にとってより社会的・政治的に高くつくようにしてやることだった。選択肢はなかった。村が決めたのだ。「いずれにしてもわれわれは死んでゆく。誰も気づかないし、誰もなにも言わない。だが、戦争を起こせば死ぬのはわれわれだけではない。奴らも死ぬのだ。少なくとも、奴らにとって深刻な問題を作るのだ」と。

Y——対反乱軍作戦の暴力は村落共同体内部を分裂させるとともに、ゲリラと村落共同体の関係も引き裂いていきます。もし、人びとを守ることができなければ——あなた方は住民を保護することを目指したと理解しているのですが——、人的損失に加えて政治的コストがともないます。

マルコス——サパティスタ民族解放軍の場合、戦闘部隊が一方にあり、もう一方に市民がいるという構図ではなく、両者は一体のものだ。例えば、たった今、軍隊としてのサパティスタ民族解放軍は存在しない。村に分散していて、作戦行動がある時に軍事的に再結集するのだ。アグアスカリエンテスを建設する時にも軍事的に結集して作業した。五つのアグアスカリエンテスはそうやって民兵が建設したのだ。しかし、戦闘がない時は、軍、職業的戦闘勢力は最小限にとどめられる。この点ではサパタの南方解放軍によく似ているだろう。戦闘員は作戦行動の時だけ集まるが、終ればすぐに分散するのだ。とても安上がりな軍隊だ。貧しい軍隊だが、兵士自身が生産者でもあるから維持費用がほとんどかからない、安上がりな軍隊なのだ。もちろん、他のたくさんの人びとと同じように、危機にある生産者だけど。

サパティスタの過ちと硬直性

マルコス――政治的コストについては、われわれは特にわれわれの過ちの代償を払わされてきた。たとえば、政治的行動が求められている時に攻撃を行なったり、攻撃すべき時に政治的行動にでたりすると、それはすぐにわかるわけではないが、村に反響が広がり、人びとは司令部に説明を要求する。村からでてくる問題は、政府の対反乱軍戦略によるものよりもわれわれ自身の過ちによるものの方が多かった。どうしてかはわからないが、おそらく、政府はわれわれをひどく軽蔑しており、いろいろなことをしっかりやらないのだろう。あるいは腐敗の根があまりにも深く、あらゆる重要なイニシアティブが下まで届いていないのかもしれない。例えば、チアパス北部で準軍事組織が起こしている問題は対反乱軍作戦の中で計画されたものであるとは思わない。完全に計画されたものというよりも、政府内部の混乱と指導力の欠如に起因しているとの仮定のほうが説得力があると私は思う。村落共同体内部に問題がないとは言わないが、多くの場合発生している問題は政府の作戦の成功よりはわれわれの側の失敗に起因しているだろう。ここで連邦政府軍は占領軍のような陣地と態度の取り方をし、人びとに敵対し、敵軍と正面から向かい合っている。敵軍と対立するだけでなく、人びととも対立しているのだ。人びとをなんらかのかたちで分裂させようとしてこなかったわけではないが、村の抵抗が成功しているのか、政府の努力が足りなかったのか、やり方が悪いのか、あるいはそんなことには関心が無いのだろうか。

とにかく、これまで抱えてきた問題の原因は多くの場合、サパティスタ軍とその文民統制構造が犯した過ちにある。例えば、村の指導者のなかには内部批判に寛容ではない者もいる。文民統制機関である先住民革命地下委員会（CCRI）内部にも時には宗教問題が入り込む。問題が発生してもすぐには対策が講じられず、寛容と包含の精神で解決するのではなく軍隊的発想で政治的決断をしてしまうこともある。問題への対応がなされぬまま問題がどんどん大きくなってしまうこともある。率直に言って、セルバ、ノルテとロス・アルトスの村で発生する問題の原因のほとんどはわれわれの側にある。そうわれわれは思っているのだが、ひょっとすれば、われわれの組織が構造的に常に問題のすぐそばにいるということでもあるのかもしれない。われわれは報道やNGOの報告を読んで問題を知るのではなく、村から情報が直接やってくるのだ。

このことは、われわれが支配地域を持った時、よりはっきりした。一九九四年、この地域でわれわれが支配権を握った時だ。たくさんの問題が発生していた。人権侵害の問題の大半は、違う意見を持つ人や反対していた人、ただ参加したくないという人、批判的な人に対する先住民革命地下委員会の中位・下位文民指令系統の非寛容性が原因だった。そこでわかったことは、問題の原因は、抵抗しながら統治するために準備されてはいたが、真の政府にはなりえない組織構造にあるということだった。サパティスタ運動は真に複数主義的な政府に移行しきれてはいなかった。それは、サパティスタではなくなり、村落の政府となることを意味するのだが。

民主主義か武器か

Y——今日ではその移行はもう終っているのでしょうか？　あなた方は非常にあいまいな状況の中にいます。戦争状態ではないが武装はしている、いわば武装した平和状態にあるのです。いつかあなたが言ったことですが、戦争状態、あるいは準戦争状態というのは、民主主義とか複数主義的民主主義と相容れるものではありません。

マルコス——もちろんだ。政治的違いについて議論するのでも、政府になるとかではなく単に政治的違いについて議論する時でさえ、武装した人間とそれを議論することはあなた方の間でそれを議論することと同じではありえない。この場合、武器は議論の内容に関わってくることはないが、しかしそこにあることになる。村落内部でサパティスタと他の政治組織が議論する際、サパティスタがいかに寛容な態度をとっても、武器はそこにあり、その重みは否定しがたい。武装組織であることには矛盾があるとわれわれは常に主張してきた。民主主義を掲げる以上、武装したサパティスタは政府のオルタナティヴにはなりえないのだ。プロレタリアート独裁や単一民族主義ないしは人種主義をかかげるのなら可能かもしれない。だが、サパティスタの目指すのはそれとはまったく別のことだ。

　われわれは、闘争目標の達成のためには武装集団としてのわれわれが消滅しなければならないという矛盾をかかえている。軍隊としてのわれわれは消滅し、平和的手段に移行していくべきなのだ。しかし、政府のことを考えると、われわれは武装しつづけなければならない。平和的手段に移行すれば、死かあるいは消化のプロセスが待っているだけだからだ。殺されることよりも、飲み込まれ、われわれが「政治家」になってしまうことの方が恐い。特にメヒコでは、「政治家」という言葉は軽蔑的な意味を持っているのだ。

Y――政治体制を変革すること無しに。

マルコス――まさにその通りだ。何も達成せずに。

平和的路線に移行するためには、EZLNの武装組織から尊厳ある平和的勢力への移行を可能とする最低限の条件が満たされることが必要だ。そして、政府はそれをこそ避けようとしているのだ。尊厳ある移行を認めることは敗北を認めることになるからだ。

Y――このような状況が続くなか、戦争下社会、戦争下の経済のもとで、同意と全員一致主義といった村落の伝統と軍隊的な規則や行動規範が結びつき、軍事共同体主義的なものが生まれてしまう危険性はありませんか？　今の状況を乗り越え、民主的な勢力に移行しなければならないとみんなが考えているのですか？　サパティスタ運動内部で、長期的に村落を軍事化していくことを考えている人はいないのですか？

マルコス――いるかもしれない。まだ表には現われてこないからわからないのだ。ただ、もう一つの問題について先に答えておきたい。これは先住民の軍隊で、その意味でとても文民主義的であり、職業的軍隊組織とは異っている。また、問題の解決はわれわれの消滅をともなうのだという意識は確かに仲間たちのあいだにある。権力奪取の後、新しい権力を防衛することになるという軍隊ではないのだ。

Y――そして無論、当初はそれが計画だった。

マルコス――そうだ。連邦政府軍を打倒した後、革命の防衛のため、他の勢力とともに政府軍を構成することになっていた。この場合、軍を維持するのは、新しい政府に村の要求を実行させるためだった。つまり、ひとつの保障だ。もちろん、軍は維持しても、それ以上軍事行動をとることはなく、サパティスタは以前のように村に帰っただろうけれども。

もしあなたの言う軍事化の傾向がでてきたとしても、それが広がるだろうとは思わない。職業的戦闘勢力は村にいる民兵勢力と比べれば最小限の数だ。この手の傾向が出ても、村に対してそれを強要する力を持たないだろう。

たしかに、市民との関係の中には軍隊主義的が姿勢も見受けられる。そして、この問題は村との関係よりも、武装したサパティスタと市民のサパティスタの関係のなかによく見られるように思う。というのも、村には情報やイニシアティブを発したり受け取ったりするための意思伝達機関がすでに存在している。だから、情報も行き渡るし、人びとも上を管理しやすい。自分たちの政治的議論能力について異なったとらえ方をしているのだ。例えば、タチョも自分の村では批判だって受ける。彼の村ではみんなが彼のことを知っており、偶像としてのタチョではなく、あれやこれやをやっていた農民としてのタチョをみんなが知っているのだ。ダビッドだって、ロス・アルトスではダビッド司令官ではない……

しかし、市民社会に対してはわれわれはサパティスタ民族解放軍であり、マルコス副司令官であり、タチョ司令官だ……われわれがイニシアティブを発すると、それを命令のように表現してしまうのか、それが命令であるかのように受け取られてしまうことがある。あるいは、最良の手段がなにであるのかを議論せずにこれこれをやろうと言ってしまっているのかもしれない。そして、批判を受ける時は政治組織として批判を受け止めることができず、軍隊として、疑いと非難の眼差しで批判を受け止める。悪く、という意味だ。批判を受け止めるのに時間が必要なのだ。

村を分裂させるサパティスタ運動

Y——もうひとつの危険は、村の中に画一化の傾向が見受けられることです。サパティスタの村はかなり画一的で、全員がサパティスタです。民主主義とは多様性であり、対立であり、異論の存在でしょう。これについてはどう考えますか？　あなた方自身も異論と分裂から生まれ、また、あなた方の活動がさらなる分裂を生み出してきました……このことを、どのようにしてあなた方が主張する複数主義的民主主義とつなげるのでしょうか？

マルコス——ＥＺＬＮの民主主義的提起は一九九四年一月の後に生まれてきたもので、サパティスタの以前の語り口には現われてこなかった寛容や包容といった概念を含んでいる。それは、外部との出会いのなかで創られていったものなのだ。村は、一般的問題をコンセンサスをもって解決する自分たちのやり方を提供する。それはおのずと限界も抱えたものだ。寄り合いで議論し、全員がおなじ結論にいたるまで合意は成立しない。投票すらないのだ。大多数の村では投票はないし、満場一致で決定が下されるか、あるいは下されないかのどちらかしかない。これは一種の内部議論の方法であり、実際に全員に影響を与える事柄についての議論に関して有効だ。例えば、トイレをどこに設置するかとか、小道をどこにつくるか、となりの村との境界をどこにするかといったことについてだ。これは至極当り前のことだろう。しかし、そうではない問題、多数意見だけではなく少数意見も考慮しなくてはならない問題もあるだろう。それは村にとって、新しい経験だ。これまで村が抱えてきた問題にはすべて、生存がかかっていた。何年にもわたって鎮圧作戦の脅威にさらされる中で、団結し、共同性を最大限に強化しなくては生き延びることはできないという意識が生まれていた。個と集団の間の対立は常に集団側の論理で解決され、個が共同性を受け入れない場合、個は追放された。こうすることが生存するための唯一の方法であり、ロス・アルトスだけのことではなく、セルバのツェルタル村落でも事情は同じだった。異論や内部批判があっては村が抵抗することは不可能だった。例えばセルバでは、カトリック信者でないものは魔女扱いされ、追い回された。セルバはほぼ全域がカトリックで、他の宗教を信仰することは不可能だった。こうして、一時期にはキプティック・タ・レクブツェル、エヒード連合が唯一の政治組織となるにいたった。他のものの存在は許されなかった。ツェルタルが唯一の方言だった。一九八七年から一九八八年にかけて、ARIC・エヒード連合の急進派は「唯一の宗教トトリカ、唯一の言語ツェルタルと唯一の組織キプティック・タ・レクブツェル」を合い言葉としていた。われわれが入り、スローガンがもう一つ加わった。「唯一の軍隊、サパティスタ民族解放軍!」と。別のものの存在は許されなかった。そのようにして、組織が拡大していったのだ。

もちろん、内部に議論の余地はあった。決定はだれかひとりが下すものではなく、誰かが集団の代表者として個人を支配することはなかった。集団が個人に対して優位に立ち、個人を裁いていた。

EZLNが入ると問題は複雑化した。とるべき決定は複数の村に関わるもので、谷や集落をこえた議論が必要だったし、やがてそれは複数の民族を含む範囲へと広がっていった。サパティスタと非サパティスタがいるということは明らかだった。しかしサパティスタ運動は村の中にも入り込んでいた。寛容の精神があり、衝突は起こっていなかったが、しかし、村は事実上の分裂していた。サパティスタのための洗礼式と非サパティスタのための洗礼式があり、サパティスタのための助祭と非サパティスタのための助祭がいて、衛生委員はサパティスタである、など。村全体が、衝突はしないが分裂していた。こうした日常生活の問題については確かに、サパティスタは村の組織を破壊し分裂させた。しかし、カトリック教会やキプティックがやったように相手を追い回すことはせず、ただ、袂を分かったのだ。われわれは、これらの問題は運動とは関係無いことであり、これではよくないと考えていた。村の衛生や宗教、教育などの問題はこれまで通りのやり方でやっていけるはずのことだった。しかし、仲間たちがそうしたのだ。これは九三年以前、戦争以前のことだ。アマドルのほうではひとつの村が地理的に二つに分裂したことがあった。川の一方に非サパティスタが住み、もう一方にサパティスタが住んでいたのだ。結婚式などで顔を合わせることはあったが、それは事実上ふたつの村だった。

サパティスタが分裂を起こしたのは確かだが、対立はつくらなかった。教区はサパティスタが分裂と対立を引き起こしたとして批判するが、それは不当だ。分裂はさせたが、対立させてはいない。逆に教会は分裂を作り、対立を作った。宗教を理由にして人を殺し、今も殺しつづけている。われわれはサパティスタの名の下に人を殺したことなどない。もちろん、村でいさかいが起こり、けんかすることはあるだろう。口ではいろいろ言うだろうが、しかし、サパティスタと非サパティスタの間で、サパティスタが武器を用いた対立をつくったことはないのだ。

「追放」(避難民)について

Y――九三年、蜂起の決定後に追放が起きたと言われていますが。

マルコス――それは嘘だ。実際に起こったことというのは、村が日付を設定し戦争を始めることを決めた時、非サパティスタたちはそれを知り、「それには反対だ」と言ったのだ。サパティスタは、「反対かもしれないが、戦争は起こるんだ」と答えた。彼らは「戦争になればおれたちも一緒にやられちまう」と言う。そこでサパティスタは、「まあそういうことだ。過半数がそれで一致して合意したのだから」と答えた。そこで彼らは村を去り、他の人びとと一緒になってサパティスタとは一切関係ないとする村をつくったのだ。村にサパティスタがいて、彼らが闘うのであれば、サパティスタではない人にも弾圧がふりかかるであろうことは明らかだった。だから、村を去り、非サパティスタだけの村をつくったのだ。そして特に教会などが、このことを「追放」として扱った。われわれは一度も追放を行ったことはないし、組織に参加するよう人に強要したこともない。ただ、「ここに残るのなら戦争がやってくるだろう」と、それは言っておかなければならないことだった。それがいやな人は出て行き、九四年一月と九五年二月の攻撃の間、非サパティスタの家は攻撃を受けないように白旗を掲げた。それが、キプティックの論理だった。

われわれが発布した戦争法は、経済活動、特に小規模商業を厳しく調整することを定めていた。出て行った者たちのほとんどは小さな商店を持っていた。地域全体に同じ固定価格が適用され、フロール・デ・カフェでもラ・レアリダでもラ・ガルーチャでも、どの品物も同じ価格だった。それは仲間たちが決めた基準価格で、もし守らなければ店を閉じなければならなかった。このことを不満に思った者たちは出て行った。政府もこの動きを利用した。「出てくるのなら面倒はみてやろう。持っている土地は借り上げてやってもいい」と、魅力的な話を持ちかけた。こうして、「避難民」の問題を作って利用しようとしたのだ。避難民は村とひとつの合意に達していた。「私はサパティスタではないが、あなた方と争いはしない。ちょっと出てくるんで、私のものの面倒をみておいてほしい。避難民としてもらえるものの一部を渡すから」というわけだ。「避難民」の宣伝効果があまりあがっていないことに気づいた時、政府は彼らを見放した。

しかし、九四年の避難民についてはあれほど騒いだマスコミも、矛盾したことには、九五年の避難民については何も書いていない。グアダルーペ・テペヤックからの避難民について誰も触れようとしない。* 九四年、ARICの人間がみなセルバを去って政府に食わせてもらっていた間は、抗議の手紙やルポ、文章が書かれ、メヒコの知識層はとても衝撃を受けていたのに。

Y——一説には二万人という数字も出ていました……

マルコス——二万五千人とも言われていた。グアダルーペ・テペヤックの人びとはもう一年以上も経つのに、誰も彼らのことは気にしない。しかも彼らの場合、政府に食わせてもらっているわけでも土地代をもらっているわけでもないのにだ。

Y——本当に二万人もの避難民が発生したのですか？

マルコス——いや、数字は誇張されていた。最初の数ヵ月間は確かにそれなりの数で、

避難民　一九九五年二月、軍がグアダルーペ・テペヤックに侵入したため、当時サパティスタ軍総司令部がおかれていたこの村の住民は、山に避難して一時的キャンプを設置した。

おそらく一万五千人ぐらいだった。事態が緊迫している時はこの数字はもう少し増えていただろう。われわれの計算では、最も増えた時で一万八千人だった。事態が最も緊迫したのは、九四年、コロシオが暗殺された時で、この時はさらに事態が悪化するかもしれないという危惧があった。その後一万二千人程度まで減り、意見投票を拒否して全国民主会議（CND）開催を呼びかけた九四年六月には再び一万五千人まで増加した。九五年二月に軍が入るとさらにたくさんの人が避難したが、その時は政府は彼らに村へ戻るよう強要した。連邦政府軍が避難民発生の原因であると言わせないためだ。

この避難民という現象は興味深い。政府はこの問題についてなかなかややこしい対応をしたが、同時に、統治者として村と接するサパティスタ側にも矛盾があったのだ。特に、反対者とどのように関係するかということが問題だった。政府としてではなくサパティスタとして、政治・軍事組織として関係していた。民主的組織ではあるかもしれないが、しかし、あらゆる組織と同じようにそれは画一的なものだった。しかし政府というものは、政治路線に関して画一的であってはならないのだ。力で押さえつけるのではなく、反対者や少数者も包容すべきだろう。

民主主義、コンセンサス、選挙

M――合意を重視する村の民主主義のあり方こそがメヒコで最も健全な民主主義的営みであり、そうしたあり方を理想として、国家も含めたすべての次元でそれを実行すべきだと言う人がいます。地域の社会制度としては長所もあると思いますが、政府と民主主義という問題として考えとき、短所もあると私は思います。

マルコス——この形態の民主主義は村での生活においてのみ可能であると思う。これが先住民共同体において機能しているのは、彼らの社会組織がこの形態の民主政治に対応しているからだ。だが、同じ形態が、たとえば都市部であるとか、州や国家のレベルにも普遍的に移植可能であるとは思わない。重要なのは、集団が権力を管理するというその考え方なのだ。

村では一日中、二四時間その管理が働き続ける。人に知られぬまま蓄財することなどだれもできない。もし村の指導者が蓄財を始めれば、全員があっという間にそれに気づいてしまうだろう。仕事をうまくこなさなければ誰かと交代させられてしまう。これは明らかに、村社会だからこそ機能するのだ。

しかし、社会全体が統治者を管理することができるようなメカニズムが存在すべきなのだ。統治者を罰するということではなく、彼を評価し、続けさせるかやめせるか、罰するか否かを社会が決めることができるべきなのだ。今日ではサリナスのことなどすっかり忘れてしまったかのようなサリナスの政治理論家*たちが考えるように政治家が社会を管理するのではなく、社会が政治家を管理するべきなのだ。彼らによれば、社会は放っておけば自然にカオスに行き着いてしまう。だから、政府の役目は社会が崩壊してしまうことを防ぐことだった。社会を管理できる強い政府が必要だと。われわれの考えは逆だ。政府こそが、放っておけば自動的にカオス、独裁、反民主的行為、強権主義や腐敗へと行き着くようにできているのであり、だから社会が政府を監視すべきなのだ。われわれの言葉で言えば、「政府は従いながら統治せよ」ということだ。しかし私の経験から、こうした村の寄り合いによる意志決定方式をそのままどこかに移植するなどとい

サリナスの政治理論家　サリナス政権を支持した人間たちで、サリナス政権が批判されるようになって以降、サリナスのことをすっかり忘れてしまったかのように、しかし当時と同じくふるまっている者たちへの皮肉。(訳注)

うことはお勧めしない。たとえば大学だよ。大学の集会といったら……

Y――いつまでたっても決定などできない……

M――しかしサパティスタは直接民主主義や社会的民主主義、参加型民主主義に触れています。それはどのようなメカニズムをもって、どんな次元で行われるのでしょう？代議制民主主義との関係はどのようになりますか？

マルコス――EZLNが主張しているのは、選挙による民主主義だけが民主主義ではない、選挙民主主義もよいがそれだけでは十分ではないということだ。民主主義という概念には、一国内のさまざまな形態の民主主義の営みが含まれるべきだ。そのひとつが選挙による民主主義であり、そのためにはたくさんの財源と改革、選挙の可能性を開く真の意味での革命が必要だ。しかし、代議制民主主義とは別の形態の民主主義が存在しており、それが村において管理と統治の役割を果たしているということも認識するべきなのだ。メヒコの法体系は村で実践されている共同体民主主義を認めていない。労働組合や学生組織、都市区、農村社会ではそれぞれ別の形態の民主主義が実践されているのだ……民主主義とはきわめて広い概念であり、開かれなければならないということを国家は認めるべきだ。そうすることが民主的なのだ。そして、さまざまな民主主義のどれかがその他のものよりも優れているということなどないということも認めるべきだ。政府は、直接民主主義や寄り合いの民主主義よりも代議制民主主義のほうが政治的に格が上だと考えているが。

M――それが一般意思を反映するからですね。

マルコス――代議制民主主義はある一定の次元で、あるいはそれが本当に存在しているのならば機能する。そしてまた、共同体民主主義や直接民主主義、社会民主主義も別の次元で機能するのだ。

民主主義と村は両立するか？

Y――村には、反民主主義的とは言わずとも、非民主主義的形態が存在しています。伝統的村役制度は民主的といえるものではなく、その構造は言ってみれば長老支配的です。また、「合意」やコンセンサスといった形態が民主的と言えるのかという点についても、完全に納得はできません。集団や村が個人に対して優位にたっているわけで、それは時にきわめて強権的になりかねません。個人の権利無しには民主主義は存在しえないのです。

マルコス――それには同感だ。私が言いたいのは、この形態の民主主義は特定の問題について機能しうるということであり、すべての問題について機能するということではない。しかし村では、すべての問題に絶望的なまでに徹底してこの方法が適用されている。例えば、リッチがある村のある女性と結婚するとしよう。その女性に話しかけるためには村の寄り合いに許可を求めなければならない。寄り合いの許可が下りるまで、彼は彼女に求婚してはならない。その間に、件の女性以外の村全体が、彼は恋していることを知ってしまう。やがて家族もそれを知り、そして許可が下りと、そんなことになっているのだ。この喩えは喜劇的だが、もっと複雑で高度な問題に関して、この形態の民主主義が機能しないことがあると私は思う。個人の問題に関わってくるからだ。村にかかわる問題についての決定がどのようにとられるかを説明しよう。例えば衛生の問題、疫病についてだ。コレラが流行った時はトイレを設置することが義務化されたし、結核が流行ったときは予防注射が義務化された。これらは村の合意によって義務化されたが、それは生存に関わる問題だった。食料が不足している時は到着する食料の配分を決めなければならないし、コーヒーの価格や出荷についても同様だ。それは場合によっては機能するし、場合によっては機能しないのだ。国と同じように村もまた、別の場所では別の形態の民主主義が機能しているということを学ばなければならない。委員会が自分たちの代議制民主主義のやり方を気づきはじめ、この学びの過程も始まっている。それぞれの村は村役、サパティスタの村役を選ぶ。続いて、いくつもの村の村役が地方の役職者を指名する。さらに、複数の地方の役職者はその方面の役職者を指名し、方面役職者が民族の代表を指名し、民族の代表者が委員会に入る人間を指名するというわけだ。委員会にはいくつもの民族が参加しており、そこで扱われる問題は村にも関係しているが、村だけの問題ではない。これはなかなか難しい過程で、他の人たちの経験を知ることで村の人びとの視野はぐんと開かれていった。例えば、電力労働者や電話公社の労働者たちと出会い、彼らは投票用紙《プラニージャ》をめぐる闘い*などといった労働組合の民主主義を学んだ。あるいは農業労働者の組合や学生組織、教員組合などとの付き合いがあり、それがわれわれの運動に豊かさを与えてきた。

Y——形態の多様性を学んだと……

マルコス——特に、政治的な議論の仕方を学ぶのだ。村では議論は個人が特定される中で行われる。一人が立ち上がり何かを言うと、別の者も何かを言う。この時、誰が誰だかみんなが知っている。そうなると、政治的意見もつねにその人の普段の行いを考慮しつつ聞かれることになる。言っていることが正しくとも、もしその人がアル中だったり

投票用紙をめぐる闘い　労働組合におけるその指導部選出の方法。すべての役職への候補者がひとつのプラニージャを形成し、いくつものプラニージャが立候補して、それを選挙する。

女たらしだったり、あるいは刑務所にいたことがあったりしたら話は別で、政治的にではなく倫理的な評価を受ける。サパティスタ運動の中で倫理と政治が錯綜しており、多くの場合前者の方が勝つのだ。九四年、九五年、九六年における外部への開放は村の仲間たちにとって、自分たちの民主主義の形態の長所を理解するのにも役立ったと思うが、それ以上に、その限界を認識するのに役立ったと私は思う。

村における役職については、以前はそれは長老たちの寄り合いだったが、その世代は終わりつつある。八年か五年くらい前からは、たとえば、宗教役職者は教会が選ぶのではなく、誰が宗教役職者になるために準備するかを村が決めている。誰がその役割を担うことになったか神父か司教に連絡し、教育してもらうわけだ。以前はこうではなかった。以前はプリンシパレスや教会のカピタネスが決めていたのだ。ツェルタル地域では今でも続いているけど、トホラバル地域ではもう無いね。トホラバル地域では寄り合いでだれが宗教役職者になる勉強をするか決め、その人が宗教役職者になるのだ。それは、サパティスタ役職者ほど重要ではないが、それなりに重要なポストだ。行政区担当者やエヒード委員といった行政職は株式市場よりも不安定なものだ。三日しか続かなかったエヒード委員だっている。彼が解任され、次に指名された者は六カ月続く……という具合だ。エヒード委員や行政区担当者に指名されるのはほとんど悪夢だ。いつも見張られており、いきなり解任される。まるで罰を受けているようだ。こらしめたい時に、エヒード委員や行政区担当者に任命するのだ。

Y――他の場所でそれと同じことを見たことがあります。グアテマラです。そこでは山まで探しに行って、力づくで連れ戻していました。

マルコス――サパティスタの役職者はその上部者からの監視にさらされている。もし、

①

②

BIENVENIDOS A OVENTIC
Aguas Calientes II
SIMBOLO DE RESISTENCIA DE LOS PUEBLOS
ZAPATISTAS Y CENTRO DEL ENCUENTRO
DE LA DIGNIDAD.
③

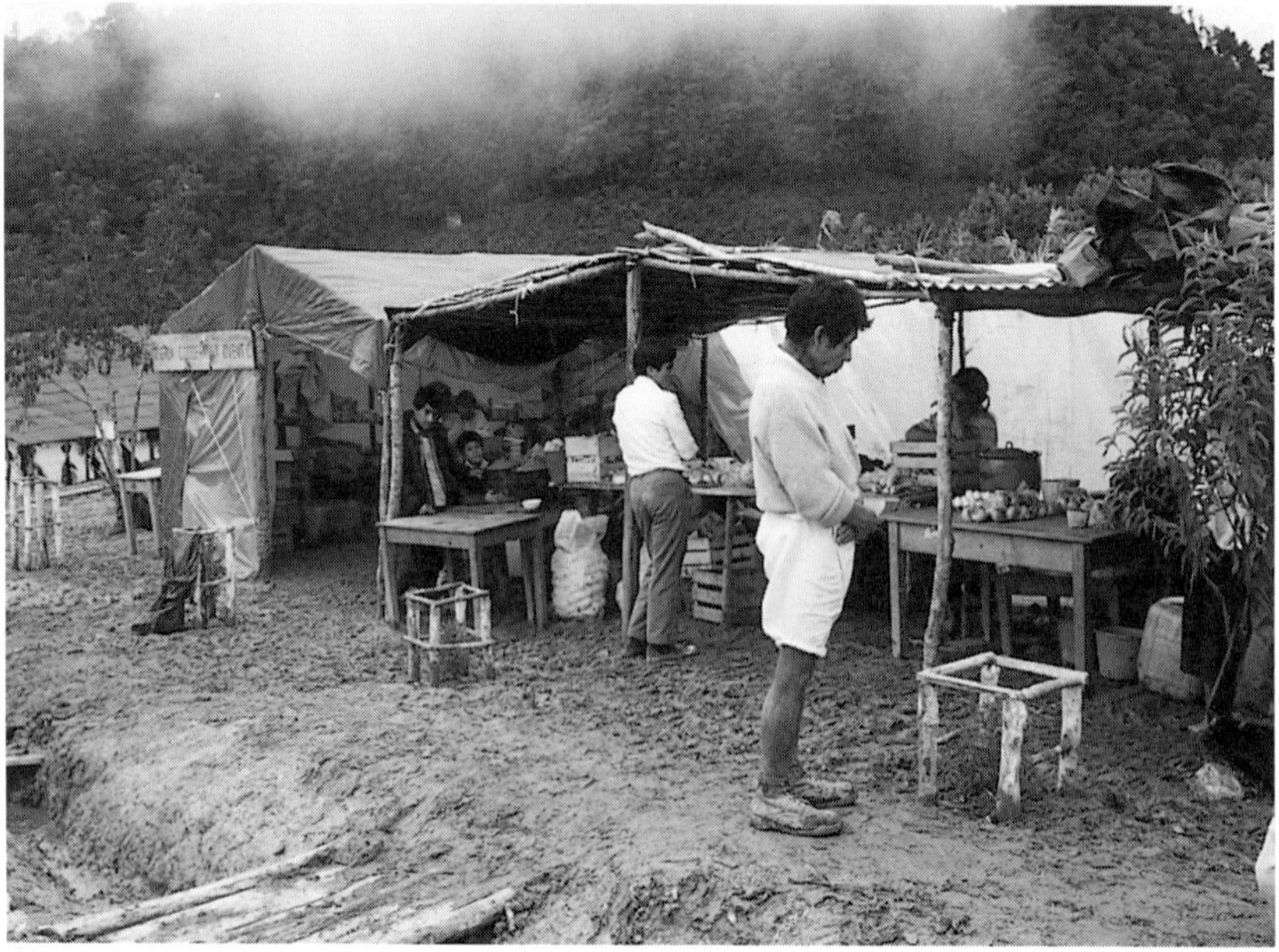
④

⑤

① 1996年７月、「人類のために、新自由主義に反対する大陸間会議」開会式が行なわれた、サパティスタが自主管理するオベンティック村入り口。次々とバスが到着し、人びとは「検問所」前で順番を待った。アルコール類・刃物類が一時預かりになった。
② 村に入り広場へ向かう外国人代表団を、通路の両側に立って村人たちが歓迎する。
③ 「民衆の抵抗のシンボル、オベンティック村へようこそ」と書かれた横断幕。
④ みやげ物や飲み物、軽食が売られている屋台。
⑤ 会議場の前には、武装したサパティスタ兵士が立っている。

⑥

⑥　急拵えの建物の中で開かれた、テーマ毎の分科会風景。
⑦　本書にも登場するモイセス少佐。
⑧　分科会で発言するサパティスタ。
⑨　日本から来たメンバーのインタビューを受けるシニッチ（蟻）メンバーの女性。

⑦

⑧

⑨

⑩

⑩参加者は多様だった。上は、ウルグアイの作家、『収奪された大地――ラテンアメリカ五百年』などの著者、エドゥアルド・ガレアーノ。下は1960年代ベネズエラの武装ゲリラ指導者、ダグラス・ブラーボ。いずれも、サパティスタが切り開いた新しい道の重要性を強調した。

⑪訳者がインタビューした後、馬に乗って去るマルコス副司令官（1999年6月）。

⑫

⑫　現地に駐留する政府軍が、サパティスタ管轄下の村内を一日に数回「パトロール」する時期が長く続いていた（1999年６月）

村が現地責任者に不満があれば、それを地方責任者に訴えるのだ。調査の後、彼は解任され、寄り合いが開かれて別の人間が指名される。現地責任者が地方責任者に不満がある場合も同じ具合に、上まで追及することができる。

Y——重要だと思いますのでこだわっておきます。世界中に数々の新自由主義に対する抵抗がありますが、そのすべてが強権的なものです。新自由主義だけではなく、西洋的な代議制への反発はシンガポールにもイスラム急進派にも、過激ヒンドゥー教徒にもありますが、新自由主義に対抗して出てくるのは共同体の強権主義であり、それはきわめて強権的なものです。サパティスタ運動の重要な点の一つは、代議制民主主義や参加型民主主義の要素を村のやり方と組み合わせようとしていることでしょう。西洋から村を守るためではなく、民主主義的な新しい政治を創造するために、文化的・宗教的・民族的要素を取り込んでいるのです。そして、そうすること自体がまさに民主主義だと思うのです。

マルコス——まさしくその通りで、それは村でサパティスタ運動が存続していくためにも重要だと思う。個人や少数者に対して集団が優位に立ち、内部を均質化することで生存を可能にしてきたのだが、今度はそれが命取りになりかねないのだ。無論、戦争による外部への開放は仲間たちの視野を広げ、彼らは別の考え方を受け入れる用意ができていると思う。今重要なのは、他者、それも少数他者に対する寛容だと思う。これは、村内部でこれから解決していかなければならない問題だが、仲間たちの間で議論になってはいるようだ。以前は「反対するならば出て行け」だったが、最近では、「反対ならば、反対のままそこに」になってきた。今は、反対している人といかに一緒にやっていくかを模索しているところだ。外部からの影響が大きく関わっているのだが、村の内部で、緩やかではあるが本当にすばらしい変化が起こっている。外国だけでなくメヒコ国内の人びとも含め、たくさんの人が外部からやってきて、自らの経験と共にわれわれへの批判を語ってくれた。サパティスタは批判にとても影響されやすい。批判されたらそれに感謝して、ひっぱたかれたらありがとうと言うというわけではないが、批判を真剣に受け止め、考え、変えていく努力をするのだ。

私は最近、そんな変化を感じている。八〇年代初頭、私が彼らと出会った頃、まだキプティックが唯一の組織で、キプティックの背後には教会がいた。われわれは山中におり、その時……（しばし沈黙）犯罪、この組織が意見の異なる人びとに対して犯していた宗教的犯罪について知った。われわれが入る頃には、意見の違う人の存在も受け入れられるようになっていた。「仲間ではないが、敵であるわけではない」と。九四年以降は、意見が異なる人について、ただ共存するだけでなく、彼らを包容し、意見が対立している問題以外の事柄については一緒にやっていく可能性を探ることができるまでになった。それが、相手が少数である時も彼らを包含するひとつの方法なのだ。相手のほうが多数派であれば話は簡単だ。多数派が相手では、しょうがない、みんなは「従います！」と言ったんだから。他者が少数者であるときこそ、彼らにも空間を与えるべきなのだ。これは、個人だけではなく、少数者集団についても言えることだ。次第に学んでいけることだと思うが、そのための時間を戦争下で確保できるだろうか、確保できるよう祈っている。村は戦争下にあり、そのような状況下では生き延びるための選択をせざるをえない。だから、持ちうる寛容の程度も戦争によって決まる。外部の人との接触にも時には慎重にならざるをえない。警官などではないか、何者なのか調べなくてはならないのだ。直接の接触があるわけではない。村ではカンパメント*の人たちでさえ

カンパメント　ラ・レアリダなどのサパティスタ共同体には、さまざまな国から来た若者たちによって「平和のためのキャンプ」が設置されている。

隔離状態（アパルトヘイト）状態におかれている。村のなかの一個所にいて、どこにでも入れるわけではないのだ。何カ月も滞在した後、ほんの一部の者だけが村に受け入れられる。それ以外の者たちは外部者であるままだ。こうしたこともまた、運動の前進の障害となっている。

「平和でも戦争状態にあるわけでもない村の日々」——モイセス少佐

M——戦争状態にあるわけでもなく、平和であるわけでもない状況が続く中で、新しい形で政治を行ない、村を別の形で組織する取組みが始まってから二年あまりが経ちました。サパティスタが組織する村では、その日常生活や経済、生産活動にどのような変化がでていますか?

モイセス——経済的には、まあ前と同じだね。政府は自分に味方する連中ばかりかまってやっているから、前と同じだよ。政府系ARICの連中*をさ。こうやって、こちらの内部を分裂させようとしているんだ。ただかまってやってるわけじゃない。政府は戦争、戦闘をつくろうとしているんだ。こうした中で、仲間たちの前進といえば、彼らが助け合っていることだよ。少しづつ助け合い、そうやって抵抗している。

Y——政府は物質的援助を与えることで、あなた方を切り崩そうとしているのでしょうか。政府側に寝返る人たちに援助を与えているのですか?

モイセス——いやいや、仲間たちは闘い続けているよ。逆に、新たに加わってきているんだ。政府は、テージョが言うように、ここ、ラス・カニャーダスにいる自分の味方に関心を集中した。だけど、別の地域のCNC系*先住民農民をほったらかしにしてしまっ

政治系のARIC ARIC—エヒード連合は、政府支持派と、サパティスタ支持者を中心とする「独立派」とに分裂した。

CNC系 PRI支持の体制派農民労働組合である全国農民連盟。

た。彼らは政府に無視されていることに気づいたんだ。だから今、新しくサパティスタにどんどん入ってきている。政府の問題はこれだよ。サパティスタがどんどん増えているんだ。しかも悪いことに、私らは殺したり死ぬためにサパティスタになるんじゃない。私らは戦争はしたくないし、そのことははっきりさせてきた。だが、あのセディージョとかいう人はまったく聞こうともしないし、何もしない。相変わらずにやっているよ。そこで仲間たちは、自分たちの好きなように自由にここを組織してきた。今なら、裁判官も閣僚も、市長も州知事も、連邦政府も誰もここの行政に介入してこないからね。

Y――では、司法、教育、衛生といった行政事項について誰が責任をもつのですか？

モイセス――行政委員の仲間たちだよ。村人たちの指示に従って活動している。

彼らの民主主義のやり方は、なんと言うのかな、とてもよかったよ。村の仲間たちは集まって寄り合いを開き、代表者を選ぶ。指名された仲間の意見を聞いて、もし彼――または彼女――がその責任を引き受けると言えば、村の合意［の実行］が彼に委ねられるんだ。これからはその仲間が統治することになるのだが、それも寄り合いに従いながらだ。さて、そこで彼らは他の村にも関わる問題があることに気づく。

Y――ええ。ですが、資金はどうするのですか？　政府は資金を持っていますが、あなた方はどうなのですか？

モイセス――私らの持っているのは仲間たちの協力だよ。例えば、今ここでは教員養成講座をやっている。死んだ動物の皮を利用しようということで、皮製品加工の教室もある。裁縫の教室もある。それぞれ生徒がいて、学びおわったら、彼らはその知識をみんなに伝えていく。そうやってなんとかしているんだ。

Y――そうですね。しかし、政府からの公共サービスを拒否することは危険ではないのでしょうか? 村はかなり貧しいですし、さまざまな費用はかなり……例えば誰が先生たちに給料を払うのですか? 衛生関係その他の費用など、村にとって過度の負担を強いることにはなりませんか?

モイセス――村がそう決めたんだよ。彼らが言ったんだ。戦闘員の仲間たちは闘いにでていったが、われわれも闘って反乱者であることを示さなくては。だから、奴らからはなにも受け取れない、と。それを彼らは守りとおした。抵抗すると宣言したのだから抵抗し、政府がなにやら事業計画をもってきても仲間たちは受け入れない。「本当に受け入れないの?」と何度聞いてもやはり受け入れない。

Y――それらのサービスを提供し、その質や方法の管理は村に任せるよう政府に要求する方が論理的だとは思いませんか?

モイセス――いや、まったくその通りだよ。だから仲間たちはね……きみの言う通りだが……サン・アンドレスの合意でも……これはもう調印済みでことですらあるんだけど……それこそを求めているんだ。「それこそを要求しているんだよ、セディージョさん」。だけど、奴らは何もやらないんだ。だから仲間たちは言った。「どうする?」と。政府は解決しようなんて思っていないし、なにもしようとしていないことがわかっているから。

Y――彼らのペースにのるという条件でわずかな援助を提供しようとしていると。

モイセス――その通りだ。奴らは自分たちで村をコントロールし続けたいんだ。仲間たちは言う。「なぜ?」と。仲間たちはもう、これこれを要求してこれをやると決めたんだ。しかも、仲間たちが言うんだが、それは私らだけのためじゃない。チアパス州のためであり、国全体のためなんだよ。

Y――現在のような状況下で村は一年や二年は持ちこたえられるかもしれませんが、長期化すれば力は尽きていきます。人びとは力尽き、孤立していくでしょう。社会から完全に孤立してしまい、外部から孤立した小さな砦のみが生き残って、外国からの援助、NGO、そういったものだけで生き延びることになる危険はありませんか?

モイセス――危ないことがあるとすればそれは、政府がこの件についてもっと乱暴に、もうゆずらないと……それで、危険なことがあるとすれば、政府が軍を動かすかもしれないということだよ。軍はもうすぐそこにいるんだから。実際、軍はたくさんの悪事をはたらいているから、それもそう遠い話ではないと思う。少しいい奴がいても、そいつはすぐにかえられてしまう。態度はずいぶんと違うから、それを見て仲間たちが決めるだろう……

「村の民主主義について」――タチョ司令官

Y――村の独自の選出の方法を認めることを求めていると理解しているのですが。

タチョ――そうです。村で、先住民は男たち、女たちが集まる寄り合いを開き、民主的に選んでいます。独自の習慣をもっているのです。私たちはそれが唯一の、健全で本当のメヒコの生き残りだと思っています。先住民と、先住民の選出の方法を尊重する非先住民たちのやり方、他のものはもう存在していません。先住民のこの民主的なやり方は、健全なメヒコの唯一の生き残りだと思うのです。法律に書かれていなくとも、村ではこの選出のやり方が尊重されているのです。

Y——あなたの村でもこのやり方で選出が行われているのでしょうか……ここ、ラス・カニャーダスやセルバでもこの方法で責任者を選ぶのですか？

タチョ——ええ、特にここセルバのサパティスタ地域ではそうです。すべてのサパティスタ村落ではこの方法が用いられ、そこで私たちは育ってきました。私も村の人間ですが、この選挙のやり方を実践し、長い間培われてきた私たちの政治文化を尊重してきました。敵も、われわれが先住民であることをやめさせることはできませんし、私たちの文化を破壊することもできません。それは今も生きています。村に生きているこのような豊かな民主的文化こそを、別の地域や行政区でも取り入れるべきなのです。そして、政府はやっていることについて人びとに説明する義務があるのです。私たちはこうしたやり方を、先住民村落の根幹から学び取ってきました。

Y——しかし、習慣の中にはあまり民主的とは言えない選出や指導のやり方もありますね。

タチョ——ええ、それは事実です。でも、サパティスタが村に入ると、例えば、女性の仲間たちも参加するようになります。以前は女性たちは意思決定に参加していませんでした。サパティスタ運動が入ると、女性たちも若者たちも、みんなが考慮されるようになるのです。以前は男たちが支配していて、彼らが決めたことに従わなくてはなりませんでした。今はそうではありません。今は、代表者は公的機関などに対してはみんなを代表し、村では村のなかでやることを組織します。命令するためにいるのではないのです。

Y——ドン・タチョが「宇宙間会議」を準備したように！

タチョ——みんなが集まって、心地よく感じるように、休めるように、そのために準備するのです。まさにそれですよ。政府は、計画したり、人びとに提案するためにいるのです。「どうだろう、学校に教室が足りないから作らなくては」と提案するためにいるのであり、「こうするべきだ」と言うためにいるのではありません。それが北に建てられるか南に建てられるかは人びとが決めるでしょう。なにが必要かを考えて人びとに提案し、そして人びとが決定するのです。それが、ほとんどの村で行われていることです。

Y——長老やカシーケが決定したり命令したりする村はありますか？

タチョ——場所・地域によってさまざまな自治組織の形態があります。ロス・アルトスにはそこの形態があり、ノルテにはそこの形態があり、オコシンゴのセルバにはそこの形態があり、ラス・マルガリータスのセルバにはそこの形態がある、という具合です。いくつかの場所ではまだ長老支配*も残っています。それも尊重されます。それもひとつの文化であり、それを変えるよう私たちが押しつけることはできないのです。それで機能するというのなら、彼らのやり方でやればよいのです。私たちはすべてを尊重します。私たちにとって重要なことは、政府を選出したら、それが人びとに仕えること、そして、人びとに対して説明することです。私たちは「協力」と呼ぶのですが、村のさまざまな費用のために少額のお金を毎月出し合うようにしています。会計係、役員、書記、監査役がいて、今月は四千ペソ、三千ペソ使ったと、それを報告しなければなりません。「これこれを買い、それはどこにある。これは村のためのものだ」と。こうすれば不正もおこりません。だから私たちは、こうした民主的組織をもった村の政治のあり方を、組織のあり方も決定の取り方も独自の政治のやり方もそのままに国全体で行うべきだと思うのです。私たちはそう考えています。前衛になろうとしているのではありません。ただ、この国の政治勢力のひとつとして貢献したいのです。

長老支配 共同体の伝統的システムにおいては、マジョルドモが役職に就き、老人たち（プリンシパレス）の指導を受ける。

Y――そうすると、しかし、問題が発生する可能性もありますね。例えば伝統主義者とです。サン・フアン・チャムーラ*の場合、そこには独自の宗教的・政治的習慣あり、別の考え方を受けつけずに排除します。このような紛争状況ではどうするのでしょう?

タチョ――あそこでは、いろんな奴が首を突っ込んでいったんです……なんて言おうか、カシーケばかりなのです。チャムーラはとても腐敗した村です。カシーケにはそういうやり方が身に染み付いてしまった。染み付いてしまって離れないのです。頭や心にそういう考えが染み付いているんですよ。少しですが、そんな村もあります。もしそんな村ばかりだったら困ってしまいますが、大部分はそんなことにはなっていません。

村の民主主義を国全体に広めるべきだと私たちは思います。もちろん、他のやり方もあるでしょう。選挙があります。それも尊重するし、それで矛盾はしません。私たちはみんなが一緒になり、そしてみんなのなかの相違が尊重されるようになってほしいのです。そうすることによってのみ、誰を排斥することもなくみんなで民主主義に到達することができるのです。みんなが一緒になるということ、それが私たちの目標です。「民主主義と正義」に関する交渉に平行して私たちはフォーラムを開き、たくさんの組織や政党が参加して意見を述べました*。こうして、みんなで力を合わせて確実に民主主義を築いていきたいのです。それは複数主義的で、包含的な民主主義でなければなりません。そして、民主主義に到達するためにはいろいろな方法を組み合わせなければならないでしょう。みんなのための民主主義ですよ。一握りの人間のための民主主義なんて、これまでいくらでもあったのですから。政党にそれができるとは思いません。メヒコの歴史においてこれまでできなかったのですから……

サン・フアン・チャムーラ　この村については、次の書物が詳しい。リカルド・ポサス＋清水透『コーラを聖なる水に変えた人々――メキシコ・インディオの証言』（現代企画室、一九八四年）、清水透『エル・チチョンの怒り――メキシコにおける近代とアイデンティティ』（東大出版会、一九八五年）（訳注）

フォーラム　一九九六年七月、サン・アンドレス・ラインサルにおける交渉と平行して、EZLNは体制改革のためのフォーラムを組織した。

8　サパティスタ運動の今日――明確化の必要性

政治家たちと社会

マルコス――民主主義という概念は政治家たちの内部事情に左右されるものであってはならない。政党ではなく社会が主役の、もっと開かれたものであるべきなのだ。現時点では政府と政党が主役となってしまっている。ただ、唯一変わってきたのはこういうことだ。以前は民主主義イコール選挙であると政府が定義してしまっていたのが、今は政党にも一定の空間が与えられるようになってきた。しかしそれでも、社会が不在のままだ。政治家たちが主役であり続けているのだ。これを変えなければならないとわれわれは思う。

現在の傾向は、収斂ではなく分散だ。つまり、社会がある方向に向って進み始め、国家、政治体制が別の方向に向って進もうとしているのだ。そのため、「ふたつのメヒコ」が生まれるまでに至っている。ひとつは、経済成長に成功し、国内総生産成長率七・五%を達成した政治家たちの幻想のメヒコであり、もう一方に、経済成長のかけらも感じることのできない社会階級がいるのだ。

Y――このなかで、ブカレリの合意*をどのようにとらえていますか？　それは、間口をせばめ、排除されている人びとをさらに排除していくための手段なのでしょうか？

マルコス――そうだ、政府は四つの政党とさらにいくつかの小党をとりこみ、意志決定

ブカレリの合意　一九九六年七月、政権与党ＰＲＩと、ＰＡＮ、ＰＲＤ、ＰＴの野党三党は長期にわたる交渉の末、選挙改革についてある合意に達していた。一二月、政府は議会におけるＰＲＩの過半数支配に助けられ、野党の反対を受けていた文書の可決にこぎつけた。

過程の間口を若干広げた。「メヒコで政治をやる者はわれわれの間で、われわれのやり方に従ってやらねばならない。それを拒否するならなにもやらせない」ということだよ。

Y――マルコスであれ、カマチョであれ……

マルコス――中道であれ、社会勢力、NGO、アリアンサ・シビカ*であれなんであれ、やり方に従わない者は認められない。内側に取り込めないものは一切受け付けないのだ。その意味では、選挙改革は権力者にとっての権力改革であり、その過程に社会は不在でありつづけている。われわれは、それはただ反民主的であるだけでなく、効果を持たないものになると思う。というのも、それでは政府あるいは政党も含めた政治システムは、存在していない、現実と何の関係もない国に生き、そこに彼らの政治的現実を築いていくことになるじゃないか。そして、政治家以外の人びとは別の方向に向かうのだ。その人びとはそれぞれのできるかたちで内戦から逃れようとして自然発生的カオスに向かうか、あるいは自らの政府を形成していこうとするだろう。われわれの主張は、カオスと今の政府のあり方との間に、別の形態の政府を築こうということだ。サパティスタ軍の経験を、戦争をするためではなく、人びとを抵抗のため組織化していくために応用することができると思うのだ。

Y――その再構築の過程において、あなた方は代議制、個人投票権、政党組織を否定するのですか……?

マルコス――もちろんそんなことはない。われわれは今後、政党組織はある方向に向かい、社会は別の方向に向かうだろうと見ている。しかし選挙の時、政党は社会の側をふりむくことになるだろう。九七年と二〇〇〇年に選挙があるからだ。一定の期間毎に、メヒコの政治システムは存在の正当化のために、選挙過程を通して社会と向き合わざる

アリアンサ・シビカ 選挙過程の監視や公共的な課題への取り組みを通して政治的民主主義の確立を目的とする非政府組織で、セルヒオ・アグアヨが代表を務める。

をえなくなるのだ。正当化のためにまず九七年があって、次には二〇〇〇年だ。もしその時まだ国が存在しているならさ！　この時にこそ、社会は権力に対し、これらの政治勢力を受け入れることを求めるべきだ。選挙日程になくとも現実に存在しているこれらの民主主義に場を与えるよう要求すべきなのだ。そうしなければ、カオスが待っている。たとえばアリアンサ・シビカのイニシアティブがあって、それはとても興味深いものだよ。これは選挙過程を監視するために生まれた組織で、とても高い評価を得ている。選挙過程を採点し、人びとは彼らの言うことを信じるのだ。政府の言うことは信用しないが、アリアンサ・シビカの言うことは信用する。この組織はさまざまな問題について意見投票や住民投票を行ってきており、武装組織とすら一致する。セルヒオ・アグアヨとはフォーラムで初めて会って話したのだが、これは、これまでで唯一の具体的成果をあげられた協力関係だよ。ＰＲＤ、ＰＴ、カルデナスやＮＧＯとはたくさんの写真に一緒に写ったけど、具体的成果はなにもない。彼らとは一枚の写真も撮っていないが、すでに意見投票*という具体的成果を出せたのだ。

無茶苦茶なわれわれ

Y——興味深いテーマですね。権力を握ることなくどのように政治を変えるのですか？あなた方の運動は、ある意味で権力関係を変えた、権力を目指すことなく少なくとも権力関係を変えようとしていた、マーティン・ルーサー・キングの公民権運動のようなものである、というのが答えなのかもしれません。別の言い方をすれば、それは政治運動

意見投票　アリアンサ・シビカは一九九五年八月、ＥＺＬＮが提案した意見投票を全国で実施した。

ではあるけれど「政治屋的」政治ではないということです。社会運動であるだけではないし、オーソドックスなゲリラ運動ではない。政党でもない。そのようなものではないが、政治的目的をもち、政治的変革を求めているという意味であなた方の運動は政治運動である、ということでしょうか？

マルコス――われわれは無茶苦茶だよ！　社会的構成の面から言えば、われわれは先住民の、あるいは先住民が大半を占める武装運動だ。政治的には、われわれは市民的要求を掲げて武器をとった市民の運動だ。われわれはこんな喩話をするんだ。警察に不満があるからといって、自分が警官になることで解決しようとする市民はいないだろう。もし警察がうまく機能しないのなら、市民は警官になろうとするのではなく、より良い警官を配置するよう要求するのだ。このことはEZLNの提起に通ずるところがある。われわれは権力を批判する。しかし、だからといってわれわれは権力を排除しようとしているのではなく、適正に機能し、社会の役に立つ権力を求めているのだ。消防士や公務員についても同じことだ。政府庁舎の役人に抗議する人びとは、「私を役人に登用せよ」とは要求しないだろう。そうではなく、きちんと役に立つ人間を登用することを要求するのだ。EZLNの要求はまさにそれであり、それはきわめてラジカルな要求だ。

アリアンサ・シビカの話を先にしてしまおう。これは市民の組織で、市民的・平和的闘いのための組織的空間を作り出している。これは一例だが、人びとを組織する非政府組織は他にもある。しかし、彼らは罪を犯したり戦争をするためにそれをやっているわけではない。そして、メヒコ政治においても空間を占めてはいない。マスコミがわずかながら場所を与えるから世論においては一定の位置を得はじめているが、政治参加の場がないのだ。たとえば、オピニオン・グループであるホルヘ・カスタニェーダの「コンプロミソス・コン・ラ・ナシオン」のグループやカマチョのグループなどは、政党政治の論理にはくみさないから可能性はもっていない訳だが、サパティスタ運動やＥＰＲ、急進・中道・右翼などのどんな組織とも同じように、現代メヒコにおいて重要な役割を果たしている。これらすべての政治勢力は空間を必要としていて、それが無ければ窒息してしまう。そしてそうなれば、社会は別の方向に向かうだろう。われわれは、権力はある方向に向っていて、社会は別の方向に向っていると見ている。内戦にも似た社会崩壊の過程が近づいているか、あるいはすでにそのような状況にあるのだ。冷戦は古典的な意味での戦争ではなかったが、事実上の第三次世界大戦だった。同じような比喩を使って言うならば、今われわれは、古典的な意味での戦争ではなく社会崩壊という意味において、事実上内戦の真っ只中にいるのだ。社会は抵抗するために組織化するべきだ。フランスの侵略に対するファレスの対応がその例だ（君たちを仲間と思って言っているんだからね！）。彼は、フランス軍との戦闘を避けて抵抗し、彼らが特にフランス内部で消耗して撤退せざるをえなくなったところに別の道が開かれることを期待した。ファレスはきわめて厳しい状況下で国の団結を維持して抵抗し、崩壊を回避した。今は同じようにして人びとの団結を高め、その後は権力を行使するために組織する必要があるだろう。今は行使できるものなどなにもないし、選挙改革の後なんてなおさら……投票することは社会崩壊の問題をなにも解決しない。政府の論理が変わらない限り、解決はない。だから社会を組織する必要があるのだ。政府に要求するためではない。ポピュリズムとは違うのだ。そうではなくて、政府が問題を解決しなくても、社会でそれを解決してしまうためだ。われわれは土地、屋根、健康、教育などを要求しており、政府はこれらの要求を受け入れるべきだ。だが、政府がそれを受け入れるか受け入れないかということは別に、サパティスタの村はそれらの要求を自ら解決してしまう道を摸索している。このようなことを社会の他の階層もやるべきだ。取返しのつかない事態になる前に、悪夢がやってくる前に、この崩壊の過程に抵抗するため組織していくべきなのだ。

抵抗と開放

Y――抵抗ということですが、これまで、抵抗するだけでなく提案を行ないイニシアティブをとってきたことにサパティスタ運動の強さがあるのだと思います。サパティスタ運動だって抵抗するなかで消耗しうるわけですから。

マルコス――サパティスタ運動は他のどんな勢力とも同じように、政治的空間における位置を維持し、その地平を広げていくために継続的にイニシアティブを発し続けなくてはならない。EZLNであれどんな非武装社会勢力であれ、「閉じこもって耐える」というような抵抗は鎮圧されたのと同じことだ。孤立して抵抗するのは生を拒むこと、鎮圧されることだ。われわれの意志を政府に押しつけることはできない。「従いながら統治する」よう強要する力はわれわれにはない。しかし、イニシアティブをとることはできるし、そしてそれは政治的領域が開いている時のみ可能なのだ。レジス・ドブレはこう言っている。メヒコでもどこでも、あらゆる政治勢力は、敵も含めたあらゆる方面と関係を広げなければならない。なぜなら、そのことが抵抗の可能性を広げるからだと。それはまったく正しい。それは政治路線を放棄するということではなく、関係を築いていくということなのだ。世界中の左翼内部に同じ現象が見うけられる。みんながみんなに対し不信感を持ち、ヘゲモニーへの誘惑、主導権を奪われることへの怖れ、利用されることへの怖れを感じている。われわれは、例えばエル・バルソン*なんかに、こう言ったんだ。「われわれをあなた方のいいように利用してもらってかまわない。ただし、はっきり話そうじゃないか。もちろん私たちもあなた方を利用させてもらう」と。こうするからこそ、誠実な関係を築けるのだ。利用されるのはかまわない。ただ、まがった話し方をしないでほしいのだ。政治勢力との関係についても同じだ。「われわれを尊重し、誠実に接してほしい。かわいそうなインディオたちが包囲されているから、どうやって助けてやろうかなどという態度はとらないでほしい。われわれを政治勢力として認め、誠実に接するべきだ。一九九七年の選挙を念頭に動いているのならそれを言ってほしい。候補者への支持がほしいのなら、検討するから言ってほしい。ただ、これこれをやるんだと言いつつ別のことをするというのだけはやめてくれ」と。われわれはわれわれに対してよい意図を持っている者のみと関係を持とうとしているのではない。われわれを利用したい者とも関係をむすぶ用意はあるのだ。ただし、われわれを利用するということを言ってくれということだ。

好きな食べ物を持ち寄る「スペイン宿」

Y――サパティスタ運動は陽気な乱痴気騒ぎだということですが、フランスでは、自分でもってきたたべものを食べる場所を「スペイン宿」といいまして、サパティスタがそんなものになってしまう危険があるような気がします。いつか、「正統派マルクス主義

エル・バルソン　「バルソン」とは雄牛を使った耕作機の部品を指すが、また借金を負わせるシステムによって農園（アシエンダ）に縛り付けられる小作農の悲運を歌ったメヒコ革命期の大衆歌謡からもきている。「エル・バルソン」は、メヒコ北部・中西部の農民が一九九三年に結成した組織で、債務を負いながらも、そこに依存せざるを得ない自分たちの状況に、昔の雇われ農民たちとの共通点を見出すことで、なされた命名である。組織は都市部にも拡大し、政府の経済政策を厳しく問うている。

者、アナキスト、フェミニスト、レズビアン、すべてのみなさんようこそ」と言われました。しかし、サパティスタ自らの自己定義は必要ないのですか？

マルコス——そうだな。それはわかるよ。以前話した、性格を作り上げていく過程、つまり、九四年に起こったこと、武装したサパティスタと市民のサパティスタの出会い、新しい世界との出会い……この曖昧さの中で、なにが起こっているのかもわからず、われわれはあらゆる種類の考え方にとびらを開かなければならないと考えた。八四年に先住民の現実に直面した時にやったことを、一〇年後、私たちは再び繰り返していた。いったいここではなにがおこっているのだろう、学ばなくては。そして、学ぶ方法は、すべてにとびらを開いてしまうことだった。

しかし、いつまでも曖昧なままでいるわけにはいかない。人びとはサパティスタに自分と通ずるところを見出して近づいてくるのだ。アナーキストはEZLNをアナーキスト運動だと思っているし、トロツキストは明らかなトロツキーの影響を読み取る。毛沢東主義者は毛沢東思想の徹底的追求の結果として見るだろう。レーニン主義者もまたレーニンの提起の一端をみるだろう。つまり、それぞれが自分たちに通じ、惹きつける何かをサパティスタに見出しているのだ。しかし、いつかサパティスタも、寛容・包含的な複数主義的空間を維持しつつ、独自の性格を確立しなければならない。それが言いたかったのだ。覆面も限界に達するだろう。物理的な覆面のことではない。そうではなくて、この生まれたばかりのサパティスタ運動は、なんらかのかたちで姿を明確にしなければならなくなるだろうという意味だ。ある時何人かのフランス人が、「あなた方は曖昧であるから生き延びることができている」などと言うので、私は非常に驚いた。

Y——政治的な美学の観点からは、維持しがたい姿勢ですね。

マルコス——無理だよ。もうできないこともあるとわれわれは思う。九四年一〇月、カルメン・カスティージョに言ったんだ。「今の状態は長くは続かない。メヒコ国家内部の一地域でわれわれが権力を握るなどということはありえない。われわれがやられるか、あるいはこれが他の場所にも広がっていくか、どちらかだ」と。しかし、広がりはしなかった。長い間曖昧でい続けるわけにはいかない。この組織は政治活動をしているが地下武装組織である。平和的勢力ではないが武装勢力でもない。軍隊だが戦争はしておらず、和平プロセスにある軍隊である。片足を非合法性、もう片足を対話のための法律*を通して合法性においている。EZLNによって片足は地下活動にありつつ、フレンテ・サパティスタによって片足は開かれた闘争にある。そんな状態にあるのだが、ふたつの小船は離れていくだろう。いずれ、選択し、ふたつの船のどちらかに乗らなければならない。そうでなければ、間の海におちてしまうだろう。サパティスタは矛盾に直面している。民主主義的で寛容・包含的なサパティスタの主張と、その軍事行動、軍隊主義的性格は矛盾していると言う人がいる。だが、EZLNの主張の中にも、ドグマ的、教条主義的な部分と、ひらかれた、シンプルな部分とがあるのだ……寛容になるべきであるとか、われわれは前衛ではないということをいつも繰り返すが、われわれが他の政治勢力を批判する時、われわれが前衛を気取っているような印象を与えたり、そう読むことができることもあるようだ。他にもあるかもしれないが、今あげたのが主な矛盾だ。曖昧だったからこそ、混沌としているが豊かな世界を生きることができたのかもしれない。九五年から九六年にかけて、われわれは本当に豊かな世界を生きた。しかし今、もし曖昧であり続ければ、行き詰まり、レストランとしてさえ機能しなくなるかもしれない。あまりにも曖昧で、誰も通ずるところを見出さない運動となってしまうかもしれないの

* **対話のための法律**　EZLNと政府の双方に、武力の行使を禁じ、和平のための対話を促すこの法律は一九九五年三月に議会で可決された。

だ。

M――サパティスタの主張における市民社会とか無党派による政治といった呼びかけは、八〇年代後半東側諸国の反体制派の状況を思い起こさせます。ジョルジュ・コンラードというハンガリー人の『反政治の政治』という本がありました。共産主義体制の崩壊とともに、曖昧さは完全な空白に姿を変えました。そしてその空白は右翼によって埋められたのです。

Y――時間は限られており、内外からみんなが性格を明確にすることを求めています。ふたりのフランス人知識人を除くみんながです。EPRの出現もまたあなた方に明確化を強いるわけで、「みんな」のなかには極左も含まれます。

マルコス――そう、すべてはわれわれの性格をはっきりさせなければならないということを示しているのだが、どうやってとかどんな方向へということはなにも示していないのだ。対話における政府の政治を見ると、われわれは政治闘争を目指してはならないということがわかる。それは罠だからだ。しかし、極左の政治も、今ある武装組織を見れば、われわれが武装闘争の方向に行ってはならないことがわかる。昔の軍事主義的路線、それに手を加えた現在の路線は一切の反響や支持を得ておらず、騒ぎを引き起こしているだけだ。EPRなど、政府に対する姿勢ではなくEZLNに対する姿勢がプロパガンダ的成功をおさめている。EPRがEZLNについてどう言ったとか、EZLNがEPRについてどう言ったなどといったことが新聞の一面をかざるのだ。そのことは大きく取り上げられるが、政治的提起は人びとにまったくインパクトを与えていない。あるいは、まだ反応がでてきていないだけかもしれないが。だから、以前のわれわれあるいはEPRのような軍事勢力になるわけにはいかない。しかし、PRDのような政治勢力になることもできないのだ。どうしたらいいんだ！

　このような状況において、われわれは今のところ（よい結果がでているわけではないが）、聴くことを学び、近くにいる人から遠いところにいる人まで、意見のある人の声を聴き、国と世界の政治情勢地図の輪郭を書き上げようとしている。

「いつ星を見つめ、いつ星を指すゆびを見つめるのかが大事なのだ」とアントニオ老は言っていた。その時マルコスはアントニオ老のとうもろこしを食べるたぬきを見ていたんだが。サパティスタは目の前の問題に気をとられすぎ、そのため、星を見るのか指を見るのかを決めたり、星と指の間で問題を解決したりということができないでいる。例えば大陸間会議の時には、どんなイニシアティブやメッセージが必要かなどということを考えている余裕はなかった。検問で人びとが長時間足止めを食わされてはいないだろうか、疲れていないだろうか、日差しが強すぎないだろうか、そんなことばかりが心配だった。軍である以上、直面している具体的な問題が気になるのだ。対話のときも同様だ。ヘリの動きはどうか、昨日の軍部隊の兵士の様子はどうだったか、緊張してはいなかったか。例えば、八月一三日から部隊に再び戦車が加わっているということはなにを意味するのか。九五年二月以来そんなことはなかったのに。こうした直面している問題により、それ以外の問題に対応できずにいるのだが、いつまでもこのままでいるわけにもまたいかないのだ。

運動であり、党ではない

M――民主主義については特に、意見のための空間、組織のための空間について議論してきましたが、総体的な制度的メカニズム、代議制民主主義と社会的民主主義との関係などについての考察も必要と思います。今ある民主主義の概念もまた、「スペイン宿」的なものです。ポーランドの労働組合「連帯」の第一回総会を思い出すのですが、そこでは、議会に加えて、工場から選出される代表者が参加する上院を設置する提案がなされました。これは制度的メカニズムの一例ですが、しかし、意見とか政治的空間ということだけではない、さまざまな形態の民主主義についての体系的な思想が必要だと思うのです。

Y――体制改革のためのフォーラムでそれを議論しようとしたのでしょうが、表面的なものにとどまったようです。

マルコス――とても開放的なやりかたで行った。「場所を用意したので、どうぞお集まりください」と。その意味ではすごいことだと思う。今までなかった類の提案や、われわれの知らなかった考え方が提起された。ただ、まだコンセンサスが得られる提案を築くことはできていない。画一化を怖れていることと、集まってきた勢力をひとつにまとめている唯一の道義的権威が、武装した地下組織であるEZLNだからだ。そのため、社会組織、特にNGOはわれわれに会いに来ることすらできない。軍隊との問題があるからだ……

もしはっきりと党派的利害をすてることができるなら、他にこれをできる人がメヒコにはいると思う。ところが、それができないのだ。カマチョやカルデナスのような人。カルデナスなら社会運動、社会・政治運動をつくることができるだろう。しかし、彼はあまりにもPRDにしばられていて、彼自身がPRDとなってしまっている。マルコスはEZLNにしばられていて、カルデナスがPRDから離れないのと同じように、マルコスもEZLNからは離れない。この人たちは、もし歴史が繰り返されることがないと人びとが信じることができるならば、さっき言った役割を果たすことができるだろう。人びとは、人びとに対して本当のことを言うこと、そして参加するための空間を与えることを要求しているのだ。つまり、自分たちを利用するな、考慮に入れてくれ、と。われわれはそのことを考慮しようと努力してきたが、しかし、覆面と武器を手にしたわれわれはこれ以上は進めない。ここまではなんとかたどりついたが。

Y——フレンテはそこから先に進むための試みですか？

マルコス——そうだ。そして、曖昧さという同じ問題をかかえている。フレンテの考え方はラディカルで、政治組織がすでにあるのではない、われわれが作り上げるのだ、というのがそれだ。民主人民革命党（PDPR）*あるいはEPRは自らの綱領と組織、組織構造を持っている。フレンテは、「われわれの考え方はこれで、われわれはこういう者だ。さあ、入りたい人はいるか?」と言うのではない。「権力はいらない。どんな組織が必要か考え、一緒に創っていこう」と呼びかけるのだ。だから、それはまだ「スペイン宿」であり、明確にする必要があるのだ。

Y——いや、むしろ、これは政党ではなく運動なのだということではないですか？

マルコス——その通りだ。明確にしなければならない運動なのだ。今、フレンテは何で

PDPR　PROCUPやその他の組織を統合するPDPRは、EPRの政治組織であると考えられている。

ないかはわかるが、何であるのかはわからない。アイデンティティを探しているのだ。結局、フレンテとEZLNが完全に別々のアイデンティティを持つことはできないだろうと思う。片方がもう一方に新しいアイデンティティを与え、一緒にアイデンティティをつくっていくだろう。

Y――武装しているという軍事的な側面と、社会的・政治的側面を組み合わせつつやっていくしかないという状況にあるように思います。あなた方の軍事力はあくまで象徴的なもので、事実上軍事勢力ではないといえるでしょう。武器を持ち、覆面をかぶっているということが、この国においてあなた方にある種の正統性を与えているのです。社会的には、さまざまな社会闘争がサパティスタ運動を中心にして結集するといったことは起こっていないし、政治的にはさっき話していた曖昧さという問題が残っています。それでも、この先どうするかということについて、三つの要素のどれも捨ててしまうわけにはいかないものでしょう。

マルコス――その通りだ。そして、それは時とともにさらに深刻化していくだろう。例えば、このあいだフォーラムを開いた。政治的なことだ。そこでEZLNは、中道から左翼まで、あらゆる種類の社会勢力と対話することができた。右翼からは、PRIとPANの議員が公にしないことを条件にして会いにきた。彼らの場合、様子を見にきたのだ。民主主義への移行に関心があるということだった……続いてサン・アンドレスの対話があり、そこで政府はなにごともなかったかのようにわれわれを無視する戦略をとった。われわれが一地域の組織であることを理由に、民主主義に関する一切の提案を行わなかった。チアパスの問題、あるいは行政区の問題を解決するための提案すら、ひとつもなかったのだ。その後、大陸間会議が開催された。その評価はこれからしなければならない。どんなインパクトがあったのだろうか。参加者の数的には成功したと言えるだろう。政治的意味についてはまだわからない。そして、またサン・アンドレスの対話が始まった。この時期、選挙改革が実施された。政治勢力は九七年の選挙の候補者決定に集中し始めた。誰をメヒコ市市長選に立てるかとかいったことだ。そしてその間EZLNは孤立する。しかし、九七年になればこれらの勢力は再び集まってくるだろう。なぜなら、EZLNはそれまで道義的権威を持ち続け、たくさんの人びとにとって、モラル的、倫理的、そして政治的求心力をもち続けるからだ。記念写真を撮ったり、少し言葉を交わしたりするために以前集まって……そして、その後どこかにいってしまった組織が、はっきりとした目的を持って再びEZLNを頼ってやって来るだろう。もしそれまでわれわれが存在していればだが。

それまでは、政治家たちは内部の問題にかかりっきりだから、彼らとするべきことは何もない。選挙の料理だ。しかし、EZLNがサン・アンドレスの対話の時以降は単独で歩んでいるのと同じように、社会、非党派的社会・政治組織も独自に歩み始めるだろう。いずれにせよ、一九九七年が近づけば、政党はもどってくる。EZLNのやらなくてはならないことは、国内、そして国外に橋を架けることだ。生き延びるために、EZLNはあらゆる方向に橋を架けなければならないのだ。

9　どんな変革を求めるのか

社会運動の行き詰まり

M――これはもちろん外部からの印象ということになりますが、二年ほど前から社会運動や政治運動が弱体化してきているように見えます。果たして本当に弱体化しているのでしょうか、それともそのような印象を受けているだけなのでしょうか?

マルコス――その通りだと思う。成果が出せていないからだ。デモ行進、抗議行動、集会、占拠、声明発表など、行動の形態はいつも同じだ。そして、政府はある種シニカルな雰囲気をつくりだしてきた。幾千の民衆が道に出てきてもやらせておき弾圧しないが、かといって耳を貸すわけではない。こうした行動は政府に対して何かを要求するために組織されるものだよ。しかしもし政府が耳を貸さなければ疲労してしまう。そのため、最近二年半の間に非党派的社会運動はひどく消耗してきた。だがわれわれは、今起こっていることについて市民社会が納得しているとは思っていない。納得してはいない。不満で、以前よりもとても疑い深くなっていると思う。コロシオ暗殺についてのばかばかしい釈明と、経済は成長しておりわれわれ成功しつつあってどうのこうのといった詐欺的口上を聴いたばかりだからだ。私が思うに、足りないのは、成果を挙げられる、具体的成果を出せるイニシアティブを発することだ。社会的不満に対する本当の解決策を出せるなにかだよ。メヒコにおける新自由主義に反対する、新自由主義的政策に反対するある種の意見投票、住民投票とかさ。

先住民復権と自治への意志

Y――あなた方はチアパスでも成果を上げなくてはならないわけですよね？　あなた方は、言ってみればCOCEI[36]のそれのような、発展のための社会経済的政策を持っていないとして批判されることがあります。サパティスタのなかにも、「次のイニシアティブは銀河系間ではなく、チアパスのためのものでなくては」と言う人がいます。

　これに関連して、政府が提供するものをすべて拒否するという決定についてお聞きしのですか？　それは危険ではありませんか？　政府はそこに存在しています。国家はどうするのですか？　例えば健康の問題ですが、それは権利であり、国家に対し予防接種の実施を要求することはできるのではありませんか？　教育についても同じです。もしあなた方が村と外国援助、人道援助だけに依存するとしたら、あまり政治的なこととは思えません……

マルコス――われわれは、政府が提供するものはほしくないということではなく、何も期待していないのだ。政府は社会的圧力によってやむを得ない程度のものを出すだろう。だからこそ対話をしているのだ。社会的圧力の源となる運動を創り、特に、例えば健康や衛生の問題などについて政府が要求に屈せざるを得ないような状況を作るためだ。それを否定はしていない。もちろん、われわれは圧力を行使するための道具として抵抗闘争をとらえているし、それは伝統的なやり方だ。結局、われわれは六〇年間もの間、健

COCEI　「地峡の労働者・農民・学生連合」。オアハカ州のサポテコ先住民の組織で、一九八〇年代、かれらの闘争は、同地域の経済的・社会的・政治的・文化的な前進を達成して注目された。

康・衛生サービスを受けることなく生きてきている。それはＰＲＩが権力についてからのこと、ＰＲＩがＰＲＩと呼ばれるようになる以前からのことで、この三年間の戦争の間だけのことではなのだ。そして、死亡率などの数値は改善できていないが、われわれは抵抗してきた。もしかしたら、われわれが政府となってすべてを管理していた九四年には少し改善していたかもしれない。この三年間、乳幼児死亡率は下がってはいないが上がってもいない。とりあえず安定しているし、このまま維持できるだろう。確かなことは、政府は先住民共同体に対してはなにも提供しないだろうということだ。それが効率的でないからだ。グアダルーペ・テペヤックの病院のように、病院を作っても装備もせずに放っておくことすらある。効率的でないからだ。サリナスが開館して、装備も持ってきた。しかし、彼が引き上げると同時に装備も引き上げられて、治療する価値のある人のいる地区に持っていってしまうのだ。新聞に載るわけでもないのに生産的でないセルバの人間を治療してなんになるんだ？　石油とウラン採掘を運命づけられたセルバであることを政府は知っているのに、そこの社会福祉に投資することに何の意味があるんだ？

Y――票を得るため、常にパトロン・クライアント関係を利用した……

マルコス――そうだ。しかし彼らは理性的だから、それはサパティスタとの合意が成立した場合にのみやるだろう。なぜなら、ありとあらゆる金をつぎ込んでも、住民がサパティスタであり、もしサパティスタが同意していなければ、それらがすべて無駄になってしまうだろうということを彼らは知っているからだ。

政治的にも経済的にも利益のない投資でも、政府がそれを行わざるを得なくすることのできる、そのような社会運動が必要なのだ。

実効性のある衛生事業や物資供給が必要だ。だが、それは社会の圧力があってのみ達成されるだろう。現状では政府が巨額の資金を送っても、途中の役人がどんどん取ってしまって村に着くときにはほとんど何も残っていない。

Y――わかります。あなた方は、グアテマラのゲリラとはもちろんまったく異なった路線をとってきました。しかしそれでも、ここから近く、国境を越えたところのイスカンの「抵抗する住民の共同体」（CPR）*のような村が形成されていく危険性を感じます。現実問題として、政府に依存することを拒否して孤立し、外国に依存してしまうことは政治的には解決とは言えないでしょう。権利の要求こそが政治的な解決となるはずですから。

マルコス――抵抗闘争を通じてわれわれは社会に圧力をかけ、政府が社会的改革を行うよう彼らに圧力をかけてほしいのだ。政府自らそれを行うことはないだろうから。

サン・アンドレスの対話は一九九五年四月に始まった。政府代表団の責任者だったベルナルは当時すでに、すぐに合意に署名しないのならサパティスタぬきの援助計画を実行すると言って脅していた。九カ月後の九五年十月、テーマが決められたときに、政府は「福祉と発展」をテーマとしたテーブルを最初に開くことを嫌い、先住民問題と民主主義についてのテーブルのあとの、最後か、あるいは三番目のテーマとするよう要求した。女性についてのテーブルはそこで交渉し、つけくわえさせたものだ。そこで彼らはありったけの要求を並べたて、再びサパティスタぬきの社会援助計画実施をちらつかせて脅しをかけた。やりたくないことなのだから、やるはずがない。やらないだろうよ。爆発的な政治情勢下でやむを得ないような状況でない限り、国際金融資本が先住民たちを生き延びさせるための金を出すことなどありえない。

*CPR 「抵抗する住民の共同体」。グアテマラ国内の山中や密林に避難していた人びとを組織していた。

一年前からいつでもできたのだから、もしやる気があったならもうやっていただろう。軍隊がいるのだから、われわれが邪魔していると言うことだってできない。それでも、自分の味方にすらやらないのだ。

もちろん、衛生や交通網、生産と商業化のためのネットワークといった公共サービスを市民に保証するのは国家の義務だ。他の市民と同じように先住民共同体もそれへの権利を持っている。ただ、先住民は効率的ではない市民なのだ。だから政府は、ここでは政治的支配力以外のことにはまったく関心がないのだ。政府が先住民の人びとのことを気にかける理由がひとつあるとすればこの地域における政治的支配力の回復だろうが、しかしそれにはまずサパティスタ運動の組織的解体が必要だ。

政府に決断を促させるような社会運動を生み出す必要がある。実際問題として、抵抗の運動は、政府に対しては、社会に対してほどの圧力にはならない。何といっても、社会の抵抗力は侮ることができないからね！

労働者の世界から遠く離れて

M――今までのところはサパティスタの発言からは排除されているかのような印象すらある部門があります。戦略的部門であるマキラドーラ*です。これはなにか特別に困難な問題があるからでしょうか？

マルコス――マキラドーラとだけでなく、労働運動一般とサパティスタとの関係はなかなか難しい。サパティスタの主張は先住民共同体、雇われ人、教師、知識人や芸術家に

マキラドーラ　主として対米国境地帯に立ち並ぶ、輸出用の下請け組み立て工場が集中している地域の呼称。

対してはインパクトを与えたが、メヒコの労働者階級に対してはインパクトを与えなかった。それは、サパティスタの主張のなかには先住民世界から受け継いだものがあるから先住民共同体にはその鏡を持つし、都市の要素を持っているから都市にも鏡がある。しかし労働運動からはなにも継承しておらず、労働運動向けに人工的メッセージを作ってしまうこともできないのだ。体制派であれ、反対派であれ、急進派であれ、非組織化層であれ、マキラドーラによってもっとも打撃を受けた層であれ、メヒコの労働者階級とサパティスタ運動をなにかが引き離している。接近する方法がわからず、これまでわれわれは失敗しているのだ。

M――サパティスタの語り口がポスト伝統主義的であるからではないですか？　民族《ナシオン》、人類、市民社会、新しい形の社会組織といったように……

マルコス――とても距離がある。メヒコの労働者階級自身の問題であるかもしれないが、それでは労働者に責任を押しつけてしまうことになるだろうし、そもそもそうであるとは思わない。責任は、労働者が内部にいないから労働者に向けて話す方法を知らないサパティスタの側にある。そのことにははじめの頃、九四年一月から気づいていた。全国民主会議（ＣＮＤ）にも労働者の参加は少数だった。労働組合は常にわれわれと大きく距離をとってきた。独立系組合ですらそうだったのだ。

Y――Ｒ－１００*もですか？

マルコス――Ｒ－１００はわれわれに対してもっとも批判的な組合のひとつだ。Ｒ－１００はＭＰＩ*の流れをくんでいるから、われわれがカルデナスに近づいたのをきっかけにわれわれを批判し始めたのだ。すべてが気に入らないんだろう。われわれが改良主義者だのなんだのと言っていた。

Ｒ－１００　メヒコ市の都市交通公社で、ラジカルで戦闘的であることで知られている。公社、組合ともに政府によって解体に追い込まれた。

ＭＰＩ　「独立プロレタリアート運動」

M――電気労働者もですか？

マルコス――発電機を手に入れてここに電気を引いてくれたのは電気労働者だよ。これがわれわれにとって最初の接近だが、ただ、これはEZLNではなくフレンテの成果だ。フレンテは労働運動との活動もしている。すでに電気労働者の委員会や電信労働者の委員会があり、休暇の時間を労働組合で組織して生産基盤整備のため村に働きにくるのだ。通信設備や電気をひき、技術を教えたりエンジンを修理したりしていくのだが、彼らは個人的に来るのではなく、労働組合を通してくるのだ。ただ、これはフレンテがやっていることだ。

女性たちの反乱

M――「女性法*」はどんな意味を持ったのですか？　それはまったく新しい問題だったと思うのですが。

マルコス――この議論には三つの局面があった。ひとつめの局面は、仲間たちが、女性にはその特性があり、独自の要求をもっているということを認めた時だ。九〇年、九二年以前は、サパティスタの要求は男女両性のための普遍的なものだった。男たちの要求にすべてが含まれていたから女たちを特別考慮する必要はないと、そう考えられていた。九二年、戦争について採決が行われ、「革命戦争法」すなわち革命の法的枠組みを確立することが決められた。その時、委員会最高指導部は内部での闘いののちに、女性たちに法の試案を作成させることを決めた。これは、サパティスタの女性士官の闘いの産物

女性法　前出「第一ラカンドン密林宣言」には「女性に関する革命法」も含まれている。前掲『もう、たくさんだ！』に訳出されている。

であり、こうして闘いは指導部で始まった。「他の法律があるのに、なぜ特別に女性のための法律なんてつくるんだ?」という意見もあった。だから、女たちの最初の闘いは「男ではなく女たちの問題というものがあるのではないだろうか」という問題提起をすることだった。女たちは真剣だった。「何回生理になったことがある? 何回子供を産んだ? 女と男は同じではないでしょう? だから独自の要求があるんだ」と。よく練られた意見もあった。「あなたはどうやってここまでたどりついたの?」「そりゃ、これをやって、これを勉強して……」と、そして、たどってきた道はまったく異なったものだった。こうして、女たちはまず独自の要求を提起する権利を獲得し、そして意見投票を実施した。それぞれの村で女たちが集まって議論するだけでなく意見投票も女たちによって行われるべきであり、それは大変なことだった。というのも、女が他の村に出かけるというだけでも一騒ぎで、誰でもできるわけではなかった。外に出る女はマークされ、いかがわしい人生に身を染めていくなどと思われたりするのだ。

女たちはそれをやり通し、女性法をつくりあげる。方言を訳して編集するため、私も参加した。委員会にはまだ提出されていない段階で私はスサナ、ラモナ、アナ・マリアに言った。「これはえらい騒ぎになるぞ。出ていってしまう男もいるかもしれない」と。女たちは、「それならそれで、しょうがない」と言った。

次の争いはもう少し穏やかなものだった。戦争をするかしないかが採決された日、九三年三月、そう、三月八日、女たちの祭りの日のことだ。現地責任者と地方責任者の委員会の大きな集会が開かれたが、その時、委員会の男たちは女たちの要求に抵抗感を抱いていた。なぜなら、それが村の社会構造よりも宗教構造に大きく関わるものだったからだ。特にそれは、家族計画であるとか外出の権利、若者に関わる部分など、村における教会の支配を脅かすものだった。

　男たちの関心は農地改革法であり、女性法は農地改革法も含めた複数の法律とともに提出されたため、男たちは女性法の成立を妨害しようとはしなかった。男たちの一部は、大したことではない、どうせ女たちはスペイン語がわからないのだからと考えていた。法律はスペイン語で書かれていた。そこで女たちはみんなでそれを方言に翻訳し、配布した。男たちはなるだけ法律が知られないようにしようとしたさ。

　九三年はとても忙しい年で、準備のために頻繁に行き来があったから、法律は委員会の男たちの抵抗にもかかわらず村に浸透していき、適用されていった。しかしこのことは、特に教会が強い村での摩擦、不和の原因となっていった。コンドームについてはPANの主張に似た意見があった。不純な性的無責任さをもたらすというのだ。PANによれば、エイズ予防に最も有効な策は自制することだ。そういった類の主張だ。家族計画の最良の方法は（それが最大の主張のひとつなのだが）自制か、あるいは周期を守ることだと言うのだ。

10　進歩的なクリステーロ？

サパティスタと教会

Y——あなたにはやや抵抗があるのではないかと思われるテーマにふれたいと思います。無神論者がいないという意味でチアパスはとても信心深い地域で、マヤの民衆は一般的にとても信心深い人びとです。ここでは民衆のあいだに強い宗教性があり、また、この地域はカトリック教会が非常に強い影響力を持っている地域でもあります。プロテスタント教会も然りです。ここ数十年間の間にロス・アルトスで起きた紛争の多くは非常に宗教的なもので、実はチアパスの他の地域においても若干の事情の違いこそあれ基本的には同じでしょう。メヒコでは、チアパスで起こっていることは一種の教会の復讐であり、反クリステーロ*、あるいは進歩的クリステーロとでも解釈すべきものであると考える人がいます。登場人物もそろっています。サムエル・ルイスはメヒコ中西部の出身ですし、パトロシニオ・ゴンサレス・ガリドは一九二〇〜三〇年代の反教権勢力指導者の家庭*の生まれです……この解釈についてどうお考えですか？

マルコス——まず、宗教問題についてのサパティスタとマルコスのためらいについて説明しよう。

　チアパスでは伝統的に、そして具体的にはマヤ先住民にとって、血生臭い争いはつねに宗教的要素によっておおわれていた。だから、サパティスタのような軍隊が宗教的立

クリステーロの乱　一九二六年から二九年にかけて、メヒコ中央部・北西部を中心に起こったカトリック教会の反乱。

パトロシオの家庭　トマス・ガリド・カナバルは一九二〇〜三〇年代、タバスコ州知事を務め、また「赤シャツ（カミサス・ロハス）」運動の指導者でもあった。グレアム・グリーンの有名な小説『権力と栄光』（新潮文庫、一九五九年）は、このエピソードを題材にしている。

場を明確にすれば、つまり、カトリックを支持するとかしないとか、プロテスタントを支持するとかしないとかといったことを明らかにすれば、先住民にとってとても重大なことになるだろう。それは、原理主義運動化してしまうという、EZLNが幾度も回避してきた危険を再びおかすことになるのだ。だからわれわれはためらっているのだ。
　だが、サパティスタが入りこんでいこうとする政治的空間は空白ではなかった。国家権力が空白として残したその場所は、教会と教会系非政府組織によって埋められていた。先住民世界は政治権力からは隔絶されていたが、すべての世界から隔絶されていたわけではなかった。政治的空間は教会によって占められており、ロス・アルトス、ノルテ、セルバにおいては進歩的教会がそれを占めていた。村はやがてこの影響を内側に取りこみ、そして、カテドラル、サン・クリストバル教区、行政区首都の教会とすらなんの関係もない新しいものを作り出していった。
Y——征服以後、先住民は常にそうしてきましたね。
マルコス——その通り。征服以後、常に彼らはそうしてきた。ここでは宗教性はそのようにして生きているのだ。これはカトリックとの間のことだけだと思っていたが、プロテスタント、エホバの証人、アドベンティストとの間でも同じようだ。この地域の宗教的空間は変化も経験している。圧倒的にカトリックだったところに隙間ができて、そこをプロテスタント系宗派が埋めていった。セルバ全域とノルテに、主にアドベンティスト、エホバの証人、セブンス・デイ・アドベンティストが入っていた。ロス・アルトスはもっと閉鎖的で、カトリックとプロテスタントしかいなかったけれど。
Y——伝統的カトリックですね。
マルコス——ボチル、パンテロ、シモホベル、サン・アンドレスといったロス・アルトスのサパティスタ地域では、カトリックは解放の神学派と伝統派に分裂している。解放の神学派はサパティスタであり、伝統派はカシーケや当局とつながっているのだ。

だから、外から見るような言い方をすれば、宗教事情は複雑化した。このような場所に生まれたサパティスタのような政治運動は必然的に宗教的要素を抱えている。たとえば、何人かの指導者は自分の村の宗教的指導者でもあったのだ。

しかし、これは武装運動だから、戦争を宗教戦争にしないために、宗教との関わり方に非常に気を使わなければならない。独立系ARICのサパティスタが政府系ARICを攻撃するために武器が使われたかもしれなかったのと同じように、他の人びと、他の先住民の信仰と闘うために武器が使われることもなんとしても避けなければならないのだ……

宗教問題とはこのようにきわめて複雑なもので、もちろん教会――特に、カトリック教会――はそこに独自の利害関心を持っていた。そして、PRDやPTと同じように、彼らも政治的にサパティスタ運動を利用しようとするのだ。このことが、サパティスタ代表団とCONAI*の対立の原因ともなった。時に、CONAIが仲介役の枠を乗り越えて、サパティスタ代表団の代わりに交渉しているような印象を与えることがあったからだ。しかしこれまでのところ、明確な線引きを行なうことで対立を乗り越えることができている。

チュアイフェット*にとって交渉における最大の敵はサムエル・ルイス・ガルシアであり、政府側代表団は教区に攻撃を集中した。CONAIを弱体化させることで、EZLNをも弱体化できると彼らはふんだのだ。

しかし、ロス・アルトス、ノルテ、セルバにおける進歩的教会の道徳的権威は大きく、

CONAI　「仲裁全国委員会」。抗争の初期段階において、EZLNと政府の仲介役を務めていた。代表が前出の、サンクリストバル教区のサムエル・ルイス司教であった。

チュアイフェット　エミリオ・チュアイフェットはセディージョ政権の内務省長官。

それがサムエル・ルイスの道徳的権威によるものであることは否定できない。多くの村で、彼の言葉は非常に尊重されている。必ずしもそれに従うわけではないが、少なくとも耳を傾けるのだ。それは大変なことだ。また、彼の作業グループはサパティスタと同じくらい密接な村との関係をつくっていて、村のかかえるさまざまな問題、不満、軋轢、不快感といった、人びとから離れているがゆえに他の教会が気づかないことも発見することができる。教区のグループは確かに村と接していて、行き来しながら村との密接な関係を維持している。村のために活動しているんだからそれはすばらしいことだよ！

白人種の涙との別れ

Y――オフェリア・メディーナ*が言ったことは私の関心をひきました。サパティスタ運動は罪の意識から人を解放すると言うのです。

マルコス――彼女がサパティスタに近づくのは、彼女が過去について罪の意識を持っているからだという意見もある。とても〝グリンゴ化*〟した人びと、外人化した人びとは、先住民を前に懺悔しようとするかもしれない。しかしサパティスタと出会い、村はそれを求めているわけではないということに彼らは気づくのだ。謝罪を求めているのではないのだ。村にとっては罪などない。村にとっては白人もメスティーソも敵ではないし、償うべき罪もないのだ。

オフェリアは九四年から村の近くにいる。この間ずっと一緒にいたからそのことに気づいたのだ。彼女はアーティストだが、ここまでやって来て、村と共にいてくれた。そ

オフェリア オフェリア・メディーナは現代メヒコの有名な女優で、さまざまな機会にサパティスタへの連帯を表明してきた。

グリンゴ化 「グリンゴ」はメヒコで、外国人、とりわけアングロサクソン系の白人を指して、皮肉をこめて呼ぶ言い方。

して、自分が受け入れられていることに気づいたのだ。もちろん、アーティストであることはだれも知らなかった。彼女は普通の人として受け入れられ、そう……征服者のように扱われたとは感じなかった。そこで彼女は、征服者のコンプレックスはメヒコ社会にあることに気づいたのだ。彼らは白人として、インディオたちが征服のことを恨んでいると思っていた。しかし驚いたことに、そんなことはなかった！　恨みなどないようだ。

Y——とてもポジティブで、よいことですね。サパティスタがヨーロッパの連帯組織の罪意識も解放してくれるとよいのですが……

11　ポピュリズム、国家、マルクス主義

サパティスタとカルデナス

M――政治同盟のテーマに戻りますが、あなた方は歴史的運動としてのカルデナス運動についてどのような分析をしているのでしょうか、また、政治機関としてのPRDをどう見ているのでしょうか。両者は同一ではありませんよね？

マルコス――もちろんこの二者は別物だ。EZLNとカルデナス運動は、メヒコの社会運動における何かの兆候の現われなのだとわれわれは思う。つまり、カルデナス運動がカルデナスではないのと同じように、サパティスタ運動もすなわちEZLNではない。カルデナス運動とサパティスタ運動は、市民の抵抗と社会参加のためのふたつの形態なのだ。このふたつの言葉は同じ意味であり、政治・経済的意志決定過程において中心的役割を担いたいというメヒコ市民社会の希望を指しているのだ。カルデナス運動は権力を目指して闘う政治機関であるPRDを持っており、サパティスタ運動にはまた独自の論理を持つ政治・軍事機関であるEZLNがある。両者は相互に利益よりも多くの問題をもたらすだろう。PRDの人びとは、カルデナス運動とサパティスタ運動が存在しており、両者が出会うべきだと考えている。われわれの考えでは、サパティスタ運動とカルデナス運動が出会うことはない。なぜなら、両者が同じものだからだ。ふたつの名前は同じものを指しているのだ。ある人はカルデナスに共感し、別の人はEZLNに共感

するが、両者の要求も闘争の形態も同じものだ。ミチョアカンでも、チアパスでも、ティファナでも、同じ市民蜂起の現象が起こっている。それは時にはカルデナスの旗を掲げ、時にはPRDの旗を、時にはEZLNかフレンテ・サパティスタの旗を掲げるが、すべて同じ市民蜂起の現象だ。闘いの方法は重要ではなく、要求が守られることが大事なのだ。彼らはカルデナス派であると同時にサパティスタであったり、PRD支持者であると同時にサパティスタであるのだ。社会的基盤は共通しており、根元にある感情は同じだ。さて、両運動の組織が合流することには難しさがあるとわれわれは思う。PRDとEZLNの関係はきわめて難しく、軋轢、距離、不信感をともなってきた。それは特に、利用されていると感じるわれわれの側からのものだ。彼らの側にも不安がないわけではない。PRDの支持者はEZLNと接近するよう圧力をかけるが、合法政党であるPRDはわれわれと関わりすぎることを避けようとする。非暴力的な、合法闘争のイメージを守らなければならない……この関係は、とても難しいよ。

Y――支持者の要求は共通しているが、それへの政治的対応については大きな違いがあるということですか?

マルコス――そうだ。進む方向は違うが、社会基盤は共通しているのだ。いや、というよりも、メヒコ社会のあの兆候、異議申立てと反乱、抵抗というメヒコ社会の「病」ということで共通しているのだろう。それを理解できれば、サパティスタ運動もカルデナス運動も成功するだろう……

M――そのような状況はPRDが新指導部体制に入れば変わりますか? ふたつの組織の関係は変わるのでしょうか?

マルコス――変わらないと思う。というのは、州レベルや社会運動の指導者である時に

EZLNと関係を持つのと、合法政党の指導者としてそれをするのは同じことではないからだ。政党組織の活動とは人と関係をもつことだ。タバスコの石油採掘所占拠を指揮しているロペス・オブラドル*と、検事の任命に反対するロペス・オブラドルは同じ人間ではない。いろいろなことを考慮しなければならず、別の類の人びとと、権力とも直接接することになるのだ。もはや彼は一反体制派ではなく、メヒコで三番目に大きい政党の指導者であり、すべての変わりうる条件とともに彼も変化していく。明らかに、彼はポルフィリオ・ムニョス・レドよりは良いが、しかし、EZLNとPRDのより緊密な関係がもたらされるかということについて大きな期待はしていない。それは特に、政治的計画が異なっているからだ。

Y――第一ラカンドン密林宣言における「七〇年間の独裁」という表現が目をひきました。この中にはカルデナス期、すなわちラサロ・カルデナス政権（一九三四年〜一九四〇年）も含まれます。サパティスタ運動は、垂直的、国家主義的、コーポラティビズム的政治文化を鋭く批判しますが、一方でマルコスの文章や声明を読むと、時にポピュリスト的政治文化の悪習を見ることもあります。

M――「われわれの民主主義という概念の中では、得した人とは何かを約束してもらった人であり、その約束は守られなければならない」という発言が記憶にあります。体制改革についてのフォーラムの終わりの演説だったと思いますが、それがややクライアンティリズム的だとは思いませんか？

マルコス――もし私がそう言ったのなら、これはよくない……これはよくない。そう言ったとは思えないのだが。言いたかったのは、権力、この場合政府は、社会が求めているることに応えるべきだということだ。言い方を間違えたか、あるいは翻訳がまずかった

オブラドル　アンドレス・マヌエル・ロペス・オブラドルは、PRD（民主革命党）の指導者である。

のかもしれないが、物質的約束について言っているのではない。そうではなくて、誰が権力にいるかにかかわらず、社会の求めるところに従うべきである。社会の後押しで権力についたのだから、社会の側を向いて説明しなければならない。社会に従いながら統治するべきなのだと。それが言いたかったことであり、道路建設を約束したならそれをやらなくてはならないと言ったのではない。それではある種のクライアント主義的発想になってしまうだろうから。

今の話がその例であったのではないが、とにかく、EZLNは特に選挙の問題、選挙民主主義についての評価を明確にできないでいる。これが、戦争のあとわれわれが現実と出会って以来の曖昧さと即興性の結果なのだ。

一九九五年十月の「チアパスの地方」選挙の時は、各地域の委員会がやること、やらないことを決定した。一部の委員会は棄権し、他の委員会は投票することにした。選挙後、PRDは候補者の敗北の責任をわれわれに押し付けた。私が棄権を命令したのだから、私の責任だと言うんだ！　そんなわけはない。もしわれわれがそのような指示を出していたら、どこでもおなじ結果がでていただろう。PRDは行政区知事選も議員選も勝てず、PRIが全面的に勝利していただろう。しかし、アルタミラノの委員会は投票をすることにしたからそこではPRDが勝ったし、オコシンゴの委員会はPRDと合意に達し、選挙は中止された。ロス・アルトスでは慣例・習慣にしたがうことになり、寄り合いで決めた。ノルテでは宣戦布告なき戦争の現実に抗議の意志を表明するため棄権を決める。何をすればよいのかわからなかったことから、それぞれで決めてくれということで各委員会の自主性に任せ、そこで決定されたのだ。とにかく、われわれにとってもこれは難しい問題で、いろいろと妙なことをやると思うよ。

Y——関係の難しさは、ラテンアメリカの他地域が相手でも同様なのでしょうか? 例えば、つい最近サンパウロ・グループ*の会議がエルサルバドルで開かれましたが、そのサパティスタとの関係もなかなかはっきりしません。ラテンアメリカには、サパティスタに批判されていると感じ、サパティスタに共通点を見出していないポピュリスト的文化の流れがありますが、彼らも自分たちのためのある種の若返り薬としてサパティスタの気をひきたいようです……

マルコス——われわれに似せるということか。われわれはそれを死体に血を入れるようなものだと言うんだけどね!

Y——しかし、時には死ぬことだってありますよ……

マルコス——満足に!

Y——…友人に息を止められながら…

マルコス——満足して死ぬことだってあるし、さみしく死ぬことだってある。そう仲間たちが言ってるよ!

サンパウロ・グループ ラテンアメリカの主な左翼・中道左派政党は、ソ連崩壊後の一九九〇年代の一時期、「サンパウロ・フォーラム」を開いて、直面する問題について討議した。それらは、メヒコのPRDのように、しばしばポピュリズム的要素と社会主義的要素を合わせもっていた。サパティスタが大陸間会議を組織していたのと同時期の一九九六年七~八月に、エルサルバドルでフォーラムを開催していた。

グローバル化した世界において国家とは何か

Y——これまでまだ触れていない重要なテーマがあります。「国家」です。あなた方は、ある意味でメヒコ国家の枠外にあるような場所にいます。この地域のメヒコ革命への参画は遅れ、むしろ反革命の方向に動きました。ここでは、いくつかの限られた階層以外においてはサパタも英雄ではありませんでした。その上、ここはマヤの地であり、ここの村落共同体はあまりメヒコ性にも参加していません。そこにあなたはメヒコの歴史を教えるためにやってきた。ここには、メヒコに対してある種の外部性があります。こうした外部性を抱えながら、メヒコ革命の継続であろうとするような運動がどうして可能になるのですか？

マルコス――逆説的だが、最初の橋渡し役となった政治的先住民たちにしても、村の役職者たちの多くにしても、政治的には中央アメリカ（中米）の側ではなく、中央、メヒコのほうを向いていた。われわれが一緒に活動を始めた先住民はメヒコの側を向いていて、中米を向いてはいなかったのだ。われわれはそんな状況に出会った。マヤ人だから、場所と運動との関連で、おなじマヤ人とのほうがわかりあえたのかもしれない。これは、北部のチョルとツォツィルの話だ。彼らはしばしば、数年間をタバスコ州で農業労働者として、時にはPEMEX［メヒコ石油公社］で働くことすらあるから、異なった政治文化を持っていた。ロス・アルトスの人びとは土地を持っていないから借りなければならない。彼らは収穫の一部を支払い、残りを自分のものとするのだ。ここの人びとは村を離れることに慣れていた。そして、もっとも隔絶された場所であるセルバの人びとにはすでにキプティックという組織があり、連邦軍による強制排除計画という問題をかかえていた。この問題は中米とのものではなく、中央政府との問題だった。中央政府はラカンドン密林の接収を発令しており、それから防衛する必要があったのだ。

われわれがここに来た時、先住民民衆はメヒコ国家という概念を非常に受け入れやすい状況にいた……

Y――北部からやってきたメスティソであるあなた方との間に衝突はおこらなかったのですか？　橋渡し役となったグループのことはすでに話してくださいましたが……

マルコス――われわれは都市または北部から来たのではなく、山から村に現れたのだということを忘れてはならない。そして、それが物事をやりやすくしたのだ。

Y――今でもあなたがたは国の革命を目指すのですか？　「メヒコ人」にあいさつするあのカルロス・フエンテスへの手紙を同じように署名するでしょうか？　それはとてもナショナリスト的な言い方です。あなた方が国を担っているとでも考えているのですか？

マルコス――むしろそれは、グローバリゼーションの過程でその概念の意味を再検討しなければならなくなってきていることの表れだと思う。われわれはある逆説に直面している。生き残るために、国家はグローバル化しなければならない。つまり、国家ではなくなるということだ。それは文化的アイデンティティの喪失と巨大な社会的コストをともなっている。この過程の中で国家は歴史の再検討を迫られており、グローバル化した世界のなかでメヒコが崩壊していってしまうのではないかという人びとの心配がサパティスタ運動に表れているのだ。それは文化的問題であるだけでなく、社会的、政治的問題でもある。国が消滅してしまう危険、国家が、対立しあうたくさんのかけらのひとつになってしまう危険が存在しているのだ。われわれメヒコ人は歴史的に国家という概念について敏感だ。その概念をグローバリゼーションはすり減らしてきた。英雄たちは博物館と学校にいるだけで、学校で教えられている国の歴史はまったくばかばかしいものだった。

M――サパティスタ文書を読むと、国家や祖国といった概念は戦略的意味をもっているように思えます。もはや以前のように労働者階級を中心として社会運動が団結するということができなくなった断片化しつつある世界において、国家というものがさまざまな闘いを結び付けるための旗印の役割を果たしているように思うのです。抵抗の空間としての国家、この手の表現がたくさんあります……

マルコス――そうだな。この先住民運動は、ただ先住民の運動であるだけであることをやめたい、先住民運動であることに限定されてしまうことを避けたい、そのような先住民運動であることを忘れてはならない。つまり、大多数を先住民が占める運動であることを誇りに思っているのだが、そうではなくなることも望んでいるのだ。だから、国家という概念は彼らが自らの地平をきりひらいていく手段であり、国全体に及ぶこと、成長していくための手段なのだ。それはサパティスタにとって基本的なことだ。このようなことこそを、メヒコ市の一労働者やベラクルスの港の労働者、ティファナをこえていく不法移民やユカタンの先住民、カンクンの観光労働者、メヒコ市の美容院の労働者などが共有しているのだ……これはわれわれに手紙を書いてきてくれた、実在の人びとの話だよ。何が彼らをここで出会わせたのだろう？　橋か、あるいは共通点のようなものだ。国についての提案の希望の中に自分たちも含んでほしいと、彼らは求めているのだ。「かわいそうなインディオたち。権利を持っているのに」と言っているのではない。「われわれも入れてくれ。われわれも国の一部となって、国という概念を作りたいのだ。あなた方の言う国には私たちの場もあると言うのなら、私たちも入れてくれ。支持者としてではなく、建設者として入れてくれ」と彼らは言っているのだ。このサパティスタの提案こそが、さまざまな階層の人びとを集めているのだ。すべてはわれわれを先住民的なるもののところへ持っていってしまう。だから、サパティスタは国家について繰り返し強調し続けなければならないのだ……

サパティスタ運動とマルクス主義

M――国家とか人類といった概念からして、オーソドックスなマルクス主義からはかなり離れていますね……

マルコス――そうだな、それはずっと以前、マルクス・レーニン主義的大学文化を先住民文化に翻訳していく過程の中で生まれ始めたものだ。それは翻訳というよりも変換だった。詩を訳する者は実は詩人なのだとどこかで読んだが、われわれの場合、本当にサパティスタ運動を作ったのは翻訳をした者たちだ。マリオ少佐、モイセス少佐、アナ・マリア少佐など、方言に訳した者たちがサパティスタの理論家なのだ。タチョ、ダビッド、セベデオ……世界の新しいとらえ方を彼らが創り出したのだ。

Y――ラファエル・ギジェンという人物*に哲学を教えた教員は、マルコスにはマルクス主義的なもの、少なくともアルチュセール的マルクス主義のかけらも残っておらず、まったく革命的でないと言っています。それについて、マルコスはどう考えますか？

マルコス――たしかにマルコスはもうマルクス主義者ではないかもしれないが、しかし、それは果たして悪いことなのだろうか。非難したり、あるいは認めたりしなければならないことなのだろうか。偶像としてのマルコスはこれまでのところ、村のための道具として仕え、問題を認識し、九四年の戦争が行き着いたところであるこの複雑な旅をなんとか切り抜けていくために役に立ってきたと私は思う。マルコスについて問われているのは、マルコスが道具であり続けることができるのか、それはいつまでなのか、それと

ラファエル・ギジェン　メヒコ政府は、サパティスタの武装蜂起後まもなく、覆面をした謎の副司令官マルコスは、実在のこの人物であると特定して、発表した。

ももう死すべき時が近づいているのかということだ。肉体的に死ぬということではなく、偶像としてのマルコスがだ。
しかし、問いに戻って、マルコスではなく左翼思想自体が変化してきていると思う。マルクス主義者であることが罪であるというのではないが、革命的左翼であるということが、運動に身をおき、常に革新し続けることであるとすれば、サパティスタ運動は革命的で偽りのないものだ。マルクス主義なのか反マルクス主義なのか、修正主義、あるいはカスタニェーダの言うように改良主義なのか、なんと呼んでいいのかはわからないが。

Y——カスタニェーダは「武装した改良主義」と呼んでいますね。

マルコス——あれはおかしかったね。「武装解除されたユートピア」*を出したら、「えっ!」、EZLNが出現した。後書きを書いて、「彼らは武装改良主義者である」とした。そしたら「えっ!」、EPRが現れた。「われわれは革命的だ。権力を求め、武装している」と。これはすべてカスタニェーダの本が売れないようにする悪宣伝だから、訴訟を起こすべきだよ。でなければ説明できないだろう?

孤独の砂漠からみたベルリンの壁崩壊とキューバ

M——そのような思想的変化の過程の中で、ベルリンの壁の崩壊はどのような意味を持ちましたか? その知らせを受けた時のあなた方の反応はどのようなものでしたか? また、マルコス個人としてはどうでしたか?

武装解除されたユートピア　メヒコの政治学者、ホルヘ・カスタニェーダは、サパティスタが武装蜂起する一年前の一九九三年、『武装解除されたユートピア』と題する書物を刊行した。それは、現代世界に大きな影響力を与えてきたキューバ革命が孤立し、またラテンアメリカ各地の武装した革命運動が敗退した過程をたどる内容のものであったが、カスタニェーダは書物の表題に、それを解釈する彼の立場を込めたのだった。(訳注)

マルコス――ベルリンの壁の崩壊はわれわれにとって、完全な砂漠を意味した。それは、山中でのきわめて孤独な時期のことだ。そのような中でわれわれは、一つの世界のとらえ方を、その受益者であるはずの人びとの批判にさらすことなく押し付けることを疑わざるをえなかった。ベルリンの壁のみならず、社会主義圏の崩壊においてわれわれに衝撃を与えたのは、社会主義によって解放されていたはずの人びとが崩壊を歓迎していたことだった。その時、人びとは社会主義から解放されたのだ。それは深刻な問いを発していた。遠く離れたところのことであり、ただ、マスコミのように「大失敗であり、人びとは抑圧されていた」という簡単な説明だけで片づけてしまえる問題ではなかった。

そこには解決していない何かがあった。確かに社会主義諸国は冷戦期にさまざまな攻撃を受けていたが、しかし、人びとが自らの財産とでも言うべきそれを守ろうとしなかったことは注目を引いた。それはわれわれにとって、ある経済体制を武器の力で押しつけることはできないということを示していた。

しかし、より深刻な問いは、ベルリンの壁崩壊の後に何が続くのか、つまり、壁の崩壊はどのような別の壁を築いていくのか、ということだった。新自由主義という段階にある世界資本主義の作る壁だ。一極化した世界、グローバル化した世界において、資本と商品にとって国境は消滅し、そして人間にとっての国境は増殖して、ユーゴスラビアにおけるような醜悪で悲劇的な事態を作り出すまでにいたっている。二〇世紀末の民族戦争では、血が人の生命を決めてしまうのだ。あまりにもばかげた話だ……

その世界はある虚構の上に築かれていた。しかし、だからといってその提案が世界的思想として失敗したということにはならない。私が言っているのは左翼の思想のことだ。ベルリンの壁とともに、左翼による政治体制についての提案のひとつが崩壊した。壁、社会主義圏は左翼からも厳しい批判を受けていたこと、右翼だけでなく左翼からも批判され、たくさんのことが変わらなければならないと言われていたことを忘れてはならない。だが、社会主義圏はあらゆる批判は敵に利するものであるとして一切の批判を拒絶した。批判は即座に、裏切り者、反動的、修正主義などとして分類された。そのため、さまざまな過ちがふくらんでゆき、ついには内部から朽ち果てていったのだ。

われわれにとっての教訓は、あらゆる政治体制の維持のためには、社会がそれを支持していること、社会の側を向くことが必要だということだった。そしてまた、批判をもっと広く受け入れるべきだった。批判する人がいてもその人は必ずしも敵なのではない。しかしそれこそ左翼が自然にたどり着いてしまう論理だ。「私を批判するのは君が革命的でないからだ。君が反動的であるか、無知なのだ。前衛の役割を理解していないな」と。ベルリンの壁の崩壊は、そんな言い方すべてに疑問を投げかけた。しかし、もっとも辛いのは孤独の感情だった。突如、われわれを助けたり支えたりするものはなくなった。倫理的にすらだ。以前われわれは、われわれが目標として闘っている世界は存在しており、現実のものであると思っていた。しかし、突如そうではなくなり、それは殲滅されてしまったのだ……

Y——キューバはどうですか？

マルコス——キューバはまた別の話だ。ＥＺＬＮに対しては、キューバの姿勢はラテンアメリカの民族解放運動の姿勢と変わらない。しかも、キューバは制度化された政府であり、メヒコとの関係をとても気遣っているから、メヒコの民族解放運動を支援するわけにはいかず、具体的にわれわれを支援することはできない。ここでもまた、メヒコの役割はキューバ革命を支援することでしかないのだ。ただし、これは人によるのだが、多くの仲間たちにとってキューバは、以前も今も孤独な尊厳の島であり続けている。さまざまな問題をかかえているとはいえ、政府は大多数のキューバ人の支持を受けている。キューバ社会が必要としている変革は、内部の闘いによりキューバの中から生まれてくるべきなのだ。

サパティスタはキューバを尊敬するが、模倣はしない。われわれはキューバ革命、あるいはキューバ、キューバの政治体制の熱狂的支持者ではないが、他方、あそこで実際に何が起こっているのかをよく知らないということも言っておくべきだろう。だから、われわれはキューバを支持するともしないとも言えないのだ。マスコミはキューバがサパティスタを支援しているとも、あるいは「グサノス*」――もうグサノと言うことはできないんだな――、キューバの反体制派がサパティスタを支援しているとも言うだろう。マスコミによる恣意的な情報コントロールを受けながら、公にこのテーマについて語るのは難しい。

M――単一政党制、自由な労働組合の不在……それらは原理原則に関わる問題ではありませんか？　キューバ革命は別物でありえたかもしれませんが、今日のキューバの体制は、民主主義、複数主義、社会運動などについてあなたが主張することとはまったく矛盾するものです……

マルコス――当然だ。すべての権力はわれわれの主張と矛盾する。サパティスタの期待にこたえられる国は世界中にひとつもない。ひとつもだ。しかし、この問題について仲間たちは、戦争という現実のもとでとにかく距離を取るしかないとしてきた。われわれについて彼らがとるのと同じ距離だ。彼らはわれわれのことを良くも悪くも言わないから、われわれも彼らについては語らないのだ。お互いに社会主義者的距離を保って見合

グサノス　キューバ政府は、反体制派、とりわけ外国に亡命した人びとを、軽蔑の意味も込めて「グサノス」(蛆虫ども)と呼んできた。

い、それだけだ、とでも言おうかな。

M――社会主義と呼ばれていた体制の崩壊のテーマに戻りますが、今それをどう分析していますか？　それは敗北だったのでしょうか、それとも解放でしょうか？　社会主義圏の崩壊がなくともサパティスタ運動は生まれていたでしょうか？

マルコス――わからない。われわれは軍事的な意味においてそれを敗北と見ている。戦争として、政治的争いとしてそれは敗北だったのだ。ふたつの大勢力が対決し、片方が敗北した。なぜか？　それは当然、一方がより強力だったからだ。しかし、なぜ社会主義圏がそれに対抗できなかったのかということは分析しておく必要がある。それが敗北であったことの証しは、社会主義圏崩壊の後に続いたのが世界的な民主的運動の始まりではなく、右派勢力の成長であったことだ。ソビエト連邦崩壊の後に現れたのは民主的で開かれた権力ではなくエリツィンだった。そして、即座にチェチェンで戦争が始まった。崩壊の後に続いたのはさらなる戦争と分裂であり、開かれた、複数主義的なよりよき世界ではなかった。崩壊した体制がよいものであったという意味ではないが、その崩壊はなにも改善しなかった。その上、世界中の左翼は後悔に打ちひしがれるか、あるいは冷笑主義、右翼への転向といった崩壊の道をたどっていった……

疑いの余地はない。左翼にとってそれは、政治的、軍事的、社会的、文化的な敗北であり、そして特に、倫理的敗北であったのだ。

Y――しかし、二大勢力圏がぶつかり合う中では、ネオ・サパティスタ運動は生まれることはできなかったのではないでしょうか？　そのような状況下で何か新しいものを創造することはできたのでしょうか？

マルコス――無理だ。無理だっただろうと思う。そのような状況ではサパティスタ運動は生まれなかっただろう。伝統的ゲリラの道を続けて失敗するか、あるいは、最適の時を待って山にこもり続けただろう。しかし確かに、それが起こらなければ、サパティスタ運動もマルコスも、何も生まれていなかっただろう。これはさらなる悲しむべきことだよ。社会主義者の奴等め！　ラ・レアリダで、雨と泥と蚊に耐えながらこんなことを話すことになんてならなかっただろうに……

マルクス・レーニン主義はサパティスタ運動にとけうるか

Y――サパティスタ運動は、思弁的方法ではなく行動によってさまざまな枠組みを崩してきました。そしてその証の一つが、ここの図書室に置かれていく本だと思うのです。毛沢東やエンベル・ホッジャの全集があり……人びとはそれをそこに置き、荷を下ろしたかのように軽くなって、新たな人生に向けて出て行きます！

マルコス――グアダルーペ・テペヤックの図書室はここより大きくて、マルクス・レーニン主義の本がもっとそろっていた。人びとは、いらなくなった本をすべてあそこに送ってきたのだ。エンゲルス、マルクス、レーニン、毛沢東、カストロなどなんでもあり、小説、詩、演劇の本などはほとんど無かった……*

Y――サパティスタについての本もあまりありませんね。

マルコス――もっていかれちゃうんだよ！　図書室の係の女の子たちに冗談で言ったんだ。「おいおい、軍隊がここまできたら何と言うかね」と。本棚は一杯で、しかも古本ばかり、二〇年前のものもあった。人びとはここで厄介払いしていくのだ。まだ送られ

詩の本　日本の連帯委員会は、サパティスタの「想像力」は宮澤賢治の世界に親しむかもしれないと考え、「銀河鉄道の夜」「風の又三郎」「セロひきのゴーシュ」などが収められた賢治作品集のスペイン語版（ルナ・ブックス発行、現代企画室発売）などをグアダルーペ・テペヤックの図書室に寄贈していた。政府軍がここを攻撃したために、それらは散逸したのであろう。その後もいくつものスペイン語文献を寄贈しているが、サパティスタの根拠地は散在しており、動き回る場所を限定されているマルコスらの目に触れたものがあるかどうかはわからない。（訳注）

てくるよ。

Y——軍諜報はあなた方を「アルバニア人」だと言うかもしれませんね！

マルコス——少なくとも、ひどく混乱するだろうね。われわれがトロツキストなのか、毛沢東主義者なのか、カストロ主義者、ゲバラ主義者、あるいは「アルバニアの首都」ティラナのスターリニストなのかわからないんだから……われわれは同志指導者、金日成の全集さえ持っていたよ……

12 シンボルと情報の戦争

Y——サパティスタ運動とは、紙とインターネットの戦争であると外相が言ったことがありました。

マルコス——ああ、グリア外相、メヒコ政府の対外営業員だな。

Y——しかし事実、コミュニケーションは重要です。コミュニケーション、映像、シンボル、だからこそこの戦争はポストモダンの戦争だと言われてきたのです。このことは、この戦争が弾丸の戦争ではなく、言葉の戦争であることとも関わってきます。これについて、どう考えていますか？

ポストモダンの戦争？

マルコス——メヒコ政府はその戦争で負けるのだ。やりたいのは弾丸の戦争の方で、それならば勝てるが、そうでなければ負けてしまう。

ＥＺＬＮが出現し、サパティスタ運動が形成されていく過程で、先住民側はシンボルの使い方を提供し、都市の政治・軍事組織は歴史的シンボルの利用法を提供した。そのため、ＥＺＬＮは出現すると同時に、メヒコ体制から国の歴史上の象徴を奪い取る必要があった。象徴物はすべて利用されていて、メヒコの歴史的象徴物は特にそうだった。そのようななかでは、闘い、自分のための空間を獲得しなければならないのだ。メヒコ国家は歴史的象徴物について独自の利用法をもっており、それを奪い取る必要があった。

たとえばサパタだ。メヒコの大統領はそれぞれ国の歴史的英雄を一人選ぶ。逆説的だが、憲法二七条に死を宣告することになるサリナスはエミリアーノ・サパタを選んでいた。

Y——エミリアーノという名の息子もいますね……

マルコス——そうだ。それに、彼の飛行機もエミリアーノ・サパタという名前だった……サパタの歴史的イメージをめぐって最初の争いがあり、そこで生まれた最初の出会いにより、EZLNは自らの政治的な言葉遣いを再検討していく。新しい言葉遣いを創りだすのではなく、言葉と、そして特に、政治における歴史に新しい意味を与えるのだ。このために、われわれは過去にさかのぼり、先住民の伝統文化や過去の人物から昔の考え方を掘り出し、それを新しいものと対置させる中からサパティスタの新しい言葉遣いを創りだしてきたのだ。このポストモダンの言説は、逆説的にも歴史的前近代性を糧とした言説だ。この言説は闘争のための独自の空間、マスコミにおける空間、シンボルにおける空間を探し求め、手当たり次第に空間を占有していった。それは新しい、目新しい空間で、あまりにも新しいためゲリラがそれにたどり着くとは誰も考えたことのないようなものだった。情報スーパーハイウェイ、インターネットだ。そこはどんな力によっても占有されていない空間だった。その目的は、グローバル化した世界におけるコンピューターと衛星を通じた資本の移動という商業的なものとされている。そしていずれにせよ、人間的側面が生まれようとしている。人は、インターネットを通じて大学や博物館に行ったりすることができる。オフィスからモデムを通じてつながることができるのだ。

われわれの情報をインターネットで流してくれた人がいて、サパティスタ運動は誰も考えたことのないような空間に現われた。メヒコの政治システムは情報やニュースの発信を操作し、買収や脅迫、暗殺などを通じてジャーナリストに対する操作を行ってメディアを利用することで国際的評価・名声を獲得してきた。この国ではかなりの頻度でジャーナリストが暗殺されている。このような情報が、規制できない、有効で迅速な手段で広められたことは痛い一撃となった。グリアが苛立つのは、情報は世界中に広められてしまい、メヒコからではコントロールできないイメージと闘わなければならないからなのだ。

今ではサパティスタはゲリラであるよりもコンピューター世界のインターネット屋だなどとまで言われているようだが、EZLNの新しさは衛星通信の世界に入ったことではない。政治的言説を再検討することがEZLNの新しさであり、それは逆説的だが、過去に目を向ける言説なのだ。

これは明らかに、こんなにも言葉をめちゃくちゃにし、堕落させてきた政治システムの疲弊と関係している。国、祖国、自由、民主主義、正義といったコンセプトを再び手にしてEZLNは闘争の伝統、文化的伝統と接触し、シンボルを駆使して幅広い社会的階層に入り込んでいくことに成功した。高度な知識人からまったく普通の人まで、果ては文字の読めない人までメッセージは届いていた。言ってみれば、サパティスタは政治的言説への扉を叩いた。そして、その扉は開いており、扉を通してたくさんの場所に行けるからそこに入っていく……EZLN、サパティスタは思想から生まれたのではなく、体系的思想の不在の前に、即興的に自らの政治的枠組みを築いていく必要があることを理解したのだ。そこで、EZLNメンバーの一部には気に入らぬことだったが、一九九四年以前に発生していたこのモロトフ・カクテルは教条的言説をサパティスタの中でとかしてしまう。気がつくと、サパティスタは戦闘をしている軍隊でもなければ、サパティスタとしての言説を持ってもいなかった。だから、その場で作り上げてしまわなければならなかったのだ。そしてそれを先住民文化と都市文化両方の寄与をもってつくりあげ、それがうまくいったためさらにその過程は進行した。サパティスタの言説はそれが聞かれていることがわかっている。自分の作品が読まれていることを知っている作家のようなものだ。そのことがより自由に言説を作っていく可能性を与えるのだ。

ただ、このことは、サパティスタの言説の矛盾や誤りの原因ともなっているだろう。特に、マスコミへの発表は難しい。文書のもつ距離や落ち着きがないから、インタビューや記者会見では人はより多くの失敗を犯す。これらの過ちや行過ぎもまた即興の結果であり、これにより問題も起こった。

Y——どんなものですか？

マルコス——例えば、われわれがよく左翼一般に対して行う批判だ。それはすぐ修正してニュアンスをはっきりさせなければならなくなる。政治においては微妙なニュアンスが重要で、一般化するのは危険だ。サパティスタは粗野で性急なうえに不器用で、よい人とそうでもない人を区別せずに一緒の袋に入れてしまう。そんなことが、たとえばPRDやカルデナス運動、その他の社会勢力への評価において起こってきた。

サパティスタは慎重さに欠け、政治的配慮なしに、考えていることをそのまま率直に言ってしまう癖がある。われわれはしばしば、外交辞令と、本質的に政治的な関係の言葉を混同してしまうのだ。外交辞令には興味はないし、御行儀のよい、右翼にとって心地よい左翼になろうとする気はない。しかし、批判がしかるべきところに向い、誤った人を批判してしまわぬようには気をつけるべきだろう。例えば、PRDとの対立はつねにPRD指導部との対立であったのに、われわれはそれを明確にしなかった。PRDの支持基盤の多くがサパティスタと連帯し、協働していたにもかかわらず、われわれは組織としてのPRDを批判していたのだ。そのため、われわれを支援していた人びとに、突如、われわれに批判されたように感じさせてしまった。

Y――それが非形式的な表現の持つ危険性ではありませんか？　形式的表現はそのような失敗を避けるわけですから……

マルコス――そうだ。形式主義は失敗を回避するのだ。サパティスタの言説はとても丸く、それが転回を可能にしてきたのだが、失敗も招いてきた。

そして時の流れとともに、この言説はさらにたくさんの要素を取り込んでいった。全国民主会議（CND）の時のサパティスタの言説は、九四年一月、二月、大聖堂での対話におけるサパティスタの言説とはすでにして違うものだし、九五年の裏切り*の後にはさらに変わっていった。その後の国内・国際意見投票や、手紙や平和キャンプに来る人びとを介した世界中の人との交流のなかで、サパティスタの言説はどんどん変わってゆく。言説はどんどん密度の濃いものとなっていき、コントロール不能になっていく。それは、まるで言説の後ろにそれを引っ張っていく独自の論理を持っているかのごとくだ。

ヨーロッパでの会議をベルリンで開催してはどうかと提案する手紙をヨーロッパの委員会に送った時、その内容が問題になったことがある。

過去を清算するため［ベルリンの］壁に行くべきであると説明していて、追伸でこう書いたんだ。「ドゥリートがヨーロッパに行く。彼は鰯の缶詰に乗って私に一緒に行ってほしいと言うが、私は断る。女性の湿気以外のあらゆる湿気は私を船酔いさせるからだ」と。もちろん、ヨーロッパのフェミニスト運動は大騒ぎだよ。呼びかけにおける政治的提案がよくないなどとは誰も言っていなかったから――第一ラ・レアリダ宣言だっ

裏切り　和平に向けた会議が何度か積み重ねられていた後の一九九五年二月、メヒコ政府はサパティスタの軍事的な殲滅を狙って、大攻勢をかけた。

た——、驚いた。すべての批判は女性の湿気について集中し、私が非常に性差別主義者であると批判していた。

私は話すのと同じように書いてよいと思っていたのだが、向こうの人はすべてに敬意をはらった言説をもっているんだな。

九四年の全国民主会議（CND）の時、ドニャ・ロサリオと一緒に記者会見をしたのだが、そこで、CNDの呼びかけは排他的でなかったかという質問がでた。そこで私は、「そんなわけはない、売春婦の子以外みんなが招待されている」と答えた。ドニャ・ロサリオが私に耳打ちして、「それは訂正しなさい。フェミニストたちが怒るよ……」と言ったが、私は「いや、べつに大統領になるための選挙運動をしているわけでもないし……気に入らなければ私に投票しなくなるだけだ。どうでもいいよ……」と答えた。

結局、サパティスタの言説は寛容と包容を強く主張しており、それはサパティスタの普遍的言説の核心部分でもあるから、発言がこれらの概念と合致していなければならないのだ。排他的であったり非寛容的な部分は強い批判を受けることになる。

M——マルコスの「追伸*」も創造された言説のひとつであり、それは明確な役割を持っています。委員会は内容に反対したり、おかしなところを批判したりはしないのですか？

マルコス——もちろんするよ。記憶が正しければ、大聖堂での対話の後に書いた追伸で、ひとつ問題になったものがあった。「覆面を取ったらいくら？ 腰の下の人相書き半分ならいくら？」という追伸だ。これには委員会の仲間たちが気を悪くした。覆面はサパティスタのシンボルとなったのだから、こんな言い方をしてはだめだと……われわれにとって当初シンボルはパリアカテ*であり、覆面には実用的な目的しかなかった。私は呼

追伸　マルコスが執筆する文書には、しばしば「追伸」が付け加えられて、本文とは異なる語り口が見られる場合もある。詳しくは前掲『もう、たくさんだ！』を参照。（訳注）

パリアカテ　バンダナのような布で、サパティスタはそれを、たとえばカメラの前で顔を隠すために用いる。

び出され、叱責された。「パリアカテではなく覆面がサパティスタのシンボルになってきたのに、おまえは気がついていないんだ。それをそんなかたちでおとしめてはだめだ。自分自身をからかっているつもりだろうが、そうすることでおまえはサパティスタのシンボルをからかっていることになるんだぞ。そんなことをしてはだめだ」と。

N——マルコスは頻繁にゲイやレズビアン運動に触れますが、それはどのように受け止められているのですか?

マルコス——逆説的だが、先住民共同体ではゲイが迫害されることはない。冗談を言ったりからかったりはするが、排除されたり追われたりすることはないのだ。その上、ゲイ運動、特にメヒコのゲイ運動が早い段階から援助を送ってくれていたということを人びとは知っていた。ゲイ運動がどんなものであるか説明を受けた時、彼らは性的な部分に関する説明ではなく、彼らが受けている社会的扱いに注目した。「あるがままであるために身を隠さなければならないんだ。われわれと同じだ。われわれもサパティスタであるがゆえに身を隠さなければならなかった」と。

さて、決定的な「追伸」はサン・フランシスコのあるジャーナリストに書いた冗談だ。私はサン・フランシスコに住んでいたことがあり、その時ゲイ・レストランで働いていたのだが、オーナーに言い寄られたのに拒絶したから追い出されてしまったと書いたのだ。しかし彼女(記者)は私がゲイだから首にされたと書いてしまった。メヒコ人のエゴへの大ショックだよ! セックス・シンボルがホモセクシャルだなんて! しかも、ビジャとサパタの伝統がありながら、ゲリラのリーダーがゲイだなんて! また、われわれに、「いや、おれたちはマッチョだよ」と言わせようとした者もいた。その時マルコスが、われわれはゲイであるだけでなく、ニグロであり、ユダヤであり、何々何々でありというあの追伸を書くんだ。結局、こういうことだ。「マルコスはこの運動において何を意味するのか？」。仲間たちは非常によくわかっていて、自分たちがゲイ運動に非常に近い存在であることを感じた。それはいわば、周縁化され、排除された自分たちの姿が映し出された鏡だったのだ。

心に語りかける

M――サパティスタの言説、というよりはマルコスやドゥリートの物語*は、古い左翼の言説を解体していくために重要な役割を果たしました。それは、形式主義を破壊する意図的な行為だったのですか？

マルコス――山の中にいた時代、われわれは国内情勢についての政治的分析をどのようにしたら別の文化が理解できるよう説明するかという課題をかかえていた。生産様式、階級闘争、プロレタリアート独裁、権力ブロックといったことをわかるように説明しなければならなかった……読み書きができないことが問題なのではなく、この文化がいかにすべてをシンボルを通して吸収しているかということだった。教条主義的あるいは軍事主義的にやらずしては、宗教理論ではなくマルクス・レーニン主義理論を暗記するよう叩き込むことは不可能だった。橋渡しをし、シンボルを取り込む必要があった。そして、それが言説を転換させたのだ。それにはあとになってから気がついた。図式的説明はあった。政治・軍事組織の作りがちな図式だ。「よい者と悪い者がいる。われわれがよい者で、その他は悪者だ」と。しかしこの言説が村に届いた時、それはすでに変化して

ドゥリートの物語　マルコス副司令『ラカンドン密林のドン・ドゥリート——カブト虫が語るサパティスタの寓話』（小林致広編訳、現代企画室、二〇〇四年）を参照。左に掲げたカブト虫のドゥリート（ゲリラ名にして遍歴の騎士名）が、新自由主義に対する断固たる抵抗の意思を表現する。

ラカンドン密林のドン・ドゥリート
カブト虫が語るサパティスタの寓話
マルコス副司令一著
これは政治文書か、文学か、寓話か。
はたまた、密林でやるべきことのないゲリラの、
スキャンダラスなお遊びか。

いた。語り方が変わっただけではない。象徴物によってさらなる要素がつけたされ、新たな言説に転化していたのだ。九四年、われわれは同じ方法を逆方向に利用して、話し始めた。アントニオ老はマルコスのために先住民世界を翻訳していたが、マルコスは外部世界へと発信するためにそのやり方を利用したのだ。

ドゥリートについては、手紙を書いてきた十歳の女の子への返信に書いた物語からすべてが始まった。それは、われわれが八人か一〇人程度の孤独なゲリラだった時代の、カブト虫の物語だった。手紙が公表され、好評を博す……［政府軍が仕掛けてきた一九九五年］二月の攻撃により、われわれは以前にいた場所に退却せざるをえなくなり、そこで再びカブト虫を見つけた。このあたりにもいるものだが、ただ、ドゥリートの奴は少し大き目で、角が一本あり、サイみたいだった……そこで私はドゥリートを使い、心に届くメッセージを伝えようとしたのだ。われわれの求めていることと考えていることを、同じ過ちを繰り返すことなく伝えるための方法を探さなくてはならなかった。ドゥリートは、アントニオ老や物語に出てくるサパティスタのこどもたちと同じように偶像だった。それがわれわれのおかれている状況をよく説明し、理解するよりも先に心で感じることを可能としたのだ。われわれには売るものなどなにもないから人びとの財布にうったえることはできなかったし、すでにある分析に新たに加えるものもなかったから、頭に訴えることもできなかった。しかし、心に訴えかけることはできた。それは最も忘れ去られた部分だった。感情に訴えるのではない。感情的、非政治的、非理論的あるいは反理論的言説を創ろうということではなく、われわれは理論を人間的領域、生きている世界まで持ってきて、人びとが生きているものを共有できるようにしたかったのだ。それはまたわれわれの過去、ドゥリートが常に疑いを投げかける、すべてを説明することのできた図式的過去をからからものでもあった。都市からきた学生マルコスの形式主義を風刺し、からかう。いかに解体され、まったく新たな現実といかに対峙し、敗北したのか。ドゥリートはサパティスタを健全化し、カメラマンや、反射版、セックス・アピールにかこまれた雲の上から降ろす役割を果たした……われわれを現実に引き戻したのだ。

Y――「英雄的ゲリラ」への批判ですね……

マルコス――そうだ。ドゥリートは私が転んだとか、丘を登ろうとしてへたってしまったことをばらし、アントニオ老はわれわれの山中での活動を笑う。このようなからかいが、われわれは英雄でもなければスーパーマンでもないことを明らかにするのだ。それが、ドゥリートのやっていることだ。人びとがサパティスタについて言うことをサパティスタが信じてしまわないようにすること。というのも、われわれを偉大な英雄だと言って模範にしようなんてする人もいるんだ……だから、サパティスタはまったく普通の人間であり、今、偶然こうしているけれども、なにも特別な人間ではないということをつねに思い起こしている必要があるのだ。

13　マルコスは消滅すべきである

「これからどうするのか」――モイセス少佐

Y――今後はどうするのでしょう。覆面をとるのもひとつの可能性ですし、このまま続けること、それから、武力闘争に戻るという可能性もあります。他にもありますか？

モイセス――……覆面は大した問題ではないと思うよ。むしろ、覆面は平和的闘いのほうにいくんじゃないかな。

Y――武器をおくかどうかという意味ではどうでしょうか。

モイセス――……武器か。仲間たちが言うように、それは私らがやることがなにもなくなる時まで残るだろう。健康、住居、教育、仕事、土地を手にするまで、武器は手放さない。

M――それが最後の保証であると？

モイセス――そうだ。武器の問題は大したことじゃない。単純なことだ。農民たちとも都市の兄弟たちとも、なにもやることがなくなれば、それで武器は消滅するんだ。でもそれがなければ、だから武器が現れたのだが、机の上に何もない、われわれには何もないままなら、うばわれるまで武器は手放さない。

Y――しかしもし公の場に出て、ソカロや、別の州の先住民共同体に出て行って議論するとしたら、武器を持ったままそれができると思いますか？

モイセス――いや、それでは政治活動ではなく、こぶしを握り、こん棒をとることをすすめることになってしまうじゃないか、ねえ！　……そうじゃないんだよ……私らは言ったことを守ろうと努力してきた。これまでのところ守り通してきたと思うよ。「対話をしよう」と言ったときは、九四年だが、対話をした。「会議をやろう」と言った時は会議をやった。意見投票をやろうと言えば意見投票をやった。大陸会議をやろうと言って、大陸会議をやった。大陸間会議をやろうと言えばそれもやった。私らはやるんだ。状況に応じつつな……

Y――今ここであなた方が路線を変えるということは想像しにくいものです。武器を再び手にするということは、EPRとやや似たことになると思うのですが、戦争の再開は難しいですよね？

モイセス――……私らはそれは難しいことではないと思っとる。政府はいつもそれこそがやりたいんだということをみせつけとるし。だから私らはそれを求めてはいないと言っとるんだ。だけど、やりたがる者がおる。だから、私らはそれは何も難しいことではないと思っとる。いつもいつもそうなるように私らを挑発しとるんだから。

Y――しかし、それを行うことは罠にはまることになるのではないですか。

モイセス――状況がどれだけ深刻かということと、仲間たちの決定による。それだよ、つまり、民衆の言うことを聞かない者からは民衆は離れていってしまうよ。私らは、そう、軍人みたいに言うんじゃない……もし仲間たちが言うなら私らはその通りにする。そういうことだ。もし仲間たちが駄目と言ったらそれはやらない。やらないんだ。人びとの言うことを守るのは美しいことだよ。

Y――国家による操作と挑発のほかに、EPRのような組織もあなたがたを挑発してくるのではないかと想像するのですが……

モイセス――ああ、しかしそれは……どう言おうか……私らサパティスタは、民衆が私らを助けてくれるし、民衆が言うには私らも彼らを助けとる。メヒコの民衆がどう闘おうとしておるのかという問題なのだ。だから、彼らは彼らで、民衆が支持しとるかどうかを見るだろう。私らがやったのと同じことだ。民衆は武器を持って私らの後に続こうとはしなかった。私らは民衆とともに活動せねばならず、今も、そしてこれからもともに活動しつづけるつもりでおる。それしかないのなら、民衆とともに死んでもいい。進路が正しいかどうかは民衆が彼らに教えるだろう。「こうするしかない。他の方法がないのだ」。私らが一月の初めの日々に言ったように。

もはや他の道がなかったからこうせざるを得なかったんだ。政府の管理下の組織を経験し、その後独立系の組織に移った。しかしそこでも、待っていたのは拷問、暗殺、投獄、誘拐だけだった。そして、そのために私らは槍を手に、わずかの武器も持って立ち上がることにしたんだ。

Y――なにか付け加えることはありますか?

モイセス――そうだな、何を言おうか。私らが思うに、地球という名のこの地にはふたつの生き方がある。搾取される者と、搾取する者だ。こんな人生には、変えねばならんことがたくさんある。すべてのごまかし、罠。貧しい者たちがいかに支配されてきたか、それはすべて変わらねばならん。

世界中の人間の人生を変えるというのはとても大きな目標だから、よくよく考えねばならんだろう。それをやろうとしている機関もあるということだが、現実には何も変わっておらん。いつも議論と宣言ばっかりで、それだけだ。この人生が何かおふざけであるかのようだが、搾取され、収奪され、だまされ、犠牲になっている人間の苦しみ、苦悩はおふざけじゃないんだよ。だから、何とかするために世界中みんなで一致団結せねばならんのだ。時々私らは、なんでこんなにも死やら弾丸、爆弾、手榴弾、罠や毒が使われねばならんのかと思うよ。搾取し、富を収奪する者たちの使うものはすべて、実は必要ないと言ってもいい。私らはみんな人間だ。私が世界で一番の金持ちとしてみよう。いつか私は死ぬんだ。だから、何をしなくちゃならんのか、どんな組織が必要なのか、みんな一緒に考えようじゃないか……大金持ちだって、たくさんはいないけど、彼らもいつかは死ぬんだ。世界は変革を必要としとる。組織して、準備して、分析し、研究し、私らがこの地球で、この人生でやらねばならんことを本当にやりとげるんだ。私らのためじゃない。これから生まれてくる、これから生きていく者たちのためにだ。それはとても重大な問題だよ。

Y——あなた方の行なったことが世界中に大きな反響を与えたことをご存知ですか？それは、あなた方の発した問いがすべての人にとって意味を持つものであったからかもしれません。満足できる返答はないかもしれないが、少なくとも問いかけは強力な意味を持つものでした。だからこそこんなにもたくさんの連帯を得、チアパスで起こっている事態に関心を示す人がいるのだと思います。

M——この辺境の地に未来に向けた希望を見出す世界中の人びとに対する、責任といった意識はありますか？

モイセス——問題は、私らサパティスタはそんなに大人数ではないということだ。サパティスタになるのは簡単で、意識的であればいいんだ。そして本当にわかっていること、何を求めているのかわかっていることだ。もうひとつの責任は、真剣に取り組むこと、本当に活動することだ。国を収奪する者たちはそれを真剣にやっているんだ。だから、私らも真剣にやらねばならん。私らの言い方で言えば、正当で尊厳ある生のために、そしてきれいな生のために、それをやらねばならんのだ。嘘をつくメディアから、組織、指導者、学校、信仰まで、変えねばならんことはたくさんある。分析し、どのようにやるべきなのか考えねばならん。

Y――あなた方は、「チアパスは問題ではない。答えなのだ」といいます。答えなのかどうかは分かりませんが、とても良い質問ですね！

モイセス――そうだ。私らはそう考えはじめたんだ。私らはとても間抜けで、きちんと準備をしなかった。答えるための準備はしなかった。どうやって待伏せ攻撃をするのかとか、兵営の攻撃はどうするかということなら、一晩中でも話してやるさ。だけど、政治的闘争とは、思想的、経済的闘争とはなにか、社会はどうしたら活動するかなんてきかれてもさ、コンピューターはそのためには動かないのさ！

Y――しかし、セルバやラス・カニャーダスの村の人びとをどのように動かしたのかを説明してくださいました。気づかれぬよう、大規模な弾圧がこないよう、静かに、そしてきわめてうまくそれをやったと思います。

モイセス――人びとはとても美しく、人びとと誠実に接すれば、人びとは応えてくれるんだよ。

Y――マヤの村の人びとは真面目でよく組織されているからそれも可能ですが、どこにおいてもあなた方のように真面目で責任感が強いわけではありません。

モイセス――それだよ！　それがむずかしいんだ！　私が思うに、他に方法はないよ！　私らはもうやりはじめてしまったから、やり続けるしかないさ！

マルコス後、サパティスタ運動はどうなるのか

Y——そうならぬことを願いますが、もしマルコスが死んだり殺されたりした時、サパティスタ運動はどうなるのでしょう?

マルコス——すでに考えられていることというのは、部隊をバラバラにしてしまうことだ。各地域は政治的にも軍事的にも独自に活動するようになる。序列二番目の司令が就任するまでの間、サパティスタ民族解放軍の活動は分裂するだろう。EZLNについてはそういうことだ。外部については、どうなるだろうね。多くの人にとっては、ひとつ問題を解決したことになるだろう。どんな影響があるかはわからない。われわれには内部への影響のほうが心配なのだ。

というのも……正直に言って、そう、うそなしで、組織内部におけるマルコスの重みは思っているよりはるかに重いものだ。村との近さとか、マルコスがいかに尊重されているかということは、単純に見たときに感じられるよりもはるかに大きなものなのだ。にもかかわらず、すでに話したような孤独もかかえている。村の人びとはマルコスを自分のもの、自分たちの作ったものだと思っている。そう、彼らが生んだものであり、息子のように思っているのだ。実用的であるよりもずっと感情的な関係であると言おうか。

Y——現実的に、組織に関する問題としてはすでに考えているわけですね。しかし、外部との橋渡し役であるマルコスを失ったとき、象徴的、政治的に、サパティスタ運動に何が起こるのでしょう?

マルコス——なるほど、言いたいことはわかったよ。われわれは、ほかの人間が橋渡し役になれるよう育てようとしてきた。サン・アンドレスの対話における代表者たち、公の発言をしてきた者たち、インタビューを受ける者たちがそれだ。アグアスカリエンテスの破壊を例にとって説明すると、こういうことだ。アグアスカリエンテスがひとつ破壊されたら、五つのアグアスカリエンテスが再建された。スポークスパーソンであるマルコスを倒せば、同時に同じことを語る五人、六人、一〇人のスポークスパーソンが現れるだろう。タチョやダビッド、セベデオだ。サパティスタを政治的に鎮圧するにはたくさんの頭をふっ飛ばさなければならないだろう。ただし、それがすぐ起こるとは思わない。衝撃が大きすぎるからだ。確かなのは、仲間たちは私と同じくらいか、あるいはよりよく仕事をこなすだろうということだ。大人数で、いろいろな場所にいるという有利さもある。難しいのは、ひとりのスポークスパーソンは常にひとりであるという快適さを持っていて、矛盾は自分しか作れない。何人もが同時にしゃべっていると、矛盾が起きてしまう。しかし、この手の運動にとって一貫性はとても重要なのだ。

M——運動のバルカン半島化の危険が発生する……

マルコス——内部で対立していくだろうという意味ではなく、異なったイニシアティブが生まれてくるだろう。例えば、民族ごとに、ツォツィル軍、チョル軍、ツェルタル軍、トホラバル軍がでてきて、それぞれが独自に交渉し、政治的にも軍事的にも独自に活動するのだ。これはただ、そうなるかもしれないという話だ。われわれはそうなることを避けようとはしている。委員会も多民族制だ。しかし、それでも可能性はあるのだ。

マルコス後、マルコスはどうなるのか

Y――マルコスは、チェのような殉教者となるのでしょう。しかし、サパティスタの貢献のひとつは、われわれをこうした殉教という概念から解放してくれたということだと思うのです。その意味ではマルコスは生きていたほうがよいですよね？

マルコス――そうだな。私は殉教者になりたいとはまったく思っていない。私は生きたい。だれだって、私が生きていたほうがいいと思っている。そうだろう？　なにかやるときはいつも、それをうまくやり、死者も負傷者も出さないよう努力する。無謀な作戦はやらない。勇気ある作戦を実行するにしても、うまくやるようにするのだ。

Y――最良の仮説は、私たちの希望でもありますが、マルコスが生き続けるということです。しかし、マルコスがマルコスでなくなるとき、どんな人物になりたいですか？　ラファエル・ギジェンでしょうか？　哲学者、イエズス会士、人類学者、ジャーナリスト、行方不明になっているロサリオ・イバラの息子、それとも政府高官ですか……？　あるいは、いつか言っておられたように、マルコスを作り上げた人びとと共に村で暮らすことですか？　他には何か可能性はありますか？

マルコス――マルコスは死ぬべきだと私は思う。いつだかわからないが、偶像としてのマルコスは死ぬべきだ。もし生き続けるのなら、何か完全に別のものに変わり、偶像と向き合って決めなければならない。いや、むしろ、村の仲間たちが決めなければならないだろう。しかし、もしその時がやってきたら、できることなら、山に入る前の人生に

戻れるとは思えないから可能な範囲で言うならば、村での生活に戻りたい。無名の人間に戻りたいということではなく、九四年以前の日常性に戻りたいのだ。象徴物のあやつりとかそういったものなしの、村とのより直接なふれあいに戻りたい。そして、そこで以前やっていたことをやるのだ。書き、話し、学び、ほとんど無理だと思うから町には出ないとしても。

Y——そうしたいとは思いますか？

マルコス——いや、思わない。町に出たときに見たものは少しも好きじゃない。利用可能なあらゆるものをシステムが取り込み、型にはめようとしていることを即座に感じるのだ。そこの雰囲気はとても……政治的雰囲気のことだよ。マルコスが市民的生活に入り、個人の生活に引きこもるという状況を想像するのは難しいからね。そうさせてはもらえないだろう。結局、出て行くのなら政治の世界に入らざるを得ないだろう。今までの感覚では、政治の世界は腐った匂いがする。少なくともメヒコの政治システムは腐った匂いがする。

Y——しかし、まさに政治的責任を背負ってきたのではありませんか？　結局マルコスも政治的動物であり、政治を変革するという野望を捨てることは難しいと思いますが。

マルコス——なんてこった！……そう、どうするのか、マルコスが決めなければならないんだ。政治を内側から変えることが可能だというまやかしにおちいることはないだろう。政治とは別の政治をやることで変えていくものだと思うのだ。そしてそこには、マルコスを取り込もうとしてきた人びと、エリート層、頂点の政治活動が大きくかかわってくるだろう……

しかし、あなたがたは未来についてかなり楽観的だと思うよ。正直な話、私はあまり心配していない。それを真剣に考えたことがないのだ。マルコスがそこにいる状況は想像できない。そんな状況にないのだ。変革の実現のためには、マルコスとマルコスのような人物の死も必要となるだろう。私がこの目で結果を見ることができるだろうとは思っていない。村が正当な地位を獲得するのにいかにマルコスが役に立つのかという、今現在のことのほうが心配だ。その先のことはわからないし、想像もつかない。すべては問題は起こらないだろうと示しているよ。

Y――サパティスタ運動がわれわれを楽観主義者にしたと思います。サパティスタはとてもよくやってきたと思いますし、その方向でもっとできるのではないでしょうか。

マルコス――私もわれわれはよくやってきたと思うが、権力はその貸しを取り返そうとするだろう。つけはいつかやってくる。もしマルコスにスポットライトとマイクが集中すれば、そこに照準機も集中するのだ。権力はこの屈辱を放ってはおかない。しかし、われわれはこの勇気ある胸を暗殺者の弾丸にさらしたりはしない。われわれは隠れるさ。

Y――そこにはチナメカとトラテロルコの後遺症*があります。メヒコの歴史は悲劇から逃れることはできないのでしょうか?

マルコス――メヒコの反体制派はまだだ。われわれはそれを目指しているのだが。だから、くりかえすが、われわれは死を求めていないし、メヒコ解放への道をわれわれの血で肥やしたいとも思っていない。われわれの生をもって肥やしたいのだ。戦闘員ではないある人が書いたものを読んで少佐と冗談を言っていたんだ。「サパティスタは最後のひとりまで戦い抜くだろう」なんて言うんだよ。「山中にいるわけでもないのに、この人はなんでこんなことを言うのだろう?」と。いや、われわれは生きるために闘うのであって、殺されるために闘っているのではない。あの歴史が繰り返されることがないよ

チナメカとトラテロルコ　いずれもメヒコ人にとっては、悲劇の記憶が塗りこめられた地である。エミリアーノ・サパタは、「革命未だ成らざる」一九一九年、チナメカで罠にはめられ暗殺された。メヒコ・オリンピックを直前に控えた一九六八年一〇月、メヒコ政府は首都トラテロルコ(三文化広場)の虐殺で学生運動を鎮圧した。

うに、チナメカがくりかえされぬように、嘘がくりかえされることがないように、われわれは可能な限りあらゆることをやろう。だからわれわれは距離をとり、不信を持っているのだ。メヒコが自由であるためにわれわれの死は不可欠ではないし、われわれは死なないために、そして自由なメヒコのためにできる限りのことをするだろう。しかしわれわれは不信感を持って、ひとつひとつの歩みをよく計算することも必要だ。われわれが再びだまされることをふせぐのだ。

補足質問

Y――最後の質問ですが、あなたがラファエル・ギジェンであることを否定するのはなぜですか？　彼は、マルコスと同じくらい愉快な人物に見えますが。

マルコス――だって、私は彼ではないのだから……しかしそれは、外見の問題だよ。女性からの手紙がこなくなってしまったじゃないか！　これは本当だ。こいつだと言われる前のほうが魅力的だったんだ。一方で、これは魅力的でもある。確かに彼の経歴は興味深く、よし、こいつになってみようと思ってもよいものだからだ。いや、でもこれは主義主張の問題だ。私の女性ファンたちに、私はこんなにぶ男ではないと説得しないとならないんだ！　実際、宣伝は強力で、私のセックス・アピールは回復できていない。ブリジット・バルドーだって手紙一通よこさない……

Y――ブリジット・バルドーはかなり前に亡くなりましたよ……もはや同じものでは……

マルコス——じゃあ、ジェーン・フォンダからでもさ！

第二部＝ふたたび世界を魅了する

――イボン・ル・ボ

密林の最奥、深い夜の闇の中から現れたサパティスタは、他の世界中のどんな運動よりも力強く、想像力を持って、「いかに民主主義とアイデンティティを両立させるのか？」という現代世界の根本的な問いを発してきた。

一九九四年一月一日、メヒコと世界は、この「何もないところから現れた」ゲリラたちが、国の南端で複数の町と村を占拠していく様子を驚きをもって見つめていた。驚いたのは、「午前中は周辺の集落の先住民が集まる美しいサン・クリストバルの市場を訪ねましょう」という旅行会社のプログラム*がこんなにも変わってしまうなどとは予想だにしていなかった観光客たちだけではなかった。

まさにこの日、その先進国入りを祝っていた「近代的メヒコ」*は、先住民を博物館の展示物と観光客向けの見世物に封じ込めることで、先住民問題は終わったと考えていた。メヒコ市の大聖堂前で前植民地期の踊りを披露する「ネオ先住民」や、夏至のセレモニーのためにテオティウアカンの月のピラミッドのもとに集まる群衆はまさに、先住民を非現実世界のオブジェへの転換させることに加担しているのである。

また、サパティスタ運動には非先住民に操られたきわめて限られた数の先住民しか参加していないと言われたり、しばしば、メヒコが常に抑圧してきた「深層のメヒコ《メヒコ・プロフンド》」の再来であるなどととらえられたりしてきた。チアパスの白人とメスティーソは、昔起こった先住民の復讐の再来を恐れたのだ。メヒコ人の大多数と国際社会の世論は、近年権力が作ろうとしてきたイメージとはまったく異なった現実を発見した。蜂起が準備されていることをつかんでいた政府当局も——そして彼らだけでなく——、二一世紀を目前にした今、先住民の人びとがこれほどの力、広がりと影響力を獲得することができるとは夢にも思っていなかったのだ。

旅行案内　蜂起の直前、「メヒコ・グアテマラ特別ツアー」を企画した名声あるフランスの左翼系週刊誌は、チアパスでの日程の中でこのような説明をしていた。植民地時代の都市、サン・クリストバル・デ・ラス・カサスはサパティスタによって占拠された重要な町である。

近代的メヒコ　アメリカ合衆国、カナダ、メヒコを結ぶ自由貿易協定（NAFTA）は一九九四年一月一日に発効した。

深層のメヒコ　歴史の重層性の中で、最下層部に埋め込まれていて見えないが、現代メヒコの基底部をなしているという意味合いで、よく使われる表現。

（訳注）

ノーベル文学賞受賞作家オクタビオ・パスの意見は、サパティスタ運動は、伝統的で遅れた、少数の操られやすい先住民共同体の蜂起で、メヒコを暴力に落とし込み、大市場と民主主義と近代への仲間入りを失敗させようとする時代錯誤的考えのゲリラたちに操られているとの見方を代表していた。*

しかし、反乱者たちは、前近代的で依存しきった、ポストモダン的見世物の脇役に追いやられた先住民ではなかった。彼らは伝統的で古典的な村を離れた現代的先住民で、独自の歴史を作り上げることを模索し、それが認められ尊重されることを求めていたのだ。

出典 *La Jornada*, 5 janvier 1994. El País, 8 et 9 février 1994. その後、オクタビオ・パスは意見をやや修正した。

ある先住民の小さな女の子の次のような物語が、チアパスの蜂起の最も重要な意味を明らかにしている。四、五歳のこの子は、その周囲の人びと以上に存在を知られることなく生まれ、死んでいった。「パティチャ（「パトリシア」の先住民読み）の誕生は記録されなかった。国にとって、彼女は存在しなかった。だから、彼女の死もまた存在しない」。*

彼女はマルコスに言っていた。「大きくなったら、反乱軍の兵隊さんになるんだ」。しかし、悪性の風邪にかかった彼女はマルコスの腕の中で死んでいった。

だが、忘れ去られ、排除された人びとに声を与えたマルコスとは、伝統的にラテンアメリカ・ゲリラの根本的目標だった権力奪取を目指さず、軽蔑をやめさせ尊重を求める闘いの指導者として現れるマルコスとは、いったい何者なのだろう？

出典 *In* Marta Durán de Huerta (ed.), *Yo, Marcos*, México, Ediciones del Milenio, 1994, p. 28-29.

マルコスとその鏡

もし、マルコスがマルコスじゃなかったら……?*

「マルコスは存在しない。（一九九四年）一月一日、死んで生まれてきたのだから」。*
当人は曖昧な答えで質問をかわし、彼の身元詮索が無意味であることを強調する。

　これまでさまざまな憶測がなされてきた。このことについてチアパスの先住民たちが語る説の一つによれば、一人の外国人（グリンゴ）がマヤの村に帰化し、連れ合いを得て国に帰る前に双子を授かった。母親はすぐ死んでしまい、やがて父親も死んだ。しかし、スイスにある学校で勉強して欲しいと希望した両親は、それをかなえられるだけの財産を残していた。こどもたちが六歳になったとき、遠いかの国に彼らを連れて行くためメッセンジャーがやって来た。数年の後、双子の一人は死に、もう一人は村に帰った。彼はまだ土地の言葉を話すことができたので、人びとは彼を仲間として受け入れた、と。

　情報機関とマスコミはそれぞれ、マルコスの身元について、自らが抱く幻影に近い話を仕立てあげて公表した。中米のゲリラだったとか、修道士——世俗かあるいはイエズス会の——だった、ジャーナリスト、弁護士、人類学者、医者、経済学者だった。ある財界人の息子だとか、ロサリオ・イバラの息子である。野党民主革命党（ＰＲＤ）の党員、ある内務省長官の隠し子……神話が解体できると信じ、セディージョ大統領は一九九五年二月九日、テレビ中継された演説でマルコスの「本当の」身元を発表した。ラフ

出典　「もし、マルコスがマルコスじゃなかったら……?」は、パロディ的なマルコスのミニチュア人形に書いてあったフレーズ。

出典　*¡Ya Basta!*, Paris, Dagorno, 1996, t.II, p.125.

ァエル・セバスティアン・ギジェン・ビセンテ、一九五七年タンピコ生まれ。国北東部の石油コンビナートの中心地であるこの港町で、彼は中産階級の上の方、強いカトリック系の家具商人の家に生まれた。イエズス会系中学の生徒だったラファエル・ギジェンは――人びとがジャーナリストに語ったところによれば彼は学業成績も優秀で、とてもよい仲間だったそうだ――、「ゴドーを待ちながら」の上演で役者を演じており、この世代と階級においては何も不思議なことではないが何本か映画も作っていたかもしれない。* メヒコ国立自治大学（ＵＮＡＭ）哲学科の学生として、一九八〇年にはかなりオーソドックスな構造主義的マルクス主義に基づいた論文を書いている。当時のラテンアメリカのあらゆる大学の卒業論文と同じように、そこにはアルチュセールとプーランツァスの強い影響、そして僅かながらフーコーの影響が認められる。ラファエル・ギジェンはその後、首都の別の大学、首都自治大学（ＵＡＭ）で教鞭をとった。

　この説を疑うメヒコ人は少数である。マック・オランはこの町の酒場を褒め称えたが、マルコスはおもしろがってこう言う。「悪くないね。きれいな港だし」*と。しかし、続くインタビューではそれを否定した。彼はラファエル・ギジェンではないのだと。ひょっとすると、もはや彼ではない、マルコスはサパティスタの夢の中から生まれてきたのだから彼らのものなのだと、そう理解すべきなのかもしれない。ラファエル・ギジェン、あるいは誰であるにせよ、彼はもはや以前の、本と文学的・哲学的議論を愛し、貧乏旅行中に何カ月かパリにも住んだ、六八年以後世代の学生であるところの彼ではないのだ。すべてを捨て、後ろに「必要な死を残し、去ったのだ。顔もなく、名前も過去もなく、別の形で、しかしあらためて死者たちのもとに戻ってくるために、一度去らなければならなかったのだ」。* 彼の言葉と表情は過去から豊かな力と繊細さ、ユーモアを受け継ぎ、

映画への傾倒　マルコスは文学と映画に強く傾倒している。このインタビューでは、「素直な悪女」や「軽蔑」でのブリジット・バルドーや、「バーバレラ」でのジェーン・フォンダといった往年のスターへの強い思い入れが感じられる。ラ・レアリダでは、「政治的正しさ」を気にすること無く映画の上映会が組織されており、ある日村人は「ランボー」の上映で大いに楽しんだ。

出典　*¡Ya Basta!, op. cit.* p.218.

出典　*In* Durán de Huerta, *op. cit.*, p.15.

内なる苦悩を隠そうとはしない。

覆面は当初きわめて実用的な目的しか持っていなかったが、後、それは個人の身元を隠し、持たざる者、正義を希求するすべてのメヒコ人、すべての人間が、違いを乗り越えて共感できるシンボルとなった。「あらゆるメヒコ人は覆面をかぶり、マルコスになること、今は私であるところの人物になることができるのだ」。

覆面はメヒコ人が自らを発見するための鏡（「鏡をもってきて、ご覧ください」）であり、恐怖と嘘の縛りから彼らを解放する鏡だった。この鏡は国に対し、自らのあり方を問い直し、未来を問い、再建・再生することを呼びかけるのだ。

マルコスはまた、曇った鏡を洗い流し、鏡をくぐり抜けることを呼びかける。インタビューの中で彼は、いかにして彼自身がこの鏡をくぐり抜け、「他者」を発見しなければならなかったを語っている。

八〇年代前半、彼は何人かの仲間たちとともにチアパスにやってきて、住み着いた。それに先立つ数十年のラテンアメリカの革命思想がもっていたあらゆるドグマと前提を抱え込んでいた彼らは、他の人間たちと同じように、それを先住民の頭に注入しようとした。「おまえの言葉は固いんだよ」。訳のわからぬ先住民主義を聞かされ、彼らはそれが何一つわからないと言った……やがてマルコスは、彼らの声と沈黙に耳を傾けた（だからといって彼の口数が少なくなる訳ではなかったが）。*

マルコスはサパティスタ軍指導部の中で今のところ唯一の白人あるいはメスティーソであり、「征服《コンキスタ》」時代のゴンサロ・ゲレロに始まる転向者の系譜に属している。スペイン兵士だったゴンサロは、一度遭難するも生き延びてユカタンの村に同化し、マヤの抵抗戦争の指導者となって闘い、征服者との戦闘で死んだのだった。

出典　この過程についてマルコスは、テッサ・ブリサック／カルメン・カスティージョ制作のビデオ、*La Véridique Légende du sous-commandant Marcos*（Arte, Anabase et INA, 1995）ではっきりと述べている。また、その内容は Adolfo Gilly, subcomandante Marcos, Carlo Ginzburg, *Discusiones sobre la historia*, México, Taurus, 1995. に掲載された。

マルコスは無論、先住民になろうとはしない。彼が距離を取ってきたということに、彼のもつカリスマ性と村からの信頼の一因があるのである。こうすることによって、彼はふたつの世界の間の窓ないしは橋でありえているのだ。

前進するサパティスタ

アメリカ大陸では、白人やメスティーソに指導された先住民蜂起は歴史上これまでも数多く起こってきた。彼らは、強者の秘密を知り、武器を奪い取って蜂起するために不可欠の仲介者なのだ。しかし、そのほとんどが血の海の中に鎮圧されてきた。サパティスタの反乱も十分な武器を持たず、マルコス自身、村とその代表者に服従する「副」司令官であり、自らが不要となる日のために闘うゲリラの暫定的リーダーとして、反軍事主義者的性格をもって現れる。「……EZLNは自殺願望を持っている。われわれを殺して欲しいという意味ではない。軍人としてのわれわれを消滅させたいのだ。*」

出典 *In* Durán de Huerta, *op. cit.*, p.65.

ベルリンの壁崩壊後のこの戦争では、武器よりもシンボルが、そして、軍事力よりもコミュニケーションが重要性をもった。この戦争においてマルコスは、軍事指導者であると同時に通訳者であり、武器を手に立ち上がった先住民のスポークスパーソンの役を果たしている。彼は、支配者の力で抹殺してしまうことのできない、権力機構がつかまえてしまうことのできない、政治的かつ詩的な言説を創造した。政府との断続的で骨の折れる交渉がどのような結果を得ようとも、サパティスタを脅かす政治・軍事作戦がどのような結末を迎えようとも、メヒコとラテンアメリカの伝統的左翼がマルコスの功績をどう評価しようとも、マルコスは先住民民衆の経験と想像力に場を与え、それを表現するための言葉を与えた上、すべての形式的言説を粉々にしてきた。以前は彼ら自身も語り、一九九六年に国のあちこちに出現した革命人民軍（ＥＰＲ）がさらに貧弱な形で語るマルクス・レーニン主義ゲリラの言説。制度化されたメヒコ革命の言説と、その中である時は前近代的で従順な者たちとして語られ、またある時は栄光に輝くフォルクロール化され博物館の中のものとして語られる先住民像。さらに、インディヘニスタであったり進歩的、革命的であっても、支配者の言語で表現されていることから不自然なものとなっている先住民の言説をも木端微塵にしたのだ。

世界を魅了したこの蜂起の足元に、五世紀前、近代の発生以降常に破壊と奴隷化の対象となってきた先住民社会があるということは驚くべきことである。もちろん、サパティスタ蜂起は最近三〇年間のラテンアメリカの先住民解放闘争の流れを汲んでいる。エクアドルのシュアル運動や一九九〇年のシエラ先住民蜂起。ボリビアの副大統領ビクトル・ウゴ・カルデナスを中心とするカタリスモ運動。コロンビアのカウカ地域先住民協議会（ＣＲＩＣ）。一九九二年、グアテマラのリゴベルタ・メンチュのノーベル平和賞受賞。これらはとりわけよく知られている力強き運動の一例である。そしてこれらの運動に共通していることは、そのどれもがアイデンティティと統合、文化と経済、ユートピアと現実主義、理性と心、独自性と普遍性などを、緊張関係を保ちつつ結び付けることで新しい近代を創造しているという点だ。サパティスタの蜂起は当初から世界中で大きな反響を呼んだが、それは、彼らが単に地域的で少数者の問題として扱われることを拒否し、すべての社会にとって根本的な政治的・思想的問いかけを発してきたからだろう。

今日のラテンアメリカや北アメリカの多くの先住民運動とは異なり、忘却を脱し、言葉を得るためサパティスタは武器を手に取った。しかし、本来的に戦争と呼ぶべき事態が続いたのはほんの数日、一九九四年一月一日から一二日までだけだった。それ以来、サパティスタは武装闘争による権力奪取を目指すことからは遠く離れて、倫理的要求を考慮し、開かれた参加型の社会とアイデンティティを肯定する民主主義の確立への道を探り続けている。彼らは武装し続けてはいるが、武装・非暴力を戦略として、交渉、同盟、そして近代的なコミュニケーション手段を活用する。その中心にあるのが、チェ・ゲバラに始まる「英雄的ゲリラ」像の反対をゆく、ガンディー、ルーサー・キングやジャン＝マリー・チバウ*の遠い親戚のようなマルコスである。果たして、彼にも同じ運命がまちかまえているのだろうか？

認知を求めるすべての闘いは弱く、不確実なものだ。チアパス先住民の闘いは経済的、社会的、政治的、文化的改革を要求し、すでにある利権、惰性や排他的近代化計画を脅かす。サパティスタは自らが権力につくことを目指しはしないが、約七〇年前から権力にある制度的革命党（ＰＲＩ）とは正面から対決する。*彼らが引き起こした巨大な衝撃の波は支配構造の頂点の動揺を明白なものとし、衝撃は世界中のディーリングルーム、果てはフランス銀行中枢までこだました。この蜂起と企業家誘拐の続発、権力中枢におけるスキャンダルや暗殺などの暴力的事件、さらには経済・金融危機によって瀕死の重傷を負ったＰＲＩはしかし、まだ、弾圧と操作、体制内取込み策を最大限に活用してはいない。マルコスと仲間たちは、彼らの闘いが、冷笑的で狂暴なメヒコ政治の現実に対峙しており、それに押しつぶされる危険が常にあることを意識して、必要以上に幻想に踊らされることはない。

ジャン＝マリー・チバウ　ニューカレドニア独立派のリーダー。ニューカレドニアの先住民族であるカナック人内の急進派と対立し、八九年に暗殺された。

ＰＲＩ　一九二九年にカジェス大統領が創設したこの党は、常に権力をとってきた。当初、国民革命党という名であったが、後、メヒコ革命党と改称し、さらに、一九四六年から今日までは制度的革命党を名乗っている。

先住民、現代的普遍性のイメージ

先住民という主役を分析の中央におかずしては、サパティスタ運動の特徴と独自性を理解することはできない。もし、村の外の政治・軍事組織や教会(ないしはその一部)、国の近代化と大市場入りを阻止しようとする政治グループなどに先住民の人びとが操られているのだとか、彼らはシンボルを操る詩的で政治的な言説の背後に本当の目的を隠すマルコスの操り人形でしかない考えるとしたら、そして、マルコスは権力にこだわるラテンアメリカのポストモダン的カウディージョ以上の何者でもないと考えるとすれば、それは誤りである。

サパティスタ運動の特徴と意味は、社会的・文化的(民族的)主体が政治的世界を目指して武装蜂起したことにある。自らの希望と要求に耳を傾けさせるためのあらゆる他の手段がなくなったとき、彼らは武装運動を形成して、権力奪取を目的とするのではない市民的政治運動を作り上げることを目指したのである。

この運動をチアパスの少数の村落共同体の抵抗闘争であるとしたり、強い不安定性に特徴づけられる近年のメヒコの歴史のひとこまでしかない断続的カオスがもう一世紀続くだけだと考えては、この運動が世界中に与えた衝撃と運動の普遍的な意味を理解することはできない。サパティスタ運動は村の自己防衛的戦争でも閉鎖的ナショナリズムでもない。彼らは画一的な村落共同体、分裂した村落共同体と開かれた村落共同体の経験と、国の民主主義、多様性の中に認められ、尊重し合う個人的主体と共同的主体による社会という考え方を結び付ける。彼らは、たくさんの世界の入る世界、ひとつだが多様な世界のために闘っているのである。

サパティスタは民族的であり、国家的であり、普遍的である。メヒコ人でありたいが、しかし先住民であることは放棄しない。自らが認知され、耳を傾けてもらえるメヒコを求めているのだ。また、この運動は普遍的である。自らの先住民としてのアイデンティティにもかかわらず普遍的なのではなく、それがゆえに普遍的なのである。

ジャン＝マリー・チバウはメラネシア文化の「普遍性」を知らしめ、それを尊重させようとしたが、それに呼応するかのようなサパティスタ運動では、独自の象徴的言説を作り上げ、同時にそれを世界に発信するサパティスタの先住民的要素が普遍的広がりを与えているとマルコスは言う。この普遍性はふたつの意味に理解される。ひとつは、啓蒙思想と人権という側面から、古典的な倫理観で見る方法である。ここでの先住民は、抑圧を受け、常に侮辱される少数者で、人類の平等を訴えるシンボルである。しかし、普遍性につながる独自性をもった、倫理的意味と民族的意味を統合した主体として、より豊かで肯定的にも理解するべきなのだ。普遍性を乱用した革命的・普遍主義的言説のメッセージは何も先住民たちに届いていないことにゲリラが気づいた時、サパティスタ運動は生まれたのである。ゲリラは他者に耳を傾けた。そこに、認知のための政治に向けた、共同的思想と行動の再構築という自己変革が始まったのだ。人権であるとか市民といった主体は曖昧で他の主体と交換可能だったが、文化間の衝突と対話から生まれてきた主体は唯一、独特のものでありながら、普遍的性格を持っていたのだった。

今日、もっとも普遍的なイメージは、国民国家の危機を食い止め、グローバリゼーションに抵抗しようとする市民ではなく、支配勢力に対する闘いと、個人や共同体のアイデンティティ、そして他者の認知をひとつに統合しようとする人間である。サパティスタ運動は政治、倫理と主体の肯定を求め、それを民主主義、正義、自由、そして尊厳というお気に入りの言葉で要約するのである。

最果ての地に始まった蜂起

年表

一八二一年　メヒコ独立。
一八二三年　「ねずみの頭よりもライオンのしっぽになるほうがましだ」として、チアパスの地元支配階級はグアテマラを離脱してメヒコに編入することを決めた。もちろん、大多数を占める先住民の意志が問われることはなかった。
一八六一年〜一八六七年　フランスが介入するも敗北し、オーストリア・マキシミリアーノ皇帝は処刑される。
一八六七年〜一八七二年　大統領ベニト・ファレス。
一八七六年〜一九一一年　大統領ポルフィリオ・ディアス。
一九一〇年〜一九二〇年　メヒコ革命期。
一九一七年　現行メヒコ憲法発布。
一九一九年　**四月一〇日**　エミリアーノ・サパタ暗殺。
一九二九年　プルタルコ・エリアス・カジェス（一九二四年―一九二八年大統領）によって国民革命党（ＰＮＲ）結党。同党はメヒコ革命党（ＰＲＭ）と改称した後、一九四六年に再び改称して制度的革命党（ＰＲＩ）となった。

一九三四年〜一九四〇年　大統領ラサロ・カルデナス。石油産業・鉄道が国有化され、農地改革が推進された。

一九六八年　学生運動が大きな盛り上がりを見せるが、オリンピック開幕に先立つ一〇月二日、トラテロルコ三文化広場における虐殺によって鎮圧された。

一九七〇年　大統領ルイス・エチェベリア。激しい弾圧のもと、ポピュリスト的改革が継続された。

一九七二年　「ラカンドン保護区」設置。

一九七四年　サン・クリストバル・デ・ラス・カサスで先住民会議開催。

一九七六年〜一九八二年　大統領ホセ・ロペス・ポルティィージョ。この政権は一九八二年、債務履行不能状態に陥り、大金融危機に終わる。

一九八二年〜一九八三年　グアテマラ軍の虐殺を逃れ、一〇万人の先住民難民がチアパスに流入。

一九八二年〜一九八八年　大統領ミゲル・デ・ラ・マドリ。新自由主義的近代化政策が始まり、輸出が奨励され、国家は段階的にさまざまな生産活動から撤退した（半官営工業の民営化）。

一九八五年　九月　メヒコ市で大地震が発生し、およそ三万人が死亡、五〇万人が家を失った。

一九八八年〜一九九四年　不透明な選挙でカルロス・サリナス・デ・ゴルタリが大統領に選出される。彼の任期中、新自由主義的政策が一層推進され、商業関税引下げ、大規模な公営企業の私企業化計画、基礎的物資への補助金引下げなどが実行された。その間、巨額の資本（かなりの部分は短期資本）が流入する一方、不安定な雇用が激増し、また、合衆国との国境地帯を中心にマキラドーラも急増した。

一九八九年　生産国同士の国際協定が更新されず、コーヒーの価格が暴落。

一九九二年　農地改革について定めた憲法第二七条が改正される。また、「アメリカ大陸発見五〇〇周年記念」に対する抗議行動が行われる。

一九九四年　一月一日　合衆国、カナダ、メヒコの間における北米自由貿易協定（NAFTA）発効。サパティスタ民族解放軍（EZLN）が、サン・クリストバル・デ・ラス・カサス、ラス・マルガリータス、アルタミラノ、オコシンゴなど、チアパス州の複数の街を占拠。

一月一〇日　サリナス大統領は、当時の外務大臣で前メヒコ市市長だったマヌエル・カマチョ・ソリスをチアパスにおける平和と和解のための委員に任命。

一月一二日　政府は一方的停戦を発表。メヒコ市では平和を求める大規模な行動が行われる。

二月二一日〜三月二日　サパティスタ民族解放軍指導部（マルコス副司令官と二〇人の司令官・先住民革命地下委員会（CCRI）委員）、和平委員マヌエル・カマチョ・ソリスと、仲介者でサン・クリストバル・デ・ラス・カサス司教のサムエル・ルイス、以上三者が参加した和平交渉がサン・クリストバルの大聖堂で行なわれる。

三月二三日　バハ・カリフォルニア州ティファナ市で、大統領選PRI公認候補ルイス・ドナルド・コロシオ暗殺。
六月一二日　支持基盤による意見投票ののち、EZLNはサン・クルストバル大聖堂での対話における政府の提案を拒否。マヌエル・カマチョ辞任。
八月六日～九日　EZLN総司令部のあるグアダルーペ・テペヤックで全国民主会議（CND）開催。
八月二一日　大統領選でPRIが勝利。エルネスト・セディージョ・ポンセ・デ・レオンが選出された。
九月二八日　メヒコ市でPRI書記長ホセ・フランシスコ・ルイス・マシエウ暗殺される。
一二月一日　エルネスト・セディージョ大統領に就任。
一二月一九日　サパティスタは軍の包囲網を突破し、いわゆる紛争地域の外側の街多数を平和的に占拠する。
一二月一九日～二一日　金融危機発生。通貨ペソは四〇パーセントも下落し、経済後退により数千の企業が倒産、百万以上の雇用が失われ、国民の大多数の生活水準は大きく低下した。一九九五年、IMF、合衆国とその他いくつかの国がメヒコの救済にかかり、部分的に石油収入を担保として総額五〇〇億ドルにのぼる融資をおこなった。これは、国際金融界から一国に与えられた経済支援としては史上最大規模のものであった。
　以降、メヒコは金融面（債券返済の前倒し、資本の再流入、貿易収支黒字化）でも経済面（輸出増大と主にマキラ部門における雇用創出）でも改善が見られたが、政治的不安定感と社会危機が進行し、国内の南北格差が深刻化していることがチアパスの和平プロセスをより一層難しいものとした。

一九九五年

二月九日　連邦政府軍が攻勢をかけ「サパティスタ支配区」を占領する一方、連邦政府はマルコスの「身元」を公表した。それによれば、彼はラファエル・セバスティアン・ギジェン・ビセンテ、四〇歳弱、メヒコ湾岸の港町タンピコの商家出身。メヒコ国立自治大学（ＵＮＡＭ）哲学科卒業後、地下に潜行する以前、首都の別の大学のコミュニケーション学科講師。

四月　チアパス高地の村、サン・アンドレス・ララインサルでサパティスタと連邦政府代表団の交渉再開。この村をサパティスタはサカムチェン・デ・ロス・ポブレスと再命名した。交渉は幾度も中断し、数カ月にわたって続いた。

八月二七日～九月三日　ＥＺＬＮは闘いの方針を決めるために国内・国際意見投票を実施した。実に百万人以上がサパティスタの問いに答えた。

一九九六年

一月一日　ＥＺＬＮは市民組織、サパティスタ民族解放戦線（ＦＺＬＮ）の結成を発表。

六月二八日　革命人民軍（ＥＰＲ）出現。平和的抗議行動に参加しようと移動中の農民が警察の攻撃を受け、一七人が殺害されたゲレロ州アグアス・ブランカスで、ＰＲＤが主催して事件の一周年式典が行われていたところにゲリラが現れた。一九九六年中にＥＰＲは国の中部・南部で複数回出現し、時には軍事行動を行なった。

七月二七日―八月三日　「宇宙間会議」とも呼ばれた、「人類のために、新自由主義に反対する大陸間会議」がＥＺＬＮのよびかけでチアパスで開催された。

一〇月　ラモナ司令官がメヒコ市での先住民全国会議に出席。

メヒコと先住民

サパティスタ蜂起の反響と意味は、反乱に加わった村やチアパス州という枠を大きく超える広がりを持った。蜂起は驚くべき力と方法で国中の視線を先住民問題へと振り返らせたのだ。この時点までは、メヒコ政府は古風だがきわめて有効なインディヘニスタ政策により、ここ数十年の間に多くのラテンアメリカ社会が経験した民族運動から比較的自由であったかのように見えていた。

メヒコの人口に先住民が占める割合は一〇パーセントから一五パーセントであり、ボリビア、エクアドル、ペルー、そして特にグアテマラなどの国々における割合と比べると低いが、それでも、五六の民族集団をあわせたメヒコの先住民人口の絶対数はおよそ八〇〇万から千二百万人にのぼり、メヒコはアメリカ大陸で最も大きい先住民人口を抱える国である。*

国の北部、中部、中西部には強い民族意識をもつグループ（ヤキ、タラウマラ、ウイチョル、プレペチャ、タラスコ）と、重要ではあるが民族意識は弱く、普通の農民との違いもそう明確ではない民族グループ（マサウァ、オトミ、メシコ、ナウァ）がある。

また、南部、南東部では、地域の先住民人口は全人口に対して重要な比率を占めている。さまざまな規模の民族集団があり、これらはメスティーソという布に広がる模様のように点々と分布している。この傾向は特にゲレロ州とオアハカ州（トラパネコ、ミシ

先住民人口　最新の統計（一九九〇年）は先住民人口を全人口の七・五パーセントとしたが、この統計は、先住民言語を話すと答えた人のみを先住民と定義するという、言語的に狭い定義付けのもとに行なわれている。先住民の大多数はスペイン語も話すため、彼らの多くがスペイン語を話す人々として計上されているとみられる。この統計の資料は先住民庁（ＩＮＩ）によって検討され、先住民人口の合計はおよそ八百万人であろうとされた。

ュテコ、ミヘ、トリキ、サポテコ……）、およびユカタン州とキンタナ・ロー州（ユカタン・マヤ）において顕著である。

これらのグループの一部、特にユカタン・マヤとサポテコの人びとは、かなり以前から部分的に中・小規模の街で都市化してきた。また、以上すべての民族グループからはたくさんの人びとが期間的な移民労働者として、合衆国やメヒコ市、国内の他都市へと向かっており、彼らの一部は都市で先住民コミュニティを形成している。

メヒコでは革命とその制度化以降、先住民問題について、文化的同化と段階的吸収を目指す文化統合政策がとられ、問題は農業・文教政策によって解決できると考えられてきた。この「統合的インディヘニスモ」は、一九四〇年、パックァロでの第一回汎アメリカ・インディヘニスタ会議で体系化され、その実行機関として全国先住民庁（INI）が一九四八年に設立された。

七〇年代、ネオ・ポピュリスト的なルイス・エチェベリア政権（一九七〇年―一九七六年）とその後継者ホセ・ロペス・ポルティィージョ政権（一九七六年―一九八二年）の二つの政権内部では、「古い」インディヘニスモとは変わって、「参加」をうちだす「新しいインディヘニスモ」が生まれていた。これにより、各民族グループに「最高会議」が設けられ、その上に先住民族全国会議（CNPI）が設置された他、三万人のバイリンガルの教師とプロモーターが募集された。これらの計画により、国家の支援を受けた機関が先住民地域に確立したが、しかし国家がそれを重要な課題として取り組むとはなかった。統合の可能性が限られているなかで、これらの政策は代償政策とでも言うべき政策の一環として、わずかな数の人間に社会水準向上への可能性を与えるか、あるいは単なる見せかけ以上のものではなかった。結局は、それは先住民の要求を国家が抑えるするための新しいやり方でしかなかったのだ。

大多数の「最高会議」をふくむ、七〇・八〇年代に生まれたたくさんの先住民組織は政府によって作られたものであり、政府の側につくこととなった。しかし、同じ時期に農村の先住民地帯で、しばしば左翼野党とつながりを持つ「独立」あるいは「階級的」組織が形成されていった。多くの組織はすぐ消えていったが、いくつかの組織は長く続いた。その後、一部の組織が全国レベルの連絡会議を作ったが、ほとんどすべての組織は基本的に地域的に活動していた。その好例が、八〇年代にテワンテペック地峡サポテコの民の闘いの先頭に立った、地峡の労働者・農民・学生連合（ＣＯＣＥＩ）である。

一九九二年、「アメリカ大陸発見五〇〇周年」の年にはさまざまな抗議行動が行われたが、それが国家の許容範囲を超えることはなく、国家に利用されるものすらあった。サリナス大統領は憲法を改正し、先住民族の認知と国家の多文化性を明文化させ、チアパスを含む先住民地域に全国連帯計画を大規模に拡大させた。

官製インディヘニスモは、政権ごとあるいは地域ごとに異なるものの、先住民の要求を吸い上げ、中性化させることに成果をあげていた。民族問題が関わるたくさんの深刻な社会問題が発生し、無数の先住民組織が生まれていたが、しかし、それが大きな広がりを持つ民族運動となることはなかった。

だが、官僚主義的・クライアンテリズム［親分・子分関係］的な先住民政策はしだいに行き詰まっていった。新自由主義モデルの採用により国家の役割は減少し、再分配政策が後退した他、不平等な競争が始まって亀裂は深まり、システムから疎外される人びとが増加していった。人口爆発は都市部においては抑制下にあったが、農村部、なかでも先住民地域で進行していた。

メヒコ革命の最大の成果の一つである農地改革は、一九一七年の憲法に明記されていた。それについて定めた第二七条が一九九二年二月に改定され、クライアント化と体制内吸収のための重要な手段のひとつを閉ざし、農地分配に終止符がうたれた。エヒード*［共有地］は消滅の危険にさらされた。

一九九四年一月一日の蜂起はメヒコの知識人・政治エリートを驚愕させ、そして、彼らは分裂した。これは新たな時代の始まりか？ それとも逆に、周縁的で未来の無い運動なのか、遅れた先住民の、忘れ去られた地の低開発のあらわれでしかないのか？

チアパス

チアパスはメヒコで最も先住民人口の多い州の一つである。州人口の約三〇パーセントを占める百万人の先住民はほぼ二つの地域に集中し、そこでは過半数を占めている。植民地時代の都市サン・クリストバル・デ・ラス・カサスの周囲と北部山岳地帯を範囲とする「ロス・アルトス（高地）」地域と、入植地と辺境の地からなるチアパス東部の低地・渓谷部（ラス・カニャーダス）を範囲とする「ラカンドン密林（セルバ・ラカンドナ）」地域である。

ツォツィル語、ツェルタル語、チョル語、トホラバル語などが話されるこの地域は、文化的にも言語的にもマヤ世界*に属している。ただし、ユカタンのマヤ民族とは交流は少なく、また、グアテマラもマヤ世界だが、メヒコが独立した後、チアパスはグアテマラから分離してメヒコに編入している。また、八〇年代前半にはグアテマラ先住民数千人がグアテマラ軍の虐殺から逃れてチアパスに避難している。

その一〇年後、中米紛争の沈静化と北米自由貿易協定の調印により、メヒコ人は南を

エヒード　メヒコ革命後に生まれた農業共同体。土地は国家が所有し、その用益権（一九九二年の憲法改正までは譲渡不可だった）が共同体に与えられている。ただし、耕作は基本的に個人で行なわれている。一般的に先住民共同体はエヒードの格をもっている。

マヤ世界　ラカンドン密林には、植民地時代に密林に避難したマヤ民族の末裔である数百人のラカンドン人も住んでいる。また、州北部には、マヤ民族ではないソケという民族グループがある。

見るのをやめ、北側国境を見つめるようになった。しかし、チアパスは石油資源、水力発電源（国内の総水力発電能力の半分がチアパスにある）、木材・農業（コーヒー、とうもろこし、畜産）資源などを持つ戦略的地域であり続けている。近年、政府は公共投資（調整池、道路……）を行なってはきたが、人口の過半数、特に先住民にはその恩恵はもたらされていない。全国連帯計画などの社会経済計画・文化計画への大量の予算についても同じことが言える。資金は途中のクライアント関係や官僚制、贅沢品の購入などに消えて、末端には届かないのだ。

チアパスはメヒコのなかで最も深刻な貧困の指数を示し、また、新旧の極端な不平等が最もよく見られる州である。* 土地問題は特に深刻で、二〇〇〇近いエヒードと村が耕地面積の半分強を占めているが、良質の土地は農園や牧場によって占有されている。それらは植民地時代や一九世紀の遺産で地元オリガルキーが所有しており、革命によって解体されることもなく今日まで維持・強化されてきたのである。政治権力と結託した大土地所有者は常に構造的な暴力と行政の腐敗を利用する。権力機関の支援を受けながら、ためらうことなく白色警備隊を組織するのである。

伝統的に、多くの小農や土地なし農民はコーヒー、カカオ、バナナやさとうきびなどの農園における季節労働で生き延びてきた……しかし、近年の人口爆発と牧畜の増大、木材切出し禁止令、環境悪化、グアテマラからの安い労働力の流入により州の生活条件は悪化し、一九八九年、コーヒーと肉の価格の下落がそれに追い討ちをかけた。数千の土地要求が未解決のままだ。過剰な人口は地域の都市周辺部のスラムや、ラカンドン密林とラス・カニャーダスの入植地へと向かっている。

今世紀初頭まで、別名「孤独の砂漠」とも呼ばれたラカンドン密林には数百人のラカ

チアパスの歴史　チアパスの歴史については次の本を参照。cf. Antonio García de León, *Resistencia y Utopía*, 2 volumes, ERA, México, 1985, et Henri Fevre, *Changement et Continuité chez les Mayas du Mexique*, Paris, Anthropos, 1971.

ンドン人と、外からやってきた少数の人びと、木材会社（主にヒマラヤスギとマホガニーを生産していた）の労働者しか住んでいなかった*。小説家ブルノ・トラベンが密林のきわめて貧しい生活と厳しい労働の状況について書いている。高地からの入植は一九五〇年代になってはじめて増加し、のちの数十年間に急増した。九〇年代初頭、ラス・カニャーダスを含めたラカンドン密林地帯には二〇〇以上の集落があり、人口は二二万人にも上った。入植者の九割は先住民で、半数以上がツェルタル、他にトホラバル、チョル、そしてさらに少ないながらツォツィルと国内の他の州から来た先住民・非先住民が居住している。

経済の近代化と危機と同時に、世代間の争いと、社会・文化的分裂、宗教上の変化がやってきた。古い習慣と法を拒否する新世代と、ラディーノ*・オリガルキーや州・連邦政府と結託し、村の土地を所有し、労働力や商業、交通手段と地域権力を握る裕福な先住民・カシーケとの対立は深刻で、それは時には暴力的なものとなった。画一的な共同体強権主義は終焉し、新世代は正統性と新しい共同体を模索して、時には新たな保護者を求めていた。そして、彼らの支持をとりつけるため、新生カトリック教会やプロテスタント教会、その他のさまざまな宗教の間の激しい争いが始まった。

カトリック教会は基本的に保守的だが、メヒコの他地域でもわずかながら先住民解放の闘いを支援する人はいた。しかし、チアパスではサン・クリストバル・デ・ラス・カサス司教サムエル・ルイスの意向で、カトリック教会——最も人びとに浸透している宗教だった——は住民の社会経済的要求を考慮し、（少なくとも教会に直接関わる人びとは）暴力は否定しつつ、意識化と政治活動を奨励する解放の神学へと傾いていった。一九七四年、インディヘニスモ当局官僚の発案をうけ、バルトロメ・デ・ラス・カサス*生

ラカンドンの歴史　特に次の書籍を参照。*Rebellión of the Hanged*（*La Rebelión de los colgados*）．地域の歴史については、Jan de Vos 著の次の本が優れている。*Viajes al Desierto de la Soledad. Cuando la Selva Lacandona aún era selva*, México, SEP-CIESAS, 1988.

ラディーノ　チアパスやグアテマラでは、非先住民、白人やメスティソは「ラディーノ」と呼ばれている。

ラス・カサス　スペイン人植民者の悪行から先住民を保護したドミニコ会の宗教者、バルトロメ・デ・ラス・カサスは、短期間（一五四四年—一五四六年）、彼の名を取った街、サン・クリストバル・デ・ラス・カサスの司教を務めた。彼の方針を継承するサムエル・ルイス司教と同様、彼は地元オリガルキーの暴力的な反対を受けた。

誕四百年の日に、教会はサン・クリストバルで先住民会議を主催した。生まれつつあった先住民運動が姿を現わしたことに対し、メヒコ権力は予期されたとおり、ふたつの形で応えた。弾圧を加える一方、運動を分裂させその一部を味方に取り込むことで、運動を解体してしまうことを目指したのだ。最近一〇年間には、政治権力と結託した保守派地元当局により、サン・フアン・チャムーラを中心とする高地地域から新生カトリック派とプロテスタント*など、およそ二万人が追放された。こうして追放された人びとは、都市の貧民街やラカンドン密林、ラス・カニャーダスの入植地への経済難民の波をより大きなものとした。

土地問題と村内部の分裂に端を発する同じような暴力的事態は、オアハカ州やゲレロ州、ウアステカ地域などでも起こっていた。しかし、国の中部・北部では、人口、社会、経済、文化、宗教の変化が主にメヒコ市や合衆国への移民へとつながっていったのに対し、チアパスでは移動は州内部に向かって起こり、それが新しい緊張の種をつくったのである。追放と内部分裂の中、人びとは生き延びて共同体を再建することを模索し、そのことが新しい指導者の出現と社会運動発展のための地盤を用意していた。先住民の人びとに対する支配権は次第に国家と与党の手を離れ、カトリック教会などの宗教組織にとって代わられていった。左翼あるいは極左的で、多くの場合毛沢東主義派であった組織も活動しており、教会はしばしばこれらの組織と対立した。両方の組織がサパティスタ運動誕生のための条件を用意したが、それら組織自体はいろいろな道をたどっていった。

現実には、蜂起はふたつの行き詰まりから生まれていた。ゲリラ運動と社会運動両方

プロテスタント　ラテンアメリカのプロテスタント教会の様々な流派（プロテスタント、ペンテコステス、アドベンティスタ…）は、最近数十年間、チアパス及びメヒコ全土で急速に成長した。今日では、チアパス州人口のおよそ二割がプロテスタント系で、メヒコでもっとも高い割合を示している。

の行き詰まりである。七〇年代に権力の弾圧により鎮圧された武装闘争組織の生き残りとその継承者たちはチアパスに逃げ込み、そこで革命の未来への希望を延命させようとしていた。この希望が消滅したのは国内情勢や国際情勢のせいではなかったし、先住民共同体の文化・希望と対立したせいでもなかったとマルコスは確信を持って説明する。また、六〇・七〇年代に村に広がった解放と近代化、開発の運動は八〇年代前半に限界に達し、そこから後退がはじまって、当局による分裂工作により解体されたのだとも説明している。ゲリラ闘争の継承であるとか社会運動が最高潮に至った表現であるといったこととは程遠く、武装先住民運動は二重の断絶から生まれたのだ。そのひとつはマルコスが「EZLN最初の敗北」と呼ぶものであり、もうひとつは近代化と開発の危機、弾圧と人種差別に直面した村内部から生まれてきた変化だった。

マヤ世界の動揺

メヒコ社会のみならずチアパス社会ですら、チアパスの先住民社会の静かなる革命、近代化への動き、その発展と民主主義の深化に気づいてはいなかった。そして、サパティスタの反乱はこのような先住民世界の変化の産物であると同時に、その推進者、行為者、被害者そして受益者であった。

長期にわたり押え込まれながら蓄積してきたエネルギーが解き放たれたことにより力を得たこの運動は、衝撃と断絶、動揺のなかで、断続的に少しずつ発展してきた。村内部の変容と対立、分裂にこそ、運動の起源と力があった。そしてそれが人びとの移動と

チアパスの村落共同体　チアパスでは村落共同体は社会制度の中に重要な位置を占めている。自らの土地区画を持つ伝統的共同体は、自治からは程遠く、国家の経済、社会、政治システムの中に取り込まれている。都市や入植地に移った移民たちは、対外・対内依存といった伝統的なメカニズムをうち捨て、家族、民族、宗教あるいは出身地をもとに集まり、新しい、そして一般的にはより開かれた村落共同体を構成する。

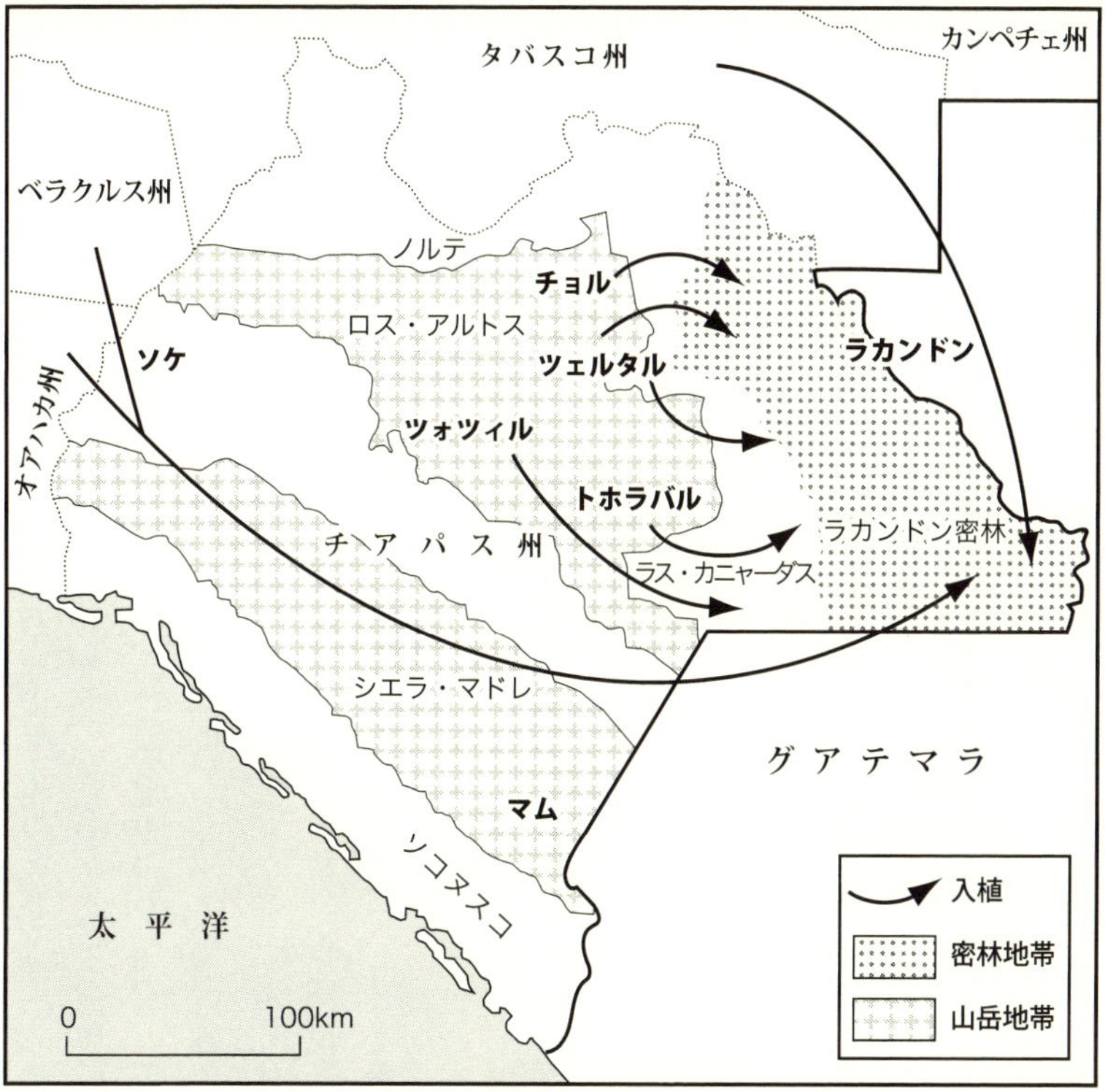

チアパス州の地理、民族集団、入植

社会的闘争、経済的改善と文化的変容につながっていった。

サパティスタ運動は伝統的な村や村の伝統を守り続ける人びとを動かしたのではなく、伝統や伝統主義者と対立し、そのため村と対立したりそこを離れなくてはならなくなった先住民民衆の中に生まれ、そこで発展していったのだ。彼らの離脱——多くの場合、彼らの追放——には宗教的理由と経済的・政治的理由が入り交じっている。

セルバの入植地や都市の貧困ベルト、村内部ないしはその周辺部で、離脱者たちは文化的変容を遂げた独自の村をつくっていった。そこに、新しい文化とアイデンティティが生まれていったのだ。それは、近代的で開かれた、新しい先住民文化だった。追放と過剰労働力の失業状態、経済的・社会的・政治的な行き詰まりこそが彼らに自由を与えたのだった。

新しい村は、内部的相互依存関係（カルゴシステム、プリンシパレス*、シャーマン、村のお祝い行事やアルコールなど）からも、外部的依存関係（農園、手配師、商人、輸送業者、カシーケや政治制度）からも解放されていた。これらの村はいわば内生的に発展していた。そこに宗教関係者やNGOなどが入り込んでいたことは間違いないが、それにしても、彼らは国家からの関心と援助を一切受けず、基本的に内側からの力で発展していたのだ。やがて彼らは、土地の開墾や牧畜、換金作物（コーヒー、唐辛子、ごま）、農薬の導入*、信用供与などにより発展していった。自給自足経済の時代は終わり、地域は市場に参入した。そこでは貨幣による取り引きが増大し、職人層が解体され、工業製品の消費が増加した。五〇年代、密林奥部の住民たちは外部からはわずかに塩、石鹸、衣類を作るための布と農具を買っていただけだった。それから四〇～五〇年を経たいま、彼らは台所用品、洋服、靴、薬品、食品、飲物、缶詰、建築材、殺虫剤など、た

カルゴシステム　全メソアメリカ（メヒコ中部・南部とグアテマラ）の先住民共同体における伝統的な政治・宗教組織機構。「プリンシパレス」はカルゴシステムのすべての役職を経験した老人たちで、彼らが最大の権限を持っている。

農薬の導入　六〇年代から七〇年代初頭にかけてグアテマラ高地の先住民にもたらされた化学肥料による緑の革命とは事情は異なっている。

くさんの物資を買っている。* 周縁化し、都市から遠く離れた交通事情の悪い「国境地帯農村」は、だからといって市場に対して閉ざされていたわけではなかったのだ。

これらの村はコーヒーなどの生産物を自ら商業化しようと試みたが、それは、生産物の流通を支配するラディーノや公営・半公営企業によって妨害された。ラテンアメリカの他の先住民社会（グアテマラ、エクアドル、ボリビア、コロンビア、パナマ）やメヒコ内の他の先住民グループでは、近代的な先住民商人の働きは変革への原動力となってきた（その興味深い例が、隣接するオアハカ州・フチタンのサポテコの人びとのものである）。チアパスでも、追放された貧農は、彼らが唯一ではなかったとはいえ、近代化への重要な役割を果たしている。先住民商人は多くの場合、彼ら自身がカシーケであるかあるいはカシーケと結びついており、追放のおかげで、最近になってやっと、サン・クリストバルのラディーノ商人と競争できる都市居住先住民層が生まれてきた。また、ラテンアメリカ各地で起こった数々の類似した出来事やサポテコのケースとの違いは、サパティスタが女性解放の闘いに火をつけるまでは、チアパスでは先住民女性が変革の主役となることは珍しかったということである。*

このような限界にもかかわらず、変化は包括的なもので、社会関係、経済関係、政治関係など、あらゆる活動領域に及んでいった。五〇年代から九〇年代にかけて、漸進的に続いてきた変化は、程度の差こそあれチアパスのすべての村に波及した。教育の浸透、正確には識字率の普及も、この変化の重要な牽引力となっていた。しかし、宗教的変化と社会闘争こそが、社会的・民族的主体の出現をよりよく理解するための鍵であり、ロス・アルトスやチアパス北部でも争いは激しく、時にはより複雑でありさえしたが、しかし、それは特に入植地域において非常に純粋かつ明白なかたちで現れていた。いずれ

出典 Rodolfo Lobato, *La Forêt du Lacandon*, Paris, L'Harmattan (à paraître).

女性の地位 例外として、七〇年代に教会と関係のあった協同組合に組織されていた女性織物家たちのケースがある。チアパスでの女性に対する抑圧については、cf. France-Jules Falquet, "Les femmes indiennes et la reproduction culturelle : réalités, mythes, enjeux", *Cahiers des Amériques latines*, n° 13, Paris, IHEAL, 1992.

にせよ、宗教的変化と社会闘争を理解することが、サパティスタ運動誕生の背景を理解するために不可欠なのである。

画一性の断絶

チアパスの宗教問題は、グアテマラと共通する先コロンブス期と植民地時代の歴史に端を発している。マヤ民族は国境の両側で言語が違い、それぞれ固有の村に属し、村落共同体も比較的自立的であったにもかかわらず、同じ世界観と信仰、習わしを長期にわたって共有し、両者ともに最近まで、植民地時代に形成されたマヤとカトリックの混交文化を生きてきた。メヒコの独立宣言（一八二一年）直後、チアパスはグアテマラから分離してメヒコへ併合し、それにより政治的一体性が絶たれたが、文化的一体性は抹消されなかったのだ。一九世紀後半、自由主義的政治は、両方の地域でさまざまな時期にさまざまな規模で教会の村に対する影響力を排除し、教会を弱体化させることを目指したが、それにより、教会と先住民解放運動は起伏を重ね、時に極めて宗教的な衝突の原因となった。チアパスにおけるこれらの反乱の中で最も重要なものは一八六七年から一八六九年にかけて起こったツォツィルの民の反乱で、それは一定の期間、メヒコ市出身のメスティーソの教師に指導されていた。数十年間、教会はチアパスにおいては最低限の活動しかせず、礼拝はほぼ完全に村が自ら行なった。

チアパスよりも一〇年ほど早く、三〇年代〜四〇年代のグアテマラでは、村落内部に決定的な宗教上の転向が見られ、カトリック教会が勢力を回復する一方、プロテスタント教会やその他の宗教組織も力を伸ばしていた。

カトリック側では、「改宗者」たちにはやがて組織内で役職が与えられ、彼らの一部は伝道師として育てられた。最初に入った宣教師と第一世代の伝道師は「習慣」を異教のものとみなして構造的に根絶しようとした。宗教的に生まれ変わるためには、伝統の破壊は不可欠な過程であると彼らは考えていた。新生カトリック派と、時に「真正カトリック」を名乗った伝統派の間には暴力的対立が発生し、それは時にきわめて激しいものとなった。いくつかの村では今日でもこれらの勢力の間で激しい対立が続いており、プロテスタントとの間にもそのような関係が存在している。

六〇年代後半、教会内で起こった変化（一九六二年第二回バチカン公会議。一九六八年コロンビア、メデジンで開かれたラテンアメリカ司教会議）と民衆の要求の両方の影響を受けて、転機がおとずれた。「教会と神の言葉は魂を救うための言葉は発してきたが、生命をどう救うのかについては何も言っていない。われわれは人びとを救うために働きながら、空腹、病気、貧困、死とも闘っている」。また、西欧民族中心主義を批判する者はこう言った。「もし教会がツェルタルのものにならなければ、それはカトリックではない」。*

一九六〇年よりサン・クリストバル教区司教をつとめるサムエル・ルイスが、この変化の鍵を握る人物である。［メヒコ］革命の直後、メヒコ版ヴァンデの反乱*の舞台となったイラプアト出身のこの聖職者は、当初きわめて保守的だったが、やがて、チアパスの現実にふれ、メデジン会議に積極的に参加して、貧しき者の大義（解放の神学の「貧しき者のためにこそ」）に目覚めた。彼の指導の下、教区は福音伝道の方針を転換し、「先住民の顔をした教会」を目指した。*まるで小学校の先生のように高位聖職者から教わったことを村で教えてまわっていた伝道師たちは、村の声に耳を傾け、寄り合いや「合意」といった村の制度の中に神の言葉を見出すよう指導された。「自分たちの辛い経

出典 Diócesis de San Cristobal de Las Casas, *Situación general del Estado de Chiapas*, 1979, p. 7-8.

メヒコ版ヴァンデの反乱 反教権主義政府に対して農民が反乱した「クリステーロの乱」（一九二六年〜一九二九年）のこと。著者がフランス人であるために、フランス革命期の「反革命運動」ヴァンデの反乱に準えている。

出典 Diócesis..., *op. cit.*, p. 8.

験の話になると、おとこたち、おんなたち、こどもたちは一斉に大声で喋りはじめ、そして、先住民のやり方では、すべての声が静まる時、「合意」が生まれたことになるのだ。それには、現実についての神学的見方が含まれていた」*。

出典　Diócesis.., *op. cit.*, p. 7-8.

解放の神学は七〇・八〇年代にラテンアメリカで生まれ大陸中に広がったが、その形態と内容は多様で、国ごとに異なっていた。グアテマラでは主に先住民世界に広がり、文化的側面よりも政治・経済的活動を重視した。しかしチアパスでは、時と場所、宣教師の経験と繊細さの度合い、どの派の教会や修道会に属しているかなどによって変化するものの、一般に、解放の神学は強い「インディオ化」の傾向を持っていた。教会聖職者は時に「現地への適応」という言葉で表現したが、それは、先住民文化の中にキリスト教思想を適応させ注入する、きわめて体系的な方法を指していたのである。

この計画は特にツェルタル地域で成功し、「先住民教会」、あるいは「ツェルタルの教会」と呼ばれる教会があらわれるまでになった。教区は一九七四年の先住民会議開催を支援し、こうして再布教運動の方向転換が具体化されると同時に、変革のプロセスにおける教区の中心的役割と強い影響力が確立された。しかし、この頃から先住民運動は多様化・複雑化し、彼らの支持を求めて複数の政治・社会組織が競い合うようになった。教会にとって先住民運動を自らの管理下においておくことは難しくなっていった。それでも、先住民たちに親愛の情を込めて「タティック」「われらが父」と呼ばれるサムエル・ルイスは、そのすぐれた社交的センスと政治能力、カリスマ性によって中心的役割を担い続けている。それは、イエズス会、ドミニコ会、マリスト会、フランシスコ会、ビセンテ修道会などの各宗派の支持や、階層構造と基盤活動、中央集中制と支部を組み合わせる教区の組織にも助けられている。神父と世俗司祭は、その二、三倍の人数の修道女と数千人の伝道師（男性に加えて、女性の数も増加している）に支えられ、時にたどり着くのも難しい場所を含めた広大な面積で公的機関をしのぐネットワークを組織している。「先住民神学」の考え方では、伝道師は村に仕えるためにいるのであり、その逆ではないとされてはいるが、彼らは社会的、政治的、宗教的指導者となって、古典的な政治的・宗教的支配体制が崩壊したり拒否されたりしたところに生まれた空白を埋めている。彼らが教会の内部者でありスペイン語を知っていることから、必然的に外部世界との仲介者となっているのだ。

マルコスはそれをできる限り否定しようとするが、彼の意見はどうあれ、教会は村内部の組織形態の変化と村をこえた組織（近代的民族組織）の形成に決定的な役割を果たしてきた。特に、新世代の指導者や活動家の発展を助け、そして彼らの多くがサパティスタ運動に参加したのである。*

村、宗教とエスニシティ

カトリック教会がこのような方針をとったことの背景には先住民民衆の進化があり、カトリック教会自体もその進化に寄与していた。しかしそれは同時に、プロテスタント教会（歴史的プロテスタンティズム、特にペンテコステ派）や千年王国論派の教会（アドベンティスト、エホバの証人、モルモン教）などとの競合関係の結果でもあった。

プロテスタンティズムは二〇世紀初頭、長老派教会という「歴史的な」形をとって、プロテスタントとしてはじめてチアパスに現われた。しかし、先住民世界に大きく広がったのはアドベンティストやペンテコステ派など新しい宗派で、それは今世紀後半になってからのことだった。これらの教会と新生カトリック教会の間には社会学的に見てた

サパティスタとカトリック　サパティスタ運動の中に、我々は以前から新生カトリック派共同体で行われてきた習慣や表現を見出すことができる（「みんなの手ですべてを」、多数決ではなく全会一致による決定、男性、女性、子供を分けての投票など（Diócesis...; *op. cit.*, p. 3 et 9.））。ダビッド司令官は、サパティスタ指導部では珍しく、先住民の意識化のために「神の言葉を知る」ことが大きな役割を果たしたと述べている（*La Jornada*, 21-11-1996）。

くさんの類似性と、同時に緊張・対立関係が存在している。新生カトリック教会であれどの新興宗教であれ、変化は伝統的村落共同体とその古風なカルゴシステムからの断絶を意味しており、それは象徴的な断絶であるとともにしばしば物理的断絶にもつながった。神父や伝道師のごとく、プロテスタントの宣教師たちはセルバへの入植を奨め、そこへの定着を助けて先住民たちに付き添った。

基盤のカトリック共同体は信者の集まりで自分の経験を訴え、神の意志（神の声は民の声）のもとでの団結が固められていった。それは、伝統的村落共同体の寄り合いのみならず、ペンテコステ派などの宗派の集まりをも思い起こさせるものだった。また、先住民牧師の誕生に対抗して中間役職者（助祭、副司祭）が募集され、同時に、伝統的カルゴシステムも崩壊ないしは変化していった。

画一的なカトリックの村であれ、プロテスタントやその他の宗派系の村であれ、古典的な村制度が新しいものへ変化していく傾向は押し止めようのないものだった。「現実の神学的見方」や厳しい自然条件、村の「敵」の攻撃などにより、村は自分を守るために内向していった。

新しい村は伝統的な習慣からは離れた宗教的基盤の上に形成されていった。民族的側面の消滅などありえないが、それもまた大きく変化していた。そこには、伝統的要素を維持しつつ（例えば言語）、混淆と交流、村を越えた、あるいは民族を越えた結婚などによって豊かさを得て、より公平な関係を社会全体とつくろうとする新しいエスニシティが生まれていたのだ。

こうした交流と開放により、共同体主義への傾斜はくいとめられた。閉鎖的で強度にヒエラルキー化した村を放棄した先住民は、そこに広がりを増した民族共同体を発見し、さらに、カトリックやプロテスタントなどの宗教組織を媒介にして、民族を越える共同体を発見したのだ。

ペンテコステ派、アドベンティストとその他の宗派は、反進歩的・反自由主義的思想を広めようとしていた。しかし、彼らのメンバーの一部が、大概はカトリックである解放の神学信奉者が組織する行動を含めた組織活動や社会・経済的闘争に参加することもあったのである。チアパス高地先住民代表者評議会（ＣＲＩＡＣＨ）は追放されたツォツィル人の組織で、村への帰還を目指すと同時に、現在置かれている状況の改善のためにも闘っていたが、そこには、アドベンティスト、長老派教会、ペンテコステ派、そして少数だがカトリック信者も参加していた。サン・クリストバルのチャムーラ人に根づいたこの組織は一時、民主革命党（ＰＲＤ、この野党の指導者の一部はＰＲＩから分裂してきたもので、党は全国でポピュリスト、社会民主主義者とネオマルクス主義者を組織している）の支持も得て、議員を一人出すことに成功していた。歴史的プロテスタント宗派（メソジスト派、長老派）では左翼的傾向は珍しいことではなかったが、ペンテコステ派が左翼的傾向を持つことはあまりなかった。一方、ラカンドン密林の反サパティスタ派住民の多くはプロテスタントであった。

解放の神学から、神学なき解放へ？

その社会学的、思想的、政治的表れとは別に、カトリックの再布教運動と同時にプロテスタントなどの宗派が侵入し、それらが対立関係に入ったことにより、その行方が今後の方向性を左右していた。彼らは伝統的村落共同体の崩壊によって生まれた空白を奪い合い、さらに崩壊を促した。彼らは、個人的経験・共同的経験に新たな意味（方向《サンス》）

を与えようとしていた。

このことは、人びとがロス・アルトスの農園や村を去り、入植地へと移民することを、ある種の約束の地を求めての脱出、「わたしの民を去らしめよ」のマヤ版であると解釈することで理解できる。「神は、昔のユダヤの民のように、われわれが自由になることを願っている。ユダヤ民族は他民族の地、エジプトに住んでいた。そこは自分たちの土地ではなかったから、奴隷のごとく働き、極貧の中に生きていた。そこで、神は指導者のひとりに語りかけ、言ったのだ。『私は我が民衆の苦しみを見、職長が強いる涙を見た。私はおまえたちを苦しみから解放し、よりよき地に導くために降りてきたのだ』」。*

信心深きマヤの民は正義を希求し、歴史的意味（方向）を探し求めていた。そして、新生カトリック主義や新しい宗教運動の聖書がその希望に答えを与えたのだ。特にセルバの新生カトリック派村落が、解放の神学派の主張にもっとも激しく傾倒していった。その構成者たちにとって、新しい村の建設は「新しい人間」の建設であり、「地上の神の王国」である「新しい土地」での「新しい人生」の建設であった。先住民たちは初めて自信を持ち、自らで自らの行先を決め、自らの意志に沿って行動していると感じていた。意志は共通だった。「ひとつの考えのもとに、共に働き、ただひとつの希望を持つただひとつの心をつくろう」と。グアテマラ・イスカンの入植地と同じように、解放はやや千年王国共同体主義的傾向をもった。古くからの依存関係を断ち切り、共通の敵（権力、カシーケ、中間業者、裕福なラディーノたち）と闘う中で「われわれ」が肯定され、この闘いの中で「われわれ―他者」という関係によってアイデンティティと違いが（再）構築された。* そこに、ひとつの共同的主体が生まれたのだ。

サパティスタ運動はこのような地盤の上に生まれてきた。その地に分裂をもたらしも

出典 「私たちは自由を求めている」と題されているツェルタル語の「村の教理問答」の一節。次の書からの重引である。Xóchitl Leyva y Gabriel Ascencio en *Lacandonia. Al filo del agua*, CIESAS/UNAM/UNICACH/FCE, México, 1996, p. 159.

参照 Xóchitl Leyva y Gabriel Ascencio, *op. cit.*, pp. 154-161 y 168 の、すばらしい分析を参照せよ。

したが、同時に、解放の神学ほどあからさまではない、分別ある宗教的次元を保っている。しかし、もちろんサパティスタは解放を神学と同種の倫理規範を引き継いでおり同じ歴史性を探し求めている。

「われわれは神学なしで解放したのだ」。あるジャーナリストの、解放の神学との関係についての質問に、マルコスはそう答えた*。この本のインタビューのなかでマルコスは、カトリック教会の宗教的不寛容性やセクシュアリティと女性の役割についての教会の保守性を強調し、共同体内でのカトリックの役割を繰り返し批判する。しかし、サパティスタはすすんで宗教のテーマに触れようとはしない。それが、運動内部に分裂を引き起こす要因となったり、教会組織との対立につながることを恐れているからだ。ドン・サムエルとの関係も複雑で、接近と対立を繰り返している。

出典 *El País*, 5-1-1994（元来は *La Jornada* で発表された、ロジャー・グティエレスによるインタビュー）。

マルコスは、自分が宗教的影響力を持つ人物だとする見方を馬鹿にして言う。「私の名前マルコスが福音書のサン・マルコに由来するのかって？ 神が私を解放したって？ 最初の聖体拝領の儀式に行って以来、宗教儀式には一度も行ってないよ。その時は八歳だった。神父やローマ法王、教皇大使のために勉強したことなんか一度もない。私は伝道師でも教区司祭でもなんでもない…」*。マルコスはユーモアを駆使して宗教的情念《パトス》と闘っている。彼は、死についても――ある時には――生を犠牲にすることについてもよく言及するが、そこに殉教者的意味を与えない。チェ・ゲバラのような神聖なシンボルになろうとはしないのだ。とはいえ、共同体の空気はピューリタニズム的倫理意識と、昔の先住民蜂起や、最近ではセルバ入植初期の蜂起などに見られるような救世主主義的、あるいは先年王国主義的行動に結びつく可能性を持つ曖昧な宗教状況に満ちている。

出典 En Durán de Huerta, *op. cit.*, p. 15.

先住民運動、団結から分裂へ

サン・クリストバル・デ・ラス・カサスの先住民会議の主要な成果の一つとして、一九七五年、エヒード連合——キプティック・タ・レクブツェル（ツェルタル語で「解放のためのわれわれの力」の意）が結成された。この組織は、入植地域の先住民共同体の運動に重要な役割を果たしてきている。* この組織がラス・カニャーダスの大多数のツェルタル共同体を組織し、別のエヒード連合は同地域のトホラバル共同体を組織していた。やがて、この動きはロス・アルトスと州北部の共同体に広がった。一九八〇年、公的機関から独立した組織の統一体を作る目的で、「エヒード組合・チアパス連帯農民組織連合」が誕生した。

文化的な主張と土地、信用、輸送、栽培多種化、コーヒーの商業化、木材伐採、教育、衛生、飲用水などの問題についての社会・経済闘争を組み合わせた動きが共同体内及び共同体間で始まっており、教会は方針を変更してこの動きを支えた。大土地所有者、商人、輸送業者、森林開発業者や公的機関と先住民入植者たちとの間の対立は激化した。一九七二年、州知事とエチェベリア大統領によって発令された政令の適用に対する共同体の闘いにはたくさんの人びとが加わった。この政令は、ラカンドン人の六六家族に広大な土地を与え（六〇万ヘクタール以上）、そこに定住し始めていた二六の共同体に分散した二〇〇〇家族のツェルタルとチョルを排除しようとするものだった。その中には、数多くの手続きの末に正式な所有権を手に入れていた人びとも含まれていた。政令の趣旨——ラカンドン密林を「その正当な所有者である古代マヤ人の直接の末裔に返還」し、環境保護区を設置する——の背後には、森林資源、石油資源、水力発電源を支配下におきたいという経済的動機が隠されていた。同じ「ラカンドン共同体」地域を包摂し、複

運動団体　一九七五年から九三年にかけてチアパスでは、独立系であれ非独立系であれ、たくさんの農民組織が誕生した。なかでも、エミリアーノ・サパタ農民組織（OCEZ）と農業労働者・農民独立センター（CIOAC）は全国組織の地域支部であって、経済的・社会的闘争では重要な位置を占めている。その点で私たちが深い関心を抱くのは、キプティック、エヒード連合、ARIC、ANCIEZである。その理由は三つある。第一に、これらの組織は、複雑で広範な、この時期のチアパスでは周知の影響力を及ぼしている農民運動をまとめており、そうとは認識されてはいないものの全国レベルで見ても最も重要なもののひとつである。Xóchitl Leyba y Gabriel Ascencio によれば、ARICとエヒード連合は、一三〇の村に属する六〇〇〇家族近くをまとめていた（*op.cit.*, pp. 150-151）。第二に、この運動は、ラディーノの小農民が参加することもあったとはいえ、基本的に先住民から成るという特徴を備えている。第三に、この運動がゲリラと出会うことによっ

数の先住民入植共同体が排除される恐れのあった一九七七年の「生態保護区」の指定も同様の反応を引き起こした。土地問題については当時、たくさんの人びとが新しい共同体の確立のために行動していた。そこに七〇年代後半から八〇年代初頭にかけて、複数の共同体が一致した闘いが加わった。共同体は団結して土地を守り、生産と商業化のためのよりよい条件（輸送、信用供与など）を求めて闘いを始めたのだ。*

この時期に、エヒード連合「キプティック・タ・レクブツェル」——先住民の人びとはそれを「キプティック」と呼んでいた——は、その地域の経済、社会、文化、宗教などの諸側面をひとつに糾合する影響力を持ち、マルコスはその状態を、キプティックは原理主義的性格を帯びていたと評した。

この組織は、民族言語的（唯一の言語＝ツェルタル）にも、宗教的（唯一の宗教＝新生カトリック）にも、そして社会組織的にいっても、均一なものであろうとしていた。その上、副司令官が皮肉っぽく付け加えるには、そこにEZLNが防衛的軍事力という要素を付加したのだ。そこには、武装した共同体主義出現のための必要条件がすべてそろっていた。

しかし、入植地の先住民社会もさして団結が強かったり、画一的であるわけではなく、解放の神学派が期待するほど別の考え方に対して抵抗力があるわけではなかった。ロス・アルトスの先住民社会なら、それはなおさらのことだった。サパティスタ出現以前、たくさんの体制派政治組織や反体制組織、路線の曖昧な組織などが、先住民運動を利用したり操ったりしようと企てていた。教会は自らの領域であると考えていた場所にこれらの組織が入っていく事態を、気をもみながら見守った。「民衆の闘いを操ろうとするたくさんの政党の出現と、毛沢東主義的反体制派の突然の参入」により、政治的に排除

て、サパティスタ運動が生まれたのである。

＊参照 *Lacandonia, la última selva* において、Rodolfo Lobato はラカンドン密林地域の生態系問題とそこから派生している紛争について、実地検証に基づいた詳細な分析を行なっている。

されたと感じていたのだ。* しかし、政治的な組織活動家をもたない彼らは、一九六八年の闘争から生まれたメヒコ北部や中部の活動家に対し、自ら呼びかけを行なってもいた。彼らの一部は先住民会議の開催に関わり、さらには最初の共同体間組織の確立にも関わっていた。七〇年代末期、キプティックの主導権をめぐり、教会と結びついた先住民指導者と、毛沢東主義組織「民衆政治―プロレタリアート路線」とつながっている組織が真っ向から対立した。後に、サムエル・ルイス自身も、このオオカミを群れの中に誘い込んだことを認めている。* このグループが、共同体開発のための資金を供与する目的で「信用組合」を結成したことにより分裂と対立が発生し、やがて、プロレタリアート路線の主要な指導者は追放された。彼らが少しづつ権力内部に取り込まれていったため、彼らは先住民共同体に浸透し、そこに政治的パトロン・クライアント関係を確立しようとするPRI近代化派の「潜水艦」ではないかとの疑いが高まったからだった。数年後、このグループの数人は、カルロス・サリナス政権の中心的政策の一つである全国連帯《ソリダリダ》計画担当者となった。

一九八二年から一九八三年にかけてエヒード連合の危機は頂点に達し、先住民運動は後退した。このような状況下で毛沢東主義指導者たちは去っていき、その数カ月後、民族解放戦線（FLN*）を母体とするEZLNが、ラカンドン密林の奥地にその最初の細胞を設置する（一九八三年一一月）。毛沢東主義者たちが民衆の行動を呼びかけていたのに対し、カストロ・ゲバラ主義的なこの組織はメヒコの反乱の歴史を旗印に、極めて純粋な根拠地主義的活動を開始（あるいは再開）した。八〇年代中頃になると、彼らは村と接触を始める。先住民組織とその指導者に対する弾圧*と暴力が激化しており、また、彼らの内部対立も深刻化していた。一方、ゲリラは村に自衛組織をつくった。

出典　*Diócesis...*, *op.cit.*, p. 17.

出典　*Proceso*, 28-2-1994.

FLN　FLN（民族解放戦線）は一九七〇年代末にヌエボレオン州モンテレイで結成された。加わった者の中心は中産階級で、大学生、大学教員、学生が大部分だった。一九七四年、当局は、モンテレイ、メヒコ市の細胞組織、およびチアパスに形成されつつあった指導部の中核を壊滅させた。一〇年後に、他の政治・軍事組織に所属していた者も含めてEZLNが結成されるに至るのだが、それをゲリラ組織＝FLNの再生と見なすこともできよう。

弾圧　一九八二年から八八年にかけてチアパス州の知事を務めた将軍アブサロン・カステジャーノスは、その厳しい弾圧策で先住民農民の間に耐えがた社会運動が弱体化し、弾圧が激化する一方で、特に指導者層が権力内部に取り込まれていくという状況下、サパティスタ運動は先住民民衆の間に浸透していった。サパティスタ運動は、一部の聖職者や、教区と関係をもつ活動家グループの仲介・支援も受けていた。* 当初、彼らの主な支持基盤はエヒード連合であり、それは一九八八年、集団権益農村連盟（ARIC）に発展した。* しかし、武装路線の選択はやがて分裂の原因となり、生産と商業化についてより有利な条件を求めて交渉することが可能であると考える派と、土地闘争の急進化を主張する派の間の緊張は高まっていった。ARIC内部で合法・「経済主義」路線はより力を増し、八〇年代終わり頃までにサパティスタは指導部から追放された。そこで一九九一年、彼らはロス・アルトスと州北部、セルバを勢力範囲とし、国全体におよぶ目標を追求する競合組織、エミリアーノ・サパタ独立農民全国連合（ANCIEZ）を創設した。

　グアテマラで、農民統一委員会（CUC）が貧民ゲリラ軍（EGP）の「大衆組織」の役割を果たしたのと同じように、ARICも大衆組織としての役割を果たし、それはANCIEZでより一層明確になった。「ANCIEZにはEZの人間もいたよ。開かれた組織だったけど、ARICのように政府と交渉したり取引きしたりはしなかった。開かれてはいたけど、それは地下組織だったんだ。それをたくさんの人と出会うために利用したのだ」。ANCIEZのメンバーはやがて軍創設が目的であることを知らされ、組織の上っ面ははがされた。*

　一九九二年、「発見」五〇〇周年のこの年、急進化した先住民農民運動は最後の平和的行動を行なった。

　一、三月七日、チアパス北部から数百のチョル先住民が首都に向け行進を開始した。*

い記憶を遺した。サパティスタは一九九四年一月一日の蜂起の時に彼を人質にとった。メヒコ政府は、同年二月にサパティスタとの対話に応じることを条件に、ようやくカステジャーノスの釈放をかちとった。

キリスト者　次の事実は強調するに値しよう。グアテマラでは武装闘争への動員に積極的だったのは、少数のイエズス会子であった。他方、チアパスでは、イエズス会の主要な代表者たちはサパティスタに対して距離をとるか、批判的であった。

出典　Neil Harvey, en Juan Pedro Viqueira y Mario Humberto Ruz (eds.), *Chiapas, los rumbos de otra historia*, CIESAS/CEMCA, México, 1995, p. 474.

出典　Guiomar Rovira, *¡Zapata vive!*, Virus Editorial, Barcelona, 1994, p. 43.（『メキシコ先住民女性の夜明け』柴田修子訳、日本経済評論社、二〇〇五年）

当局からは口約束しか得ることができなかったが、しかし、弾圧と当局側の政治意志の欠如、汚職、憲法二七条改正の問題や差別などに対する彼らの抗議は国内で一定の反響を得た。八週間、千数百キロにわたる行進は、忘れ去られている状態から抜け出す第一歩となったのだ。

二、エミリアーノ・サパタ暗殺記念日である四月一〇日や他の機会に数千の先住民がチアパスの複数の場所で同様の要求を繰り返し、カナダおよびアメリカ合衆国との間で交渉が進んでいた北米自由貿易協定にも抗議の声を上げた。

三、一〇月一二日、約一万人の先住民（うち半数はANCIEZメンバー）が「五〇〇年の抵抗闘争」を祝ってサン・クリストバルの町を盛大にデモ行進。その際、一六世紀にこの植民都市を建立し、五世紀にわたる支配の象徴となってきたディエゴ・デ・マサリエゴスの銅像を破壊した。

これらの行動は、社会運動が最高潮に達したというよりも、その行き詰まりと平和的手段が不可能であることを示していた。あとから見れば、この三つの行動が武装蜂起を予告していたのだ。

行進　この行進は、シニッチ（チョル語で蟻を意味する）と名づけられた。これは「当局が蟻塚（転じて、群集）を足蹴にしていることに対する回答なのだ」と参加した人びとは語っていた。

狂気の背景

以前は団結の強かった入植地の社会は崩壊していった。近代化は不平等と制約、依存関係を作り出し、経済危機により内部の格差と分裂は加速した。そこに政治・軍事組織が出現したことで、経済的集団間、社会的集団間、世代間の分裂ははっきりしたものとなった。若者たちは老人と入植第一世代の権威の否定し、そこに自分たちの権威を確立するために武装組織を利用した。このような進化自体は、革命運動の成長のために不利なものではなかった。蜂起は共同体と先住民社会の崩壊という現実の中に生まれ、そこで成熟していったのだ。

しかし、世界情勢は明るくはなかった。ソ連邦は崩壊、ニカラグア・サンディニスタ政権は選挙で敗北（一九九〇年二月）、エルサルバドルでは和平協定が成立し（一九九二年一月）、グアテマラでも和平のきざしが見えていた。中米革命の激動を間近で見守ったサン・クリストバル教区では、一部の組織とメンバーを除き、サパティスタとは距離をとった。全国的に見れば、国民の半分は第一世界入りを夢見はじめた。かつては革命思想に共感していた多くのメヒコ人インテリたちも、新自由主義はもはや不可避であると考えていた。

外側から見る限り、武装蜂起の計画はほとんど狂気の沙汰だった。先住民に基盤においた革命運動など、考えられないことだった（サパティスタの先住民は間違いなく操られていると断定するたくさんのメヒコ人と外国人の評論家にとって、それは信じ難いものでありつづけている）。

もちろん、先住民社会全体が蜂起の計画に参加したわけではなく、ラカンドン密林内部でさえ、その全体が参加していたわけではなかった。共同体、宗教組織、家族間のたくさんの内部分裂の奥に、ある強い傾向が垣間見える。サパティスタ蜂起は、文化変容を遂げて社会全体に同化した人びとと、伝統的共同体や農園との間に横たわる空間において発展していたのだ。彼らは、このふたつの世界のうちの一方から他方に移行しようとしないままその間で揺れ動く層を動かすことに成功した。そして特に、古い秩序を知らず、未来への扉が閉ざされているを見て取った新しい世代の人びとによって受け入れられたのだった。

この蜂起は、歴史上の他の同種の蜂起と同じように、最も貧しく伝統的な階層から生まれてきたものではなかった。なんとか貧困を脱した層や、崩壊過程にある村落共同体、村を「出た」あと、大変な努力の末に獲得した利益が脅かされているのを見て取った人びとのなかから生まれてきたのである。近代化とその危機が、蜂起を生み出したのだ。

古典的共同体や農園の束縛から離れ、これらの人びとは社会に対して自らを開放した。それは彼らを解放したが、同時に、パトロン・クライアント関係から離脱したことで外部世界からの保護も失っていた。入植と共同体の開発計画は、生産品種の多様化、新技術の導入、信用獲得、商業化といった市場への開放をもたらした。その結果、経済は極貧状態を脱することはできたものの、極めて脆弱で外部要素に左右されやすいものだった。

このような発展も、内部・外部双方に端を発するさまざまな障害――「ラカンドン保護区」、毛沢東主義路線の失敗、教区関係の多くのNGOへの失望、ARIC－エヒード連合の内部分裂など――を前にたびたび行き詰まったために、ますます多くの先住民衆が武装蜂起の計画を受け入れていった。一方、当局は複数の矛盾する課題を抱えていた。耕作のため入植者により木がどんどん切り倒されており、セルバがそれにより完全に破壊されてしまうことを避けなければならなかったし、大規模牧畜業者の要求に応えつつ、時には小規模入植者の要求にも応える必要があった。天然資源の開発と同時に、それを保護する必要もあった。政策の一貫性の無さは緊張状態と紛争を引き起こし、それは八〇年代末期から九〇年代初頭にかけて最高潮に達したのだ。

カルロス・サリナス・デ・ゴルタリは就任直後、「ラカンドン保護区」と「生態保護区」設立によって被害を受けた共同体の要求の一部に応えた。全国連帯計画は、PRIの枠をとびこそうとした新大統領の、社会政策とパトロン・クライアント関係政策の主要手段であり、それにより、チアパス、特にラス・カニャーダスでは基盤整備と公共サービス（共同体内の商店、医療物資、学校、道路、輸送、電化、飲料水、バスケットコートなど）のために巨額の投資がなされた。

しかし、それらの恩恵も、腐敗した官僚機構とクライアント関係の網の中で侵食され、村に届く頃には無意味かあるいは利用不可能な殻のみになっていた（例えば、セルバ中心部のグアダルーペ・テペヤックに建設された大きな病院からは、開院式のしばらく後、器材も要員も引き上げられた）。このこともまた、人びとの不満と欲求不満を増大させた。国内経済と国際経済が発展し、政府の経済政策もそれに合わせて策定されるなか、その発展がもたらす影響を埋め合わせるにはいずれにせよ投資は不十分だったのだ。農村人口は継続して増加し、農民経済への公的介入（生産のための信用供与と商業化支援策など）が削減される一方、価格が急激に低下するなか、社会福祉政策はそれを埋め合わせるには程遠いものだったのだ。

一九八九年、コーヒーに関わる国際協定は更新されなかった。数千の農園季節労働者の給料と数万の小規模農民の収入源であったコーヒーの価格は、一九八九年から一九九二年の間に五〇パーセントも低下した。また、多数の入植者の経済状況の向上の鍵となるはずの畜産も、合法的輸入と密輸、そして、大規模畜産業者の負債により危機的状況に陥った。州ならびに連邦政府当局は、森林破壊の防止という、理に適わぬわけではない理由により、畜産業を抑制するためのさまざまな策を打ち出したのだ。サリナス政権の森林伐採禁止策は一般的利益にも叶い、環境保護のためであるとして正当化できるものだったが、木の切り出し、土壌改善のための焼畑と家事用の薪を必要としていた農民に直接打撃を与えるものとなった。

しかし、一連の近代化と開発のプロセス、すなわち「新自由主義革命」の過程の中で、チアパスに対する最も強力な打撃となったのは、憲法第二七条の改定であった。一九九二年一月に公布されたこの改定は、エヒード（共有地）廃止に向けた条件を整え、農地分配を終了させ、土地無し農民や小作農が耕作するための僅かな土地を持つことへの保障を撤廃する、決定的な一撃となったのだ。このことは蜂起の重要な起爆剤となった。

農地改革はチアパスに遅れてやってきた。ラサロ・カルデナス政権下、一九三〇年代後半になってやっと適用され始めたのだ。この間に大土地所有者は、権力を保全し、分配を阻止するための策を取ることができた。「チアパス家族」――地元支配層は自らそう呼んだ――は、土地所有面積制限を超過しないために名義借用を濫用し、多くの場合「家族」の内部者が参画している地方政府の支援を受け、さらには暴力に訴えることで、広大な土地を支配した。五〇年代以降、ラス・カニャーダスとラカンドン密林への入植により、先住民農民の土地不足は若干解消された。それは、大土地所有者にとって一種の安全弁であった。

入植地も含めた地域で土地所有権は、定期的に――特に、選挙を目前とした時期に――、分配された。しかし、それも持続した人口成長によりどんどん深刻化する農地問題*を解決するのに十分な量ではなく、貧しい民の希望だけがつのっていった。九〇年代前半、国中で満たされていない農地要求の、実に二五パーセントがチアパスに集中していた。憲法第二七条の改定により、農地改革は未完に終わることが確実となった。

夢は完全に断ち切られた。大土地所有者や仲買人、権力の代理人から解放された、自治的共同体をセルバ地帯に作るという夢。「国家権力があるにもかかわらず生きる社会」

農地問題　農地問題の中には、境界線が明確でないとか、二重に許認されているという問題をめぐって、共同体同士で紛争が起こるケースが大きな部分を占める。

という夢（善意のかけらも見せぬ権力は嘘を言い続け、障害ばかり作っていた。そして今、「約束の地」を守るすべての希望を根底から否定しようとしていたのだ）。こどもたちの未来と自らの自由を保障するだけの僅かな土地を持ち、そこで静かに生きる夢。手に入れ、耕作できる状態にするためにあれだけの努力を必要とした土地がその時、再び奪われようとしていたのだ。一体、いつまでそれに堪えられるというのだろう？

伝統的な政治家や農政官僚たちは常に、農民たちの土地要求を自らの利益と目的のために利用してきた。しかし、現在政策を担当するテクノクラートは、土地への愛情を文化的な後進性の表われと低開発の原因であるとしか見ない。チアパスではこの愛情こそが発展と先住民社会の近代化の原動力となったことを、彼らは理解できないのだ。

メヒコの農地改革の権威ある研究者で、以前は農民の擁護者だったにもかかわらず、今では新自由主義への方向転換の先頭に立つアルトゥロ・ワーマンも、サパティスタ蜂起が先住民社会独自のダイナミズムの結晶であることを理解できないでいる。ワーマンによれば、チアパスにおける社会計画・経済計画への公共投資は、サリナス・デ・ゴルタリ政権時代に行われたほどに高額で、しかも適切に割り振られたことはこれまでなかったという。* 二重の蒙昧さである。蜂起は、危機と弾圧に直面してきた奥深い運動の結果である。全国連帯計画やその他の計画によって配られる資金は地方行政当局*に管理され、しかも、攻撃的な新自由主義政策を埋め合わすことのできる量ではなかった。忘却に対する闘いはもはや表面的な対策では押さえ切れない深い流れとなっており、すべての希望を否定する決定的一撃を待って爆発しようとしていた。

九〇年代初頭、危機と弾圧のなかで、たくさんの先住民民衆が武装運動に参加していった。憲法第二七条改定は蜂起の意志を固めることとなった。一九九四年一月一日が蜂

出典　Arturo Warman, 《Chiapas hoy》, en Raúl Trejo Delarbre (comp.), *Chiapas : la guerra de las ideas*, Diana, México, 1994, pp. 151-163. ワーマンは、蜂起の原因をどう考えるかを披瀝するに当たって、憲法二七条改訂問題にはいっさい触れようとしない。

地方行政当局　一九八八年から九三年一月までチアパス州知事を務めたパトロシニオ・ゴンサレス・ガリードは、九四年一月一日の蜂起の時には内務相だったが、その後間もなく解任された。チアパスの近代化を図るサリナスの政策を望外したというのがその理由であった。

起の日に選ばれたのも偶然ではない。その日、北米自由貿易協定が発効しようとしていたのだ。

いかにして先住民民衆の間に蜂起へと導く風が吹き、それを予測できなかった権力がいかにその爆発を助長したのかが、今になって理解できる。しかしもちろん、このような蜂起は、先住民運動が外部者であるゲリラと出会うことなくしては生まれ得なかったし、また、ゲリラ自身の変化なくしても生まれることはなかったのである。

武装闘争のメタモルフォーズ

「どこで死がわれわれを襲おうとも、われわれの闘いの叫びが聞かれるのであれば、それでいいのだ……」。EZLNの出現とメヒコ政府に対する戦争宣言は、チェ・ゲバラのこの有名な言葉を思い出させるものだった。

キューバ後の、六〇年代の根拠地主義ゲリラ後の、あるいは南米都市ゲリラ後の、カストロ・ゲバラ主義のさらなる再来か？ それとも中米ゲリラ最後の出現なのか？ サパティスタのゲリラ闘争は、中米やラテンアメリカの他のゲリラ運動からの支援・資金提供を一切受けていないとマルコスは強調する。むしろ、複数のゲリラ組織、特に、メヒコに支援と避難場所を見出していたグアテマラのゲリラを苛立たせ、居心地悪くさせたのだ。

もちろん、だからといって疑問が無くなるわけではなく、EZLNの創始者たちとキューバや中米の革命組織との接触や関係を明らかにすることは歴史家の課題となるだろう。このインタビューにおけるもっとも興味深く、根本的なテーマのひとつはむしろ、キューバ革命からサンディニスタ革命、そして現在のメヒコのEPRまで、最近数十年にラテンアメリカで生まれてきた民族解放の闘いを、サパティスタ運動がどのように見ているのか、ということである。

マルコスは二つの言い方でこの問いに答える。一定の類似性を認めつつ、自分たちの強い独自性を強調するのだ。

中米最後の戦争？

EZLNは当初——ある意味では一九九四年一月一日まで——、ゲバラ主義の伝統にのっとり、ニカラグアとエルサルバドルの経験の影響をうけ、そして、メヒコの闘いの伝統によって修正され豊かにされたものだった。それにひきかえ、メンバーの一部が毛沢東主義的傾向をもっていたかもしれず、また、七〇・八〇年代にチアパスで活動した非武装毛沢東主義組織が、一部の先住民・農民民衆の社会・経済的、政治的行動戦略に影響を与えていたかもしれないにも拘らず、EZLNに毛沢東主義的傾向はない。*

ラテンアメリカ革命運動の影響は、サパティスタのシンボルと言説の中のいくつかの要素に表れている。赤と黒という色彩や、「民族解放軍」という命名などがそれである。社会主義、階級闘争、プロレタリアート独裁などの概念は、完全に溶けて消え去るまで、かなりの間、EZLNメンバーや関係者の文章や発言の中で散見された。* 一九九四年一月の軍事作戦——特にオコシンゴ市街戦——は、一九七九年七月のサンディニスタの作戦や、一九八九年一一月、ベルリンの壁崩壊の二日後に実行されたファラブンド・マルティ戦線によるエルサルバドル首都への最終攻勢を思い起こさせる。* もちろん、これら

トロツキスト　マルコスはトロツキストの存在にも触れているが、一九九四年蜂起の際のサパティスタ的カクテルの中には、その存在の影は薄い。だが、今日のサパティスタ支援者の中には、多くのトロツキストと元トロツキストが見られる。

レーニン主義　マルコスは一九九四年一〇月のテクストの中では、史的唯物論と理論家レーニンの価値をまだ認めている。(EZLN, *Documentos y communicados*, t. 2, ERA, México, 1995. pp. 104-110)

類似性　EZLNがオコシンゴ市を占拠したときに、同市の住民がエルサルバドル人が関わっていると考えたのは、わずかだがこの類似性があったからであろう。(Efraín Bartolomé, *Ocosingo, Diario de guerra y algunas voces*, Joaquín Mortiz, México, 1995).

の運動との間には大きな違いもあり、小さくはない相違として、サパティスタ蜂起の「戦略性」の無さ、より絶望的で自殺的な性格があげられるだろう。政治的にも軍事的にもEZLNは比べ物にならぬほど弱く、軍事力も含めた彼らの力はほとんど象徴的なレベルにとどまるものだった。*

貧民ゲリラ軍（EGP）*が出現したグアテマラのイスカンまで続くラカンドン密林に、EGPより一〇年遅れてEZLNは生まれた。最初のサパティスタ細胞が形成された時期（一九八三年一一月）は、グアテマラのゲリラが自分たちの「社会基盤」であると考えていた数万のマヤ先住民が、極めて残酷な対ゲリラ作戦を逃れ、メヒコに避難してきたばかりだった。国境地帯に設置された難民キャンプにもEGPは影響力を維持したが、一九八四年、キャンプはメヒコ政府によって解体され、難民は数百キロ内側のカンペチェ州やキンタナ・ロー州などに送られた。時間的・空間的に近く、徴兵、武器、出現の仕方、社会組織との関係などが似ていることから（CUCがEGPのために果たした役割と同じ役割を、ARICと、特にANCIEZがEZLNに対して果たしていた）、たくさんの観察者はグアテマラのゲリラ、なかでもEGPとEZLNの間に密接な関係があると考えた。サパティスタ運動と同じように民族的視点と国家的視点をあわせもっていたORPA（武装人民組織）は、EGPよりも距離をとっていた。いずれにせよ、グアテマラのゲリラは彼らが通過と避難のために役立てうる場所に武装運動が生まれることを歓迎しなかった、というマルコスの説明は事実であると思われる。

二つのゲリラには似通ったところもあるが、それは、組織や思想や戦略に関して直接的な影響があったというよりは、社会的、文化的、宗教的条件が似ていたということに起因している。両者とも、ゲバラやサンディニスタ運動との近さを認めている。しかし、

報道記事　オコシンゴで最初に事態を目撃した新聞記者のひとり、レネ・ソリスは次のように書いている。「蜂起の翌日、日曜日に政府軍が同市を包囲した頃には、まちまちの制服をまとった、少なくとも二五人のゲリラの死体が街頭に横たわっていた。サパティスタは、部分的に屋根の架かった市場を塹壕にして立て篭もったが、通路や破壊された売店には一四人の死体が散らばっていた。いずれもがとても若く、先住民の顔立ちをしていた。うつぶせで、後ろ手に縛られた者もいたが、政府軍によって処刑されたのであろう。その『武器』が地面に転がっていた。ライフル銃の形を大まかにかたどった木っ端があった。なかには、マチェーテ（山刀）の刃や銃剣を取り付けているものもあった。（*Libération*, 6-1-1994）.

EGP　EGP（貧民ゲリラ軍）に参加していたマリオ・パジェラスは「セルバの日々」と題する闘争記録を残している。（ロケ・ダルトンほか『禁じられた歴史の証言——中米に映る世界の

グアテマラのゲリラは三〇年間の歴史の中で、高原地帯の先住民衆の間に最も深く浸透した時期（一九七九年―一九八二年）にあっても、EZLNが行ったように町や村を占拠するために自軍を動かしたことはなかった。一九九四年一月一日に始まる進化の過程で、サパティスタ運動はグアテマラ・モデルの対極に位置するようになっていった。グアテマラのケースは近年のラテンアメリカで最も悲劇的なふたつのケースのうちの一つであった*。

サパティスタが蜂起した頃、ラテンアメリカと全世界の革命運動は行き詰まったかに見えていた。フィデル・カストロと親しく、サンディニスタの中で最もレーニン主義的だったトマス・ボルヘは一九九三年、新自由主義の旗印であり、メヒコの北米自由貿易協定加盟を実現させたカルロス・サリナスを賞賛する著書を出版した*。また、名声あるメヒコ人政治学者ホルヘ・カスタニェーダは同年一二月、ラテンアメリカの武装革命運動は終結したと分析する本を出版した*。

ソビエト体制崩壊の原因やキューバの現状についてのマルコスの意見を見ると、彼は共産主義体制が意味したことをそう正確に認識しているわけではないかもしれない。しかし、その消滅が引き起こした結果は明晰に認識している。エルサルバドル・ゲリラの輝きを最後に、ベルリンの壁崩壊がラテンアメリカ革命ゲリラ運動の終わりをもたらした。コロンビアやペルーで生き残ったゲリラにマルクスのイデオロギーとレーニン主義の実践として残ったものは、暴力的な権力の行使とマフィア的行為、地域、あるいは一国内にしか及ばぬ狭い視野だった。

しかし、サパティスタは他のふたつの泉からも水を得ていた。先住民世界と、メヒコである。

影』飯島みどり編訳、現代企画室、一九九六年）所収。

悲劇的なケース もうひとつの悲劇的な経験とは、ペルーのセンデロ・ルミノソのことである。グアテマラのケースとも性格を異にしており、住民に対する数多くの虐殺事件を引き起こした。（以下訳注）詳しくは、グレゴレリほか『センデロ・ルミノソ――ペルーの〈輝ける道〉』（太田昌国＋三浦清隆訳、現代企画室、一九九三年）を参照。

出典 Tomás Borge, *Salinas. Los dilemas de la modernidad*, Siglo XXI, México, 1993. 他ならぬこのトマス・ボルヘは、ニカラグア・サンディニスタ政権の内相であった頃、自らの庁舎の正面の壁に、ジョージ・オーウェルよろしくこう書きつけたものだった。「人民の喜びの見張り番」。

出典 Jorge Castañeda, *La utopía desarmada: intrigas, dilemas y promesas de la izquierda en América Latina*, Joaquín Mortiz / Planeta, México, 1993.

ボタンーサパタ万歳！　倫理的・社会的蜂起

マルコスは言う、ＥＺＬＮは当初から、処刑や「徴発」、誘拐などの、ラテンアメリカおよびメヒコのゲリラ組織が大々的に常套手段としてきた、手っ取り早い正義に訴えることを拒否してきた、と。

ＥＺＬＮの創始者たちは、これらの運動のレーニン主義的、強権的、軍事至上主義的かつ反民主的な政治文化を共有していた。都市から来た部門と、ＥＺＬＮの結成に頭初から関わった政治的先住民たちには、こうした組織の考え方や行動の仕方が染み付いており、彼らが運動内部で主導権を失っていく中で、完全に消え去るわけではないにせよ、少しずつそれも薄まっていったのである。以前の拠り所だった世界革命運動への言及は減っていき、かわりにメヒコと、そして特に先住民についての言及が増えていった。

レーニン主義的な言説と行動は、社会的・倫理的反乱に場を譲った。運動は、政治的・軍事的な前衛組織がその社会の当事者の動員を図る形態から、秘密工作および村全体が分かちもつ地下活動へと移行したのだ。少数の職業的革命家によるゲリラ運動は、武装した村落共同体の運動へと転換した。そこでは、政治・軍事指導部の人数はかぎられており、それ以外の戦闘員はエミリアーノ・サパタの農民兵のごとく、蜂起のときに武器を手に取り（旧式のピストルである場合が多いが）、やがて再び日常の生活に戻る農民であった。

チェは次第に倫理的模範として限定され、反乱の象徴としてのみ触れられるようになった。メヒコ人一般にとって、あるいは先住民農民にとって、果ては、前植民期から植民地時代、革命の時代まで一貫してメヒコ社会の外側に位置していたマヤ先住民社会にとっても、エミリアーノ・サパタという人物の方がより大きな意味と存在感をもっていたのだ。

メヒコ的な反乱の形態と先住民共同体という基盤が、レーニンやゲバラ的な前衛主義よりも優位に立った。今、拠り所となったのは、共同体の土地を守る二つの守護神的存在が混淆したものとしての「ボタン―サパタ*」だ。国全体に及ぶ政治計画を持ちながら権力を求めることのなかったメヒコ革命の英雄サパタは、歴史家アントニア・ガルシア・デ・レオンによれば、チアパスの一部の先住民グループの信仰の中で、土地の伝説的守護神であるボタンを体現していた。その結果、新しい――そして脆弱な――連合としてのサパティスタ運動が生まれたのだ。

サパタの軍隊、あるいはフランシスコ・ビジャの有名な北方師団を思わせる軍を再生させる計画は、八〇年代ならば、チアパスの現実からは遠くはなれていながらも、あまりにも凡俗なメヒコの現実に不満をもつインテリの甘い夢であると見られていたことだろう。この本においてマルコスは、どのような人びとを介して、どのような行き詰まりとどのような変換を通じてこの夢がチアパスのたくさんの先住民民衆が共有する夢になることができたのか、そして、いかにしてこの夢が先住民の抵抗と反乱という形で実現するに至ったのか、あるいは、国内市民社会と対決し、あらためて自己変革しなければならなくなる以前、この出会いを通してどのような自己変革を経験したのか、などについて語っている。

ボタン―サパタ　チアパス先住民の伝承・神話的な世界については、前掲『老アントニオのお話――サパティスタと叛乱する先住民族の伝承』を参照。

一種の反ゲリラ

サパティスタ運動は、古典的なゲリラ運動の継続や再来ではなく、その失敗から生まれてきた。しかも、ラテンアメリカとその他の地域における革命運動の失敗からだけではなく、八〇年代初頭、一握りの先住民とメスティーソたちから成るEZLN創設メンバーが策定し開始した自らの計画の失敗からこそ、それは生まれたのだ。それは、敵に対する「敗北」ではなく、ゲリラが先住民共同体と出会い、そこでゲリラが「敗北」したのだ。共同体を政治・軍事組織の論理で再構成するなどということからは程遠く、彼らの出会いは文化的衝突を引き起こし、やがて、上下関係の逆転へとつながった。こうして、以前のゲリラ前衛部隊は生き延び、セルバに残って先住民反乱のダイナミズムに仕えることになったのである。一九九四年一月一日に日の目をみることになる第二のサパティスタ運動は、この失敗から生まれたのだ。

もしこの運動が何かの継続であるとすれば、それは先住民運動の継続であると言うべきだろう。しかしまた、すでに言われてきたように、数多くの危機と分裂が、解放と近代化の運動（一九七四年の「先住民会議」の展望と組織化、およびその延長上で形成されてきた運動）を反乱運動へと転化させていったのである。

華々しく登場し、その蜂起によって計りしれない大きな衝撃を与えたサパティスタ運動は、一方で失敗を犯していた。

軍事的な失敗ではなく、市民社会と権力の双方から強いられた政治的失敗である——このことを、サパティスタは容易には認めない——。つまり政府は交渉担当者（マヌエル・カマチョ・ソリス）を任命し、停戦を決定した。社会はこの路線を支持しなかったし、また、権力は社会がこの問題に過大に集中しないよう注意を払っていた。——実際、サリナスが交渉と停戦という方針を決断したのは、市民社会がかけた圧力のためというよりは、国際社会への反響や自身のイメージと計画を気遣ったためというほうがよりよく理解できる。

サパティスタ運動はまさに、飛行中にその動きをとめられた。いきなり全国区に姿を現してみると、彼らが想像していたのとは異なる国を発見した。そして落ち着きを失ってしまった。そこに、武装運動から政治勢力への転換という、いまだに終わらぬ二つ目の転換が始まった。以前から生まれようとしていたネオ・サパティスタ運動――あるいは第三のサパティスタ運動――が、こうして姿を現したのだ。

政治・軍事計画は、市民運動への転換を模索する武装した村落共同体運動に場所を明け渡した。一九九四年に始まりいまだ継続中のこの局面で、抵抗と武装反乱運動という一面もあり続けてはいる。しかし、目標は権力関係を逆転させることではなく、社会に仕える文化と政治システムを構築する市民勢力を生み出すことである。そのために、暴力は封じ込められ、抑制され、右に述べた目的に向けた水路へと誘導されているのである。

蜂起の数カ月後も、ホルヘ・カスタニェーダは武装革命運動は終焉したという自らの分析を維持し、サパティスタ運動は極めて政治的な運動であると見ていた。「サパティスタ軍は、英雄的ゲリラ戦士のメヒコ版ではない。彼らは英雄的だが、ゲリラではない」と、当時彼は記している。[*] これがマルコスの気に食わないとしても、この分析に理を与えたのはサパティスタ自身である。サパティスタ運動はゲリラではない、あるいは、もはやゲリラではない。やや「異なったゲリラ」[*]でもない。それは、戦争を拒否し、ゲバラ路線の創始者たちの根拠地主義を否定し、毛沢東主義者が高く評価した持久的人民戦争を否定し、公にした最初の宣言文にあった反乱闘争の計画すらも否定する武装組織――しかも、極めて貧しい武装であるが――である。最近数十年のラテンアメリカの革

出典 Jorge Castañeda, *Sorpresas te da la vida*, México, Aguilar, 1994, p. 46. 一九九六年六月に出現したゲリラ、EPR（人民革命軍）には、このテーゼは無効だろうか？ はっきりしない。だが、イデオロギー的に狭いこの組織は、その権威主義と、身代金誘拐や内部のメンバーに対する血まみれの粛清を行なうなど共通の性格をもつコロンビアやペルーのゲリラと同じ道をたどることは、あり得ないことではない。

出典 *Le Monde*, 14 mai 1996.

命ゲリラは、思想と戦略上の争いはともかく、武力で国家権力を奪取することを目標としていたことで共通していた——例外なく、すべての組織がそうだった——。

今日のサパティスタは、武装闘争組織としては消滅することを望むと言う。彼ら自身には権力内部での役職を求めず、この点は今世紀初頭のサパティスタと共通している。しかし、その想像力が気になって仕方のないかのサパタといえども、二一世紀のメヒコのための提案を発するためには十分ではない。

過去の出来事と、一連の共通点や相違点の中から、EZLNの当初の政治・軍事計画を見分けることは難しいことではない。同様に、一九九四年一月一日に出現したサパティスタ・カクテルを分析することも可能だ。革命運動と村落共同体運動の出会いから生まれた反乱が、いかにして国全体に及ぶような問題意識と力を持つに至ったのかも理解できるだろう。しかし、それにしても、サパティスタは一九九四年以後はいかなる展望をもっているのだろうか。

民主主義、共同体、国家

階級闘争、プロレタリアート独裁、社会主義などの用語が、民主主義、正義、自由などの用語に取って代わられたのは、単なる見せかけではない。それは再定義というよりは、革命との訣別ではないにしても、転変ではある。政治思想の領域でも、マルコスは橋渡しの役目を務めている。ただし、文化の領域では、二重の意味での交通形態、すなわち往と還を保証する一方、政治の領域では、古き川から離れ、新しい政治世界を発見し、倫理的要求（正義）と認知要求（自由と尊厳）に応える民主主義を創造しようとしているのである。

サパティスタが、変節し堕ちていった旧来のイデオロギーと革命的実践に戻っていく可能性がないわけではない。もしそうなれば、それはサパティスタ運動の失敗を意味するであろう。新大陸を目指して出港した者たちが遭難し、船に備え付けてあった昔からの道具と、権力への道の水先案内人たちのおかげで命拾いしたことになるだろう。

サパティスタ運動とは、冒険への誘いだ。目的地も手段もわからぬまま、古くからの縛りを解くという冒険である。マルコスは「曖昧さへようこそ」と言い、政治・社会運動であるためには、政治美学にこだわっているわけにはいかないのだとつけくわえる。

曖昧さも「スペイン宿」的な側面もある。進化しつつも動揺し、微妙な濃淡の差も、大きな矛盾もある。それでもなお、「ネオ・サパティスタ運動」の思想と行動は、権力、民主主義、政治制度、市民社会、共同体、国家、新しい主体の出現などの課題に関わって、力強い問題提起を発し続けている。

問われる権力

サパティスタは議論の中心を政治、権力の問題、国内の政治問題におき、彼ら自身は権力を目指していないことを明らかにする。

ＥＺＬＮは誕生以来常に、権力奪取という考え方からは距離をとってきたとマルコスは言う。彼によれば、社会主義革命を夢見ていた時にもサパティスタは革命の生みの親になろうとは考えなかったし、革命を計画したり、ましてやそれによって利益を得ようなどとは思っていなかった。いつか誰かがそれを実行し、自分たちはそれを支援することを希望していたのである。

運動の先住民化と「文化的変容」（メヒコでも他の国と同じように、先住民が国家権力を目指すことは珍しい）が起こり、模範となる外部の革命運動が終焉し、市民社会が武装闘争に参加することを否定したことにより、サパティスタの計画は立ち行かなくなった。武力で権力を打倒し社会主義を建設する計画は消滅させられてしまった。なにがそれにとってかわったのか？　本当にとってかわられたのだろうか？

サパティスタは市民組織、サパティスタ民族解放戦線（ＦＺＬＮ）の結成を呼びかけたが、それを政党にすることをサパティスタは拒否し、組織の参加者は全員、どのようなレベルであろうと、選挙で選出される役職を目指したり、政府によって指名される役職につくことはできないとされている。「……何のために政党になんかなるんだ？　もうたくさんあるじゃないか。政治運動が政治権力に関心を持たないということが理解できないのだろうか？*」。

しかし、権力を目指さない政治的主体とは一体なんだろう？　真剣に受け取っていいのだろうか？　（特に、自らを皮肉り、ユーモアの世界に入り込むときに）。権力にとっても、官許の左翼も含めて政治システムの枠内にいる「現実主義的」な政治家たちにとっても、サパティスタは理想主義者であるかあるいは世間知らずの夢想家となってしまう。人民革命軍（ＥＰＲ）は彼らを「詩人ゲリラ」であると言った。――この「真面目な」ゲリラが言うには――「政治は別の手段による詩の継続ではないのだ」と。マルコス自身、サン・クリストバル占拠を詩だと言ってはいなかったか？

権力を取らずして、いかに政治を変革するのだろう？　急進性と開放的であることの

出典　*In* Durán de Huerta, *op. cit.*, p. 99.

双方を両立させようとするサパティスタの意志は、時に政治的に弱気で曖昧な姿勢につながってきた。しかし、彼らの独自性と創造力もまた、この緊張関係から生まれているのである。改良主義的ないしは革命的な試みは、しばしば迎合や転身に終るか、あるいは自らが打倒しようとしていた権力以上に醜悪な権力を選ぶか作り上げるかしただけで破産してきた。オクタビオ・パスなど複数の人間がサパティスタに「ゲームに参加する」よう呼びかけた(「もしマルコスとその仲間たちが、チアパス、そして全国で政治勢力として生き延びようとしているのなら、新しい政党になるか、あるいはすでに存在している政党に合流しなければならない」*)が、彼は、民主主義の前進と主体の出現は常に反体制者によって準備されるということを誰よりもよく知っている。特にメヒコでは堕落しきって墓場のようになっている領域に足を踏み入れることをマルコスが躊躇うのも、わかっているはずである。しかし、純粋さを守り通そうとすれば、何もできなくなってしまうかもしれないし、殺人的あるいは自殺的なユートピアを導いてしまうかもしれないこともまた事実である。

村落共同体に入り込んで以降、サパティスタは「孤独の砂漠」への幽閉から抜け出し、先住民であるという出自(根をもつこと、根っこであること)を豊かにしつつ、国全体への道を切り開こうとしてきた。メヒコ南東部の反乱者たちは、共同体民主主義の理想の肯定と、政治システム開放の要求、そして、国の再建の呼びかけを一つに結び、「北西」への困難な第一歩を踏み出そうとしているのである。

出典 Octavio Paz, 《La Selva Lacandona》, *Vuelta*, nº231, febrero de 1996, p. 10.

「従いながら統治する」が共通の言葉へ

頻繁に引用される次の魅力的な文章には、曖昧で論争的な民主主義の定義が示されている。ここで示される考え方の根本的原理の一つは、「合意」(「共通の意志」)と「従いながら統治する」という二つの基本概念からなっている。

EZLNがまだ山中の霧と闇のあいだを這い回る陰だった頃。正義、自由、民主主義という言葉がただそれだけ、つまり、ただ言葉であっただけだった頃。我らが死者の言葉の真正の保護者である村の老人たちが、夕暮れのまさに日が落ちるその時に夢をわれわれに授けた頃、憎しみと死がわれわれの胸の中で膨らみ始めた時、絶望以外のなにものもなかった時。出口もなく、扉もなく、明日もなく、ただ、同じ時が繰り返され、すべてが不当であった頃、真の人間たちが口を開いた。顔無き者たち、夜に生きる者たち、山である彼らが、言ったのだ。「統治し、自らを治める最良の方法を探し、それを見つけるのは善良な女と男の理性と意志である。多数者にとっての善は、全員にとっての善である。しかし、少数者の声をおしつぶしてしまうことのないように。そこにあり続け、考えと心が多数者の意志と一緒になって少数者の意志となるように。こうして、真の男と女の村は内側に成長し、大きくなって、外からそれを壊したり、歩みを変えさせてしまうことなどできなくなるだろう。われわれは常に、多数者の意志を指導者たる男たち、女たちの意志としてきた。治める者は、多数者の意志が示す道を歩むべきなのだ。もし人びとの理とは違う道を歩む者がいたら、命令する心は服従する心に変わられなければならない。こうして山の中で、われわれの力が生まれた。命令する者がもし真の者ならば、従う。従う者は、真の男と女の共通の心によって命令する。遠くから、この統治のあり方に名前を与えるための言葉がやってきた。この言葉が、言葉が歩むよりも以前から歩んでいたわれわれの道を、「民主主義」と名づけたのだ。*

村落共同体民主主義については、サパティスタのあいだにもさまざまな考え方がある。マルコスが先住民の仲間たちに同調して、「連邦・州・行政区の司法制度はわれわれの統治制度を採用するべきだ。われわれの政府は、彼らによる政府よりもはるかに進歩した民主的制度を持っているのだから*」と言うとき、彼は本質的に地域レベルのことについて語っているのだが、サパティスタは頻繁に、より普遍的な意味でそれを肯定している。本書に掲載しているインタビューでも、「合意」制度について副司令官がある程度態度を留保し、時にははっきりと批判的な態度を示すのに対し、タチョ司令官はそれを全面的に賞賛している。

いったいこの「村落共同体民主主義」とはなんなのだろう？　それをメヒコ社会全体に広げることは可能なのだろうか？　危険なユートピアではないのだろうか？　サパティスタ運動の内部的なあり方や、支配地域の住民との関係は本当に民主的なのだろうか？

伝統的先住民共同体のあり方を単純化、理想化して述べると、そこでは寄り合いでの長い議論ののちに決定がなされる。しかし実際には、そこでの統治の形態は民主的とは言いがたい。寄り合いでの「合意」の形成も、決定が特定の人物や小人数のグループによって取られてしまうことを避けられるものではないのだ。通常の統治システムは、まさに男性長老支配そのものだ。ここでは垂直的ヒエラルキー構造の支配制度（役職制度）をプリンシパレスとシャーマンが支配し、それをさらにカシーケが操る一方、カシーケはこの統治機構を国の政治制度に組み込むことを保証するのだ。村落共同体の合意

出典　EZLN, *Documentos y comunicados*, t. 1, México, 1994, pp. 175-176. マルコスは最近のテクストにおいて、詩的ではなく陳腐だが、納得のいく定義を与えている。「民主主義とは、いろいろな考え方がよりよい合意に到達するということである。すべての者が同じように考えるのではない。すべての考え方あるいは考え方の大多数が、少数者を排除することなく多数者にとってよいことに関して、また統治の言葉が多数者の言葉に従い、統治権がただひとつの意思ではなく集団的な言葉をもつことに関しても、共通の合意に達するように模索し、そこに至ることである」。*La Jornada*, 31-12-1994).

出典　*In* Durán de Huerta, *op. cit.*, p. 41.

制度にはシンボリックな暴力の行使、それもしばしば肉体的暴力がともなっている。こうして反対意見と棄権、対立が排除され、また、女性は討論と意思決定の過程から排除されているのである。*

「習慣」(伝統)が理想化されていたり、あるいはその問題にヴェールがかけられていることすらあるが、しかし、サパティスタ運動はそのような村落共同体から生まれてきたのではなかった。彼らの基盤は基本的に、伝統的共同体と袂を分かった先住民と、同じくらい閉鎖的な制度である農園から解放された先住民たちから成っていたのだ。その際、彼らは一つの集団的意志のもとに強く団結し、時に個人や少数者の意見に対して不寛容だが、多数者の参加と平等、自治によって維持される共同体を確立していった。そこではプリンシパレスとシャーマンは権力を失った。長老会議が廃止され、共同体の二〇歳から四〇歳程度の、伝道師の世代から選出された者たちが村役を占めるようになったのだ。

自由な社会を作るためには内部的・外部的依存関係から自らを解放するだけでは十分ではなかったし、新しい共同体の全員一致制は、伝統的な強権主義と同じくらい息苦しいものであるかもしれなかった。マルコスによれば、セルバに入植していった共同体において民主主義が欠けていた理由は、生き延び、移動と入植の時代に国家や大土地所有者、仲買人からの攻撃に対抗するために強く団結している必要があったためだという。EZLNは、合意に基づいた専制主義を武器の力によって強化し、極めて強く共同体主義へ傾斜したが、自分たちとは異なった意見について考えたり、それを受け入れたりすることは極めて難しくなった。EZLNはこの危険に幾度も直面してきたとマルコスは言い、これに対し、投票権の拡大、女性の参加、少数意見の尊重を奨励し、考え方や感

出典 En *Los hombres verdaderos, Voces y testimonios tojolabales* (Siglo XXI, México, 1996, pp. 80–83). カルロス・レンケルドルフは、「合意の共同体」の理想を紹介しつつも、以下の特徴が存在することにも触れている。すなわち、「多数の」ではなく「全員合意の」原則、個人に対する抑圧、家族のすべての長が参加するもの の女性は排除する、などである。

情の一体化の民主主義ではなく、先ほど引用した文書で主張していたような、意見の多様性と対立の存在を正当化するような民主主義を模索しようとしている。共同体の民主化は、グローバル社会に対して自らを開放し、自分たちの慣習とは異なる形でなされているる意見の汲み上げや意思決定の方法と出会うことによって進化していくと、彼は言うのである。サパティスタ運動がこの民主化運動に参画し、それを加速させることで、自らが民主化の対象となるのである。この意味でも、一九九四年一月の蜂起は重要な転換点だった。しかし、民主主義と戦争は両立しない。マルコス自身も、市民政治勢力に転換するまでサパティスタ運動は民主的でありえないだろうと言っている。*

この意味で、複数主義的民主主義というサパティスタの夢は、ふたつの運動を合流させることである。ひとつは、メヒコ市民社会の別の部分と出会うことによる共同体の民主化であり、ふたつめは、共同体的な選挙と代表の形態を認めることを含め、政治制度の抜本的改革を必要と捉えた、「従いながら統治する」という考え方に刺激を受けたメヒコ社会全体の民主化である。

民主主義　ＥＺＬＮが草の根の民衆と協議するという時の民主主義の性格は、以下の事実によって限定的なものであることがわかる。議決権は個々人がもつものの、秘密投票ではない。実際に対立しあう議論が交わされて、結論が出るわけではない。協議に参加できるのはサパティスタに限定されている。子どもの参加には、個々人の議決権というよりも共同体全体での決議という意味合いが付与されている。このような条件の下では、結果は圧倒的な数値となって現われるが、説得力には乏しい（一月一日蜂起に賛成した者は協議参加者の九八％、一九九四年四〜五月の政府提案を拒否した者も九八％だった）。

政治的領域の開放

民主化のための最大の条件は、一九二九年にカジェス大統領によって創設され、現在までメヒコを支配してきた党＝国家一体化システムの廃絶である。「第一ラカンドン密林宣言」は「国家諸権力」に対し、制度的革命党（ＰＲＩ）による「独裁」体制に終止符を打ち、行政府の最高責任者カルロス・サリナス・デ・ゴルタリを解任することを求めた。

国家とＰＲＩの一体化体制を終わらせることは民主化のために最低限必要な条件だが、

しかし、それだけでは十分ではない。革命後のメヒコでは権力が常にほぼ単一党の手中にあったことは事実だが、かといってすべてがそうであったわけでもないのだ。大統領が体制全体の鍵である。カルロス・サリナスは党の解体は目指していなかったかもしれないが、党の影響力を弱めるため、少なくとも、その権力を低下させようとした。党＝国家一体化システムや大統領全能主義と優るとも劣らないほどの独裁的な体制がメヒコでも生まれる可能性があり、それは実はすでに実験段階に入っているのだ。一方で、現段階では抑制され統制されてはいるが、複数政党制が発展しつつある。ＰＲＩは行政区や州の首長、連邦権力内の役職などで、右派の国民行動党（ＰＡＮ）や、それよりは少ないが、左派連合である民主革命党（ＰＲＤ）に少しづつ座を明け渡している。他方、一枚岩なＰＲＩ体制の下では重要視されていなかった軍人たちが今、少しづつ権力機構内部で影響力を拡大しつつある。

サパティスタは、「民主主義への移行のための政府」と、政治的空間の開放を要求し続けている。強要されたものであったり不正な選挙で選出された人物・組織は別だが、すでにある人物や組織を――もはや――否定はしていない。サリナスに対するのとは異なり、セディージョが不当に権力を強奪したとは彼らは言っていない。別の方法と、別の行為者、別のあり方を受け入れることを求めているのだ。そのなかでもっとも重要なのが「市民社会」、すなわち、権力からも政党からも独立した組織やグループの全体なのである。

サパティスタは政治制度の枠外から影響を及ぼせ、対話に参加する人間が定める最低限のルール以上の制限には縛られない対話を実現させようとしている。「われわれを尊重する人のみを、われわれは尊重する。われわれを軽蔑する者たちには扉を開かない」

と。一九九四年から、制限付きの複数政党制の原則を決定した一九九六年の選挙制度改革に至るまで、政治論争のかなりの部分がチアパスについてのものであり、マルコスは一九九七年の国会議員選挙の時には候補者たちが倫理的後押しを求めてサパティスタと接近するだろうと予測する――間違っているだろうか？――。

サパティスタが国内政治の諸要素との関わりの中で見せる急進性と開放性の均衡を保つというあり方は、地方政治に関する彼らの姿勢の曖昧さ、躊躇、ぐらつきからも見てとれる。チアパスの選挙民は伝統的に、権力にある党に対し従順であった。一九八二年の共和国大統領選候補者ミゲル・デ・ラ・マドリと、一九八八年の候補者カルロス・サリナスは、いずれもこの州で最高の勝利を得たのである（九〇パーセントという圧倒的な得票率だった）。地域寡占階級の支持を受けたPRIには、上院・下院議員選、州知事あるいは行政区首長選でも、警戒すべきライバルはいなかった。このような状況を変革しようとする試みは、即座に鎮圧されていた。グアテマラやオアハカ州の運動とは異なり、先住民解放と近代化をめざすチアパスの運動は、行政区首長の座は目指してこなかった。蜂起の一年前、後にサパティスタの稜堡となるある村に滞在した観察者はこう書いている。「住民はいまだ政治に参加しようとはせず、消極的で、行政区の役職にも関心を示さない」。闘いは経済的・社会的要求をめぐって展開していた。時に共同体内部の力関係がぐらつくことはあったが、例外的なケースを除き、公的な権力構造が変化することはなかったのである。州政府や連邦政府の機関は、先住民が極めて非政治的で操りやすいと見ており、運動はほとんど「見えない」ものであった。八〇年代の武装運動の形成・発展期に極めて重要な役割を果たしたとマルコスが評価する「政治的先住民」も、「悪い」メスティーソに操られた例外的な人間であるとしか見られていなかったのだ。

制限付きの複数政党制　三大政党（PRI、PAN、PRD）と少数派党の労働党（PT）は、この問題について長期にわたる交渉を続けていたが、議会内最大政党PRIは、他の政党が余りに制限がきつすぎると考えて反対した法案を強行採決した。

出典　Martine Dauzier,《Chiapas indien : pour une histoire controversée de la démocratie》, CEMCA, México, *Trace*, no. 27, junio de 1995, p. 36. で引用されている。

サパティスタ運動のおかげで、たくさんの先住民民衆が自分たちの要求の実現のためには行政区、州、連邦各レベルの政治自体が変わらなければならないのだということを自覚した。そして、一九九四年一月一日の四行政区庁舎占拠と、同年一二月の多数の行政区庁舎占拠行動により、それまでは目に見えず、政治的には存在していなかった人びとが存在感を獲得し、目に見える存在となったのだ。彼らは拒否と反対の意思を表明する手段を獲得し、選挙にも積極的に関わり始めた。EZLNは一九九四年の統一選挙と一九九五年のチアパス州内の行政区首長選に際して、個別のケースを場所に応じて、投票の棄権や白紙投票、または、多くの場合民主革命党（PRD）であったが、野党候補者への投票を呼びかけたりした。選挙に対し彼らがどれほどの影響力を持ったかは定かではない。しかし、明らかなことは、不正があったかなかったかに拘らず、また、反体制派の躍進と、結果として政治的空間が開かれたことが蜂起の成果であるとはいえ、選挙の結果は彼らの期待には程遠いものであったということである。

確かに、チアパスはもはやPRIの従順な「票田」ではなくなった。しかし、かといって、マヌエル・カマチョ・ソリスが平和と和解のための委員に就任したとき言ったように、チアパスが「民主主義実践の実験場」となっていると言うには程遠いのである。

民主的な革命家たち

サパティスタは、地区的、地方的、あるいは国レベルの制度改革だけでは満足せず、権力の上下関係のピラミッドを逆転させるような政治文化の再構築を目指している。権力は社会の基盤となる部分に位置し、政府機関、代表者、選出された者は「従いながら統治する」の原則に基づいてこの基盤に仕える社会というのが、彼らの民主主義の考え方なのである。

サパティスタは「武装した改良主義者」（ホルヘ・カスタニェーダ）であると言うよりも「民主的な革命家」（アラン・トゥレーヌ）であり、現実主義的な夢想家または実用主義的な急進主義者であるとも言えるかもしれない。彼らは根本的改革を求めており、その実現の方法は歩みながら創造していこうとするのである。あらゆる分類付けやレッテルを拒否するこの居心地の悪い姿勢に、教条主義者は戸惑いを覚えている。

サパティスタ運動に自らの枠組みを投影するヨーロッパの左翼は、意識的にか無意識的にか、サパティスタの独自性に分別を失う。権力に関するサパティスタの姿勢は、レーニン主義のいかなる流れとも相容れない。絶対自由主義の流れを汲む人びとの一部は自らとの共通点を見出し、今世紀初頭フローレス・マゴン*の信奉者たちがサパタとともに果たしたのと同じ役割を果たすことを夢見ている。一方、急進的なアナキストたちは、サパティスタが、いつまで続くのかも知れぬ移行期の間じゅう、権力と政党と制度的な政治の諸要因に与えている位置づけや、「憲法」や「祖国」に絶えず言及していることに、苛立ち、幻滅している。*

民族的アイデンティティと国民的アイデンティティ

「文学者としての貴方、外交官および科学者としての貴方、そしてとりわけ、メヒコ人としての貴方に挨拶を贈ります」。マルコスはカルロス・フエンテスにこう書き、対するフエンテスは、チアパスの出来事は「メヒコの国民意識を呼び起こした」と書いた。

権力と民主主義の問題においても、北米自由貿易協定加盟による経済問題においても、新自由主義のグローバリゼーション、あるいはサパティスタ運動の先住民性の問題にお

フローレス・マゴン　リカルド・フローレス・マゴンは、改良主義者だったが、のちにアナーキストに転じた。一九一〇年メヒコ革命へと至るいくつかの動きを刺激した。

ドブレの評価　レジス・ドブレはマルコスを「愛国的思想をもつ絶対自由主義者」と名づけたが、正しいだろう（*Le Monde*, 14 mai 1996）。サパティスタは革命の過程で生まれ、いまなお有効な一九一七年憲法を擁護するが、それが捻じ曲げられてきたことを批判し、新しいものを立案するよう要求している。

いても、常に問われているのは、メヒコというアイデンティティである。

南部国境における蜂起は、北部国境を開放するという展望によって生じた振り子運動として捉えることができるだろう。その上、いくつもの問いかけを提起しているのだ。今日、メヒコ人であるということはどんな意味を持つのか？ 世界市場において、メヒコの将来はどのようなものなのか？ 経済と文化のグローバリゼーションが進行する中、国家をどう再定義するのか？

グアテマラでは、先住民たちはマヤとしての意識を高めていった。栄光ある文化と文明に属することを明らかにすることで、今日まで続く先住民に対する否定的なイメージを逆転させようとするのだ。グアテマラはマヤが大多数を占める国であり、彼らは自分たちが多数者としての重要性を持つことを望んでいる。全体の一員となり、国の中心に位置する自分たちが尊重されることを求めており、それが否定されたり失敗したりすれば、現在は少数派である自治論者や分離独立派への流れが加速していくだろう。

一方、チアパスの先住民は、自らがマヤであることをあまり強調しない。それは、国境の両側で先住民民衆が置かれている状況が異なるからであるかもしれない。極限状態を経験したにもかかわらず、あるいは極限状態を経験してきたからこそ、グアテマラの先住民はさまざまな意味で、彼らのチアパスの兄弟たちよりも近代的で、進んでいる。

サパティスタはマヤであることを前面におしださず、自分たちがメヒコ人であることを繰り返し強調する。文化的には「南東部の先住民」――これはマルコスが多用する中性的表現であるが――はメヒコ人よりもグアテマラ先住民に近いにも拘らず、EZLNの先住民指導者たちは、メヒコ人とのつながりを強化し、自分たちも国民社会に参加していることを示すことに強い関心を示している。サパティスタはメヒコ人であること、メヒコの先住民であることを強調し*、分離独立やマヤ民族統一主義、あるいは民族的基盤に基づいた国家の建設を訴えたことは一度もない。

彼らは、初期の声明ではメヒコ性が疑問視されることを恐れ、先住民であることが前面に出てしまわないよう注意していた。その後、意志決定機関である先住民革命地下委員会（CCRI）は、人種差別の処罰、複数言語教育、共同体民主主義と伝統的法体系の尊重などから成る、倫理的、文化的、政治的な領域における先住民固有の要求を発表した。その他の要求が実現する可能性が低くなっていくなか、アイデンティティの問題と、「先住民全国会議」参加組織との関係が重要性を増していった。

しかし、政治的自治の要求内容は非常に曖昧なものにとどまっている。EZLNが委嘱している助言者はそれぞれ異なった内容の自治を提案しており、文書からはバスクやカタルーニャに関わる規定、あるいは基盤としての村落共同体の自治政府などが想像される。サパティスタは共同体が国家に従属させられることに反対する一方、先住民と共同体を特にチアパスに孤立させてしまうような規定への不信感もあらわにしている。彼らにとっては先住民問題はこの国の根本的課題であり、同化・吸収ではなく、全国的な一体化が目指されるべきなのである。「国のあり方自体が根本的に変わらない限り、問題は解決しない。先住民民衆の独自の社会、文化、政治上の組織のあり方を認めることによってのみ、正当に、尊厳をもって先住民を国に統合することができるのだ。自治は、分離・独立ではない。それは近代メヒコ社会の中でももっとも虐げられ、忘れ去られてきた少数者を統合することなのだ*」。先住民の権利と文化についての合意のための議論（一九九六年一月—二月）のなかでEZLNは、ニカラグア太平洋岸の自治協定*のような、与えられた、官僚的自治の提案——EZLN側助言者の一部もそれを支持した——

メヒコ人であることの強調　骨の髄までメヒコ人であるマルコスは、国の歴史によく言及する。部分的には先行したゲリラから学んだこともあり、それをサパティスタである先住民のリーダーにも教えてきたとも言う。ジョン・ウォーマックがエミリアーノ・サパタについて書いた本を読みきったというツェルタルの先住民のことに、誇らしげに触れたこともある（EZLN, *Documentos y comunicados*, t. 1, ERA, México, 1994, p. 107).（以下訳注）ウォーマックの本の日本語訳は『サパタとメキシコ革命』（向後英一訳、早川書房、一九七〇年）。

出典　EZLN, *Documentos y comunicados*, t. 2, ERA, México, 1995, p. 190.

ニカラグア太平洋岸自治　左派サンディニスタ政権の時代、一九八七年に「自治憲章」が制定された過程については、サルマン・ラシュディ『ジャガーの微笑——ニカラグアの旅』（飯島みどり訳、現代企画室、一九九五年）などを参照。（訳注）

を拒否した。

サパティスタは、共同体的なものと国家的なもの、民族的アイデンティティと国民的アイデンティティ、先住民であることとメヒコ人であることを、それぞれ混同することなく統合し、多文化国家であるという認識を具体的なものにしようとしている。少数民族が自らのアイデンティティを拒絶したり放棄したりすることを強いられることなく、他のメヒコ人と対等の関係を結べるようにすること、国から人種差別を排除すること、社会的諸関係の上に重くのしかかり、先住民とたくさんの非先住民の主体の表現を阻む象徴的障壁を取り払うことを目指しているのだ。

サパティスタは政府に対してだけでなく、国全体に強く問いかける。自分たちが排除されてきたことを非難するが、それと同じ度合いで、自分たちもメヒコ人であることを訴えるのだ。「祖国」に見捨てられた彼らは、忘れ去られている状態を脱するために暴力に訴えざるを得なかったと主張する。彼らは「独立」の英雄や「祖国」の父たち、「革命」の立役者たちに触れながら、政府庁舎と博物館に忘れ去られていたという国旗をひるがえすのだ。排除されてきた民は叛乱し、国家の再生*と新しい愛国主義を生み出そうとしている。次の問いは、発してみるに値する。果たしてそれは、ナショナリズムへの脱線を回避することができるのだろうか？

サパタという人物像と、彼をボタン・サパタというイメージの中で「マヤ化」を図ることには、このメヒコ性が象徴されていると同時に、圧倒的に「アステカ国家」としての現在のメヒコを複数の国家とし、その基盤を形成する者たちが、その文化的な多様性に基づいて、上に立つ者を統治していけるようにする意思がこめられている。

国の果てのマヤ世界に「先住民のメヒコ」が突如出現したことにより、まさに大市場

国家の再生 Durán de Huerta, *op. cit.*, p. 132. を見よ。国家再生を求める運動であるという点で、EZLNはコロンビアのM‐19を想起させる。M‐19最初の公の行為は、ボリーバルの剣を、それが保存されている博物館から盗み出すというものであった。これらふたつの組織の類似性は、他にも指摘できる。たとえば、ひと目を引く作戦行動を好む点などを。しかし、その社会的構成と権力との関係という点に関しては、決定的に異なる。M‐19は、主要には都市型の政治・軍事組織であったが、権力に近づいたら最期、政治ゲームの中で解体したのである。

に参入に参入しようとする瞬間において、排他的・保護主義的ナショナリズムが助長されてしまう可能性はないだろうか？　それとも、マルコスが期待するように、グローバリゼーションの時代における国家なるものの再構築に道を開き、共生と引き換えに相違までもが否定されてしまうことの無い、世界に対して開かれた国民社会の建設への道を開くのだろうか？

相違を持った市民

彼らは古典的な政治とは異なった政治を行い、政治のために倫理を犠牲にしようとはしない。サパティスタ運動はガンディーの運動のみならず、マーティン・ルーサー・キングの公民権運動にすら似ている。*

マルコスはメヒコで、アリアンサ・シビカという組織にもっとも親近感を感じている。しかしもちろん、サパティスタ運動の目的は、すべてのメヒコ人が公民権を完全に行使できるようにし、メヒコを不正選挙や腐敗、政治的暴力のない、市民の共和国にすることだけではない。それは、公民権のための反乱であるにとどまらないのだ。

ガンディーやルーサー・キング、チバウ（典型的な道を選んだとは言えないにしてもマンデラも含まれる）のように、サパティスタは被抑圧者が政治制度へ参加することだけではなく（それならば独裁体制下でも保障可能なことだが）、自分たちがアイデンティティと主体性をもって認められることを要求している。「他の人と平等な市民」（形式的民主主義の理想）として、あるいは、他の人とは異なる市民として扱われることを求めているのではない。違いを持った市民としての扱いを求めているのである。*

社会的、文化的、民族的な「相違」は、灰色で交換可能な市民にうわのせする飾りや

ガンディーらとの親近性　これはアラン・トゥレーヌの解釈に拠るものだが、サパティスタ言説の中に、マーティン・ルーサー・キングやガンディーとの親近性を表す表現が見受けられるわけではない。しかし、一九八九年サリナス政権が公布した木材伐採禁止令に反対して、ラカンドン密林で集会が開かれた時、ひとりの先住民（サパティスタだろうか？）は、明白にガンディーに触れ、市民的不服従運動の可能性に言及した。「連中はわれわれを飢えさせようとしている。もしわれわれが腕組みをしたまま何もせずに、われわれが生産したものを引き渡すことも拒否して、連中を飢えさせたとしたら？」（F. J. Falquet の私的な書信）。

違いを持った市民　以下の二つの文献は、主題は違うにも拘らず、同じ解釈をしている。Jorge León Portillo, *De campesinos a ciudadanos diferentes*, CEDIME/Abya Yala, Quito, 1994. および Luis Hernández Navarro, 《Ciudadanos diferentes》, *La Jornada*, 18-6-1996.

色として許容されるのであってはならない。アイデンティティは平等性と同じくらい重要であり、それは放棄したり、括弧つきにして、完全な市民となるために単なるフォルクロール化させてしまったり、選挙のときのためにとっておくというようなものであってはならないのだ。

それとは逆に、現在の政治制度では認められていない政治についてのとらえ方や方法によって豊かにされた、複数主義的な民主主義を創造することが問われているのだ。このためには例えば、民主主義と村落共同体、直接民主主義と代議員選挙制、参加と代議制などを両立させることが必要であり、それはチアパスやメヒコだけに限定される問題ではない。このことが今、全世界的な課題であるということは、世界中で西欧的民主主義が批判されていることからもみてとれる。

しかし、たとえ公民権を得て、違いが尊重されるようになったとしても、認知への要求がそれで満たされるわけではない。公民権は解決のほんの一部でしかないのだ。抗議とアイデンティティの肯定の背後には、近代社会においても伝統的社会においても政治的領域に限定されることのない、より深く、内的な要求が隠されている。それは政治との関係だけではなく、個人的および共同的主体の肯定に関わっているのである。サパティスタは政治制度からの分離の姿勢を維持しつつ、道をそれて、あらゆる政治性を批判する。彼らは、個人的主体と共同的主体が肯定される、権力から解放された空間を「市民社会」と呼んでいるのだ。

危険と不確実性

無数の危険がサパティスタ運動を脅かす。外部からの脅威はより目に見えるものであり、告発されてもきたが、しかし脅威はそれだけではない。外部からの圧力は内部の変化と相俟って運動の前進を遅らせたり、組織の存続に関わってくるかもしれないのだ。

奇妙な、武装した平和

蜂起後の日々、メヒコ政府はラテンアメリカのみならず世界中での同じような事態に際して、稀にしか見られないようなすばやさと柔軟性をもって政策をうちだして事態に対処した。しかし、一九九四年三月二三日に次期大統領候補ルイス・ドナルド・コロシオが暗殺されて以来、政治と経済は動揺し、和平プロセスは暗礁に乗り上げた*。政府側の政治意志の無さにサパティスタは不信感を抱き、対話は幾度も中断した。権力は狡猾にも対話と弾圧を併用しつつ、激しく動揺して、何としても、国民的アイデンティティを独占的に定義し、民族的アイデンティティを操り続けようとしている。一九九四年一二月にはＥＺＬＮが多数の行政区に部隊展開し、一九九五年二月には連邦政府軍が「サパティスタ地区」に侵攻した後、政府は人びとの無関心とサパティスタの消耗をねらい、「奇妙な、武装した平和」状態を長引かせている。このような中で、包囲網を突破するため、サパティスタはたくさんの政治的・象徴的イニシアティブを発してきた。一九九四年八月の「全国民主会議」（ＣＮＤ）に続き、その一年後にはサパティスタ運動の進

出典 Alejandra Moreno Toscano, *Turbulencia política. Causas y razones del 94*, México, Océano, 1996.

路について問う国内・国際意見投票を実施した。一九九六年七月―八月には、「人類のために、新自由主義に反対する大陸間会議」を開催し、また、同年一〇月にメヒコ市で開かれた「先住民全国会議」（ＣＮＩ）には、組織の中でも人びとにもっとも親しまれている人物のうちの一人であり、重い病気にかかっていたラモナ司令官が参加した。

一九九四年一月の蜂起を受けての軍事作戦と一九九五年二月の軍事攻勢を除けば、当局が紛争を軍事的に解決しようとしたことはない。しかし、ダモクレスの剣はいつふりおろされるとも限らないし、その形態もさまざまであろう。軍が反乱軍一掃作戦にふみきるかもしれないし、コマンドの奇襲もありえよう。組織内部から出た「暴走」者がマルコスやその他の指導者に銃を向けるかもしれないのだ。他方、サパティスタ側の戦闘能力と動員力はもはや蜂起初期のそれに劣っているかもしれないが、彼らは新たに絶望的な作戦行動をとるかもしれない。サパティスタは、武装した非暴力状態の微妙なバランスを維持しようとしているが、軍事的に包囲してサパティスタの首を絞めようとする作戦がその微妙なバランスを壊し、戦略的というよりはメッセージ的な作戦に彼らを追い込む可能性があるのだ。

政治家・社会活動家の代役の不在

権力内の強硬派は政治的局面においてサパティスタにとっての唯一の脅威ではない。カルデナス的ポピュリズムを受け継ぐＰＲＤを含め、すべてのメヒコの政治勢力全体が強権的国家体制に加担しているのだ。彼らは（自己防衛的な）惰性の原則に従い、マルコスとその仲間たちの開放への呼びかけに関心を示さない。確かに、これまで複数の野党指導者がチアパスに出向いてきたが、しかしそれによって、彼らの主要な関心事である権力争いで何か得をしたということはないようである。一九九七年の選挙戦が近づく中、政治制度は後退しており、それは長期的には政治制度にとってもマイナスになるかもしれないが、より直接的にはEZLNをさらに孤立させるか、あるいは、COCOPA*との関係を通じて、彼らの独自性と急進性を犠牲にしつつ、彼らを政治闘争にひきずりこもうとするだろう。

EZLNと社会運動の連携も密なものではない。初期の段階では、伝統的には左翼支持でなかった層も含め、下層と中産階級の幅広い人びとがサパティスタを支持していた。しかし、この共感は今や空気のようなものとなり、彼らを支持する行動は次第に量も回数も減少している。一方、分裂状態にある農民運動の中でもっとも戦闘的な先住民農民組織では、指導部よりも特に基盤部分で当初、サパティスタ運動への共感が広がっていた。しかし、その大多数は段階的に彼らと慎重に距離をとりつつある。負債を抱えた人びと（農家、商人、職人、小規模実業家、専門家等）を組織するエル・バルソンは目立つ組織で、EZLNとも緊密な関係を持っているが、両者の間には相互に無理解が見受けられる。知識人や芸術家との関係も単発的で、確実なものではない。しかし、マルコスも指摘しているように、労働者階級との間にもっとも深刻な無理解があるのである。

市民社会の大連合への第一舞台となることが期待されていた「全国民主会議」（CND）は、内部対立の中に消えていった。それ以来、サパティスタはいくつもの社会・政治勢力に近づこうとしてきたが、芳しい結果は出ていない。

サパティスタは、開かれたものであろうと試みる中で、とりわけ、全国規模の市民戦線形成への試みの中で、あからさまではないからこそ強固で、越えることの極めて難しい壁にぶつかってきた。人種差別である。大統領就任式のその日、EZLNはセディー

COCOPA　一九九五年に議会を通して設立された「和平仲裁委員会」。主要政党の代表から構成され、和平のための対話の継続と、採択された合意の実施に留意するのが使命である。

ジョ大統領に「悪夢へようこそ」と題した手紙を送った。一九九四年一月一日［の蜂起］について手紙はいう。「さまざまな色の、異なる民族の、異なる言葉の、しかし共通の苦しみを抱えた都市と農村の男たち、女たち、子どもたちと老人たちが、この日を期して先住民の声で語りはじめた」。*しかし現実には、恩情主義的なにおいのぷんぷんたる同情や連帯を越えて、マルコスのように、先住民の声と沈黙に耳を傾ける白人・メスティーソは極めて稀である。メヒコ社会を分断し、個々人までをも反目させる、この象徴的な境界線こそが、政治文化変革の限界を示しているのである。

出典　EZLN, *Documentos y communicados*, t. 2, ERA, México, 1995, p. 142.

極左

予期せぬ危険は左翼の側からもたらされた。このインタビューが行なわれた一九九六年八月末、サパティスタはEPR（革命人民軍）という正統派革命ゲリラの出現によって発生した危険を強く心配していた。この、「サパティスタの力になりたい」友人たちは、サパティスタにとって脅威である。彼らの出現により政府と政治システムそのものの態度が硬化し、社会運動の発展にとって好ましくない恐怖の雰囲気が社会に作られれば、それはサパティスタに間接的に影響してくる。また直接的には、EPRのゲリラとサパティスタの間には懸案があり、彼らの中の少なからぬ数の人間がサパティスタを暴走させ、彼らの骨を拾って葬り去ってやろうと思っているのである。

サパティスタが作り上げていた政治とメディアにおける空間は、EPRの出現によって著しく縮小された。チアパスにも介入するぞというEPRの脅しはサパティスタにとって深刻な脅威である。サパタと同じ運命をたどり、蜂起の代償を払わせられるのではないかという「チナメカ・シンドローム」*をマルコスは苦しんでいるのだ。もちろん、

チナメカ・シンドローム　エミリアーノ・サパタは、よく知られているように、一九一九年四月一〇日、チナメカで暗殺された。連邦軍が行なった待ち伏せ作戦の犠牲者となったのだ。

運動を無制限な暴力から引き離そうとしたことで共通するガンディーやチバウが、同じ考えの流れの中にいながら過激派であった人間によって暗殺されたことも忘れてはならない。また、公民権を要求したマーティン・ルーサー・キングの運動も、暴力と権力を目指す闘いを主張する派——やがて解体することになるブラック・パワーの運動——によって追い越されたのだった。

共同体退行の危険

外部的要因と内部的要因が結びつけば、運動は分裂し、孤立してしまいかねない。政治家たちがサパティスタ運動に関心を失う一方、サパティスタは政治家たちに対して不信感を強めている。「足を取られそうなほど泥だらけの政治の世界に足を踏み入れるのが怖いんだ」と、マルコスは言う。苦い経験の後でこの姿勢は理解できなくはないが、同時に、倫理の名のもとに政治を犠牲にする危険性をはらんでいる。

グアテマラの「抵抗の共同体（CPR）」では、虐殺を逃れた一万五千人もの人びとが、虐殺はまだ続いているが闘いには勝利できると考えて、一五年間にわたり社会から隔絶された森や山で採集と自給自足の農業、外国援助のみで生き続けた。サパティスタ共同体も、強力な圧力にさらされ、密林の最後のサパティスタ陣地を守るために、グアテマラの場合のように共同体主義に回帰するかもしれない。繰り返しになるが、EZLNはグアテマラのゲリラとは反対の進路を取ってきた。国境の向こう側で住民に極めて大きな影響を与えた過ちを、彼らが繰り返すことのないことを祈る。最果てまで退却したサパティスタは、マルコスの言うような遍歴の騎士ではなく、ファン・ルルフォ*の物語に出てくるようなさまよえる亡霊となってしまうかもしれないのだ。

ファン・ルルフォ　メヒコの作家（一九一八〜八六）。どよめきとつぶやきが渦巻く陰惨な集落で、歴史を超え、循環する時間の流れの中で生き続け、重苦しく乾いた空気のなかをさまよう、身元の曖昧な「死」を描いている。（以下訳注）寡作な作家だったが、『ペドロ・パラモ』（杉山晃＋増田義郎訳、岩波文庫、一九九二年）と『燃える平原』（杉山晃訳、書肆風の薔薇、一九九〇年）の二作で、圧倒的な影響力を後世に及ぼしている。

すでに繰り返し言われてきたことだが、サパティスタ運動はさまざまな行詰まりと分裂から生まれており、少なからぬ数のチアパスの先住民はこの運動と一定の距離を取ってきた。蜂起とその拡大により共同体内の分裂は加速し、以前運動に共感していた人びとの一部は離れていった。これは致命傷になりかねない。自らの影響圏内で発生する紛争にいかに民主的に対応することができるか、少なくとも、組織の内部に民主的な意思決定制度を確立できるか、意見の異なる人間や組織とどう向き合っていけるかがEZLNに問われている。これまでのところ、このような問題に関して彼らはあまり民主的なやり方をしてきていないのだ。

支配的な経済の論理を前に、サパティスタは社会的・政治的要素を重視し、エル・バルソンとの難しい関係が物語るように、経済へは強い関心を示していない。しかし、経済は彼らのアキレス腱である。* サパティスタは七〇年代、八〇年代、チアパスの開発に関わる内部および外部の活動の誤りと失敗のおかげで成長したのだが、彼ら自身はそれに解決策を与えてきたわけではなかった。彼らには関係の無いところから生まれてきた危機によって彼らは得をしたのだ。地域のダイナミズムを破壊したと彼らを批判するのは、大げさすぎるというものだろう。彼らは蜂起を前提として戦時経済体制を導入したと言えるが、それを永続化させることは彼らにとって命取りになりかねない。市場経済と新自由主義を一緒にして批判する傾向は、共同体に生存ぎりぎりの、最小限の経済状態を強要し、そして、言わなければならぬことだが、今日すでに起こっているように、外部からの援助に依存させかねないのだ。初期の入植者たちがつくったような多品種生産の農村市場経済を積極的に再生させることは、サパティスタにとって政治的主張を維持するのと同じくらい重要だろう。単独でも競争力をもつと同時に他の経済主体と提携

アキレス腱としての経済　一九九六年の「宇宙間会議」で経済が論議された分科会は「恐怖の最新情報」と題されていた。しかし、とりわけこの分野では、非難・告発では、ある計画の必要性にとって代わることはできないのだ。

できるような経済的基盤がなければ、社会的・政治的に成り立ちえないのだ。テワンテペック地峡のCOCEIやコロンビア・カウカ地方先住民委員会（CRIC）[*]、グアテマラのカクチケルやキチェの共同体などはそれを達成してきたのである。

連帯の危険性

友人たちよりも敵に首を絞められて死ぬことの方が多いとはいえ、あまりにも過剰な国内・国際連帯への依存は、サパティスタを保護される者の状態に固定化してしまうだろう。生存手段としての食料と、保護してくれる人間の楯を受け取るかわりに、サパティスタ運動は「精神的支え」を提供している。メヒコの政治・社会組織と、悲劇的なことには、先進国社会の組織活動家と非組織活動家がそれを必要としているのだ。

さまざまな人びとが多様な回路を通して連帯活動に取り組んでいるが、メヒコではとりわけ、サン・クリストバル教区が関係する連帯組織が批判と議論の対象となってきた。実際、EZLNと教区が、お互いに注意深く相手と自分を区別しようとしていることに、両者の関係の複雑さがあらわれている。一方、チアパス、メヒコ、または外国のカトリックやプロテスタント教会系の人や組織の中には、サパティスタを無条件に支持する人もいる。これらの人びとは運動内部の共同体主義への傾向にもあまり批判的ではない。

左翼系、あるいは左翼の中にも、解放の神学派の人びとと同じような見方をする人びとがいる。メヒコや米国やヨーロッパでは、トロツキスト、アナーキスト、フェミニスト、アウトノミア派などが、失敗し方向を見失った革命運動再生への希望をサパティスタに託している。しかし、それよりもさらに興味深いのは、サパティスタが党派活動経験のない若者たちや党派的活動・言説に反対する人びとをも惹きつけているという点で

CRIC　ビクトル・ダニエル・ボニーヤ『神の下僕か　インディオの主人か』（太田昌国訳、現代企画室、一九八七年）を参照。

ある。

　サパティスタの新しさは、哀れみや闘いのための殉教といった感情を嫌い、白人種の加害責任の感情を利用しようとはしない点にこそある（北ヨーロッパのプロテスタント系国が第三世界の貧困や弾圧に比してサパティスタ運動に無関心なのもそのせいだろうか?）。サパティスタは同情ではなく共同的行動の意味（方向《サンス》）を求めており、だからこそすでに見てきたような関心と反響を得てきたのだ。

　サパティスタは、その周囲に、そして少し離れたところに、サパティスタ・シンパを同心円的に有しており、それによって運動を守っている。幸い、運動が彼らに飲みこまれてしまったり、窒息してしまうような事態には至っていない。しかし、もし中核が爆発してしまえば、運動の一部と、連帯してきた人びとの多くが再び普通の政治組織に吸収されていくだろう。古い枠組みと古典的な前提が解体されていく度合に応じて、また、近づいてくる人間たちが自力でできる以上に彼らを変化させていく程度に見合う形でサパティスタ運動は存在しえているのである。

　このような状況下で、ふたつの危険性を回避するために、思想と政治的活動を再検討する必要があるだろう。この危険はすべての人間に関わる危険であり、純粋さを守ることへの誘惑と関わっているのだ。

　一、孤立し、閉塞して、共同体として窒息していく可能性。チアパスの武装蜂起は「世界終末戦争」*ではない。しかし、ラ・レアリダやその他のサパティスタ共同体には、包囲された「純粋な」*共同体という雰囲気が漂っている。それは例えば、アルコールの禁止*などのスパルタ的規則や、住民と外国人訪問者の分離、倫理規範の重視といった面に表れているのである。このような行為と表現は、たとえそれが現実的なものとして正

『世界終末戦争』　マリオ・バルガス・リョサの同名の作品（旦敬介訳、新潮社、一九八八年）は、一九世紀末のブラジル北東部で起こったメシア信仰運動「カヌードスの叛乱」を主題としている。（以下訳注）小田輝穂『カヌードス　百年の記憶』（現代企画室、一九九七年）も参照。

包囲された共同体　マルコスは一九九六年八月二九日付けの手紙を、いつものように「メヒコ南東部の山中より」ではなく「ヌマンシアの山中より」と記したことがある。

アルコール禁止令　アルコール中毒症とたたかうという理由でサパティスタはこの措置を正当化するが、その急進的な性格において、プロテスタント派共同体に近づく。「新生カトリック」派はこの点においては、ずっと穏健である。他方、パンチョ・ビリャもまた、自軍においてアルコールを禁止したことを想起すべきだろう。

当化される余地があったとしても、外部とのつながりが断ち切られれば、メシア主義や千年王国主義への脱線をまねいてしまうかもしれない。マルコス自身は外部との橋渡し役である。彼が運動の中のさまざまな考え方をまとめているわけだが、もし彼がいなくなれば、運動が民族や地域のリーダーごとに分裂したり、あるいはすでにチアパス北部では起こっているように、共同体間の暴力的争いにつながっていく可能性が無いとは言えないだろう。

二、彼らがチアパスの現実から遠ざかり、「宇宙」の世界に行ってしまう危険性。基盤の運動を代表する者が果てしなき空想の世界に入り込み、地上に降りてくることのないままに見果てぬ夢を見つづけた例はこれまでにいくらでもある。マルコスはこの危険を自覚しているとみえ、現在までのところ、共同体から乖離せぬよう注意している。彼は共同体と一〇年にわたって運命をともにし、彼にとって、共同体と別れるなどということは考えられぬことだ。サパティスタは地域、国内、全世界という複数の次元を統合することが必要だと考えているが、それは可能なのだろうか？ 彼らが提起した課題（民主主義、正義、自由と尊厳）は地域的には解決できないと考えるに至った時にこの運動は生まれた。彼らの目的は、これらの問題を国中の広場の話題に持っていくことだった。目的は当初、大きく達成されたが、国内情勢が行き詰まり、やがて膠着状態に陥っていった。包囲網を打ち破り、孤立状態を打開するため彼らは国際世論に訴えたが、芳しい結果は出ていない。「ポスト・モダンのゲリラ」（ガブリエル・サイード）と評された運動を超現実的なものに変化させてしまう危険を冒してでも、サパティスタはチアパスとの密着性と国内での存在感を確立・強化しなければならないだろう。

マルコスと仲間たちの意見がどうあれ、サパティスタを密林に追い込み、チアパスの支持基盤から彼らを切り離し、国内の、すでに行動していたり、行動しようとしている人びとから彼らを遠ざけるという敵の戦略は一定の成果を収めている。この戦略を失敗させること無くしては、共同体の武装運動を社会的・政治的運動に転化させていくことはできないだろう。メヒコの権力——もちろんEPRも——は、世界のマスコミがサパティスタを単なる「密林の暴れ者たち」と表現することを満足げに見守ってきたのだ。*

出典 《Debout les branchés de la jungle》, *Libération*, 27–28 juillet 1996.

美しさへの誘惑

マルコスの豊かな表現力と美の追求は、マルコスとサパティスタ運動の成功に大きく貢献したが、それも危険をはらんでいないわけではない。

「私たちはあなた方である」*。しかし、もし相手が誰もいなかったら? もし客席に誰もいなかったら? あれだけ議論されてきた、意味深い「市民社会」が、チアパスの山々をつつむ霧ほどにつかみどころのないものだったとしたら? 政治家との対話に幻滅し、社会運動がほとんど存在せず、最近のメヒコの数少ない運動すら遠ざかっていくという状況の中、夢見ることが禁じられている政治の世界に身を投じる気などマルコスにはない。文学、演劇、映画といった、他の表現手段への個人的関心も隠そうとはしない。

私たちはあなた方である 一九九六年七月二七日、オベンティックで開かれた「宇宙間会議」開会演説で、アナ・マリーア司令官がこう語った。

セルバンテスの『ドン・キホーテ』など数十冊の本をかかえて山に入ったマルコスは、今でもそれを手放さない。騎士道についても幾度も語っており、それはカブトムシのドゥリートが話す寓話の中や、ダニエル・ミッテランにつきそう「紙の騎士」として現れた時、それに聖杯の伝説について時に明示的に、時には暗示的に表現されている。

マルコスは、「不正義を根絶し、恵まれぬ人びとを助け、地上に正義の王国を建設するため」槍をとった「憂い顔の騎士」のごとく、武器を取った。そうである以上、彼にとって、身を引くなど想像できないことだ。「『キホーテ』の最後の部分で、アロンソ・キホーテが「私は狂っていた。もう正気に戻ったよ」と言うところがある。それを避けたいんだよ。そんな言葉を吐いて権力の輪の中に入り、取り込まれてしまうなんて。最後の最後まで狂ったままでいなければ*」。

出典　*In* Guiomar Rovira, *¡Zapata vive!*, *op. cit.*, p. 53.

　彼のイメージは確かに、チェ・ゲバラを思わせるような修道師的ゲリラよりも明るく、文学を譬えにして言えば、「世紀の伝説*」の遍歴の騎士よりも冷静だ。しかし、純粋さへの誘惑に負けることは、マルコスにとってはメヒコの近代の歴史であるところの「巨大な鏡の迷宮*」の中にではなく、孤独の砂漠の迷宮にマルコスを閉じ込めてしまうことにはならないだろうか？　「宇宙間」会議の間、全大陸からやってきたたくさんの人びとを前にＥＺＬＮの政治文書を読み上げたマルコスは、「どこが入口でどこが出口か忘れてしまい」、混乱していると語った。

出典　Victor Hugo, 《Les chevaliers errants》, *La Légende des siècles, 1859.*

出典　EZLN, *Documentos y communicados*, t. 2, p. 371.

　また、同じ文書でマルコスは、ホセ・マヌエル・セラの歌の一部を引用して楽しんでいる。

かえるのをわすれた
わけじゃない
帰り道がなくなって
しまったんだ。*

出典　*Ibid.*, p. 237.

ラ・レアリダでふたたび世界を魅了する

ベルリンの壁崩壊とサパティスタの谷

冷戦時代、世界は氷河期のごとく打ち沈んでいた。共産圏は冷凍庫の中にあった。第三世界の植民地解放闘争は激震をもたらしたが、両極の氷はやがて熱帯にまで達し、ひとつ、ふたつ、みっつ、たくさんのベトナムが……ソビエト化されていった。

二極化した世界はベルリンの壁崩壊とともに消滅した。前史の終焉でしかないものを、歴史の終焉ととらえた者もいる。それはある者にとって勝利であり、ある者にとっては陰鬱な敗北であった。前者は、呪縛から解放され、商品という印の入った自由主義的民主主義の旗の下に画一化された世界の到来を祝った。後者はあきらめ、「なるようになれ」という態度をとった。

シニカルな日和見主義者ではない者たちは、両陣営の緊張状態が終わり、新しい社会運動と新しい歴史の主体が花開くための最善の条件がそろったと考えた。最も氷河期の厳しかった東側に、その出現が待たれた。

しかし、最も有望で意味深い運動は、いつものように、誰も想像していなかった地に現れた。地球の片隅の、第三世界から第一世界への模範的移行を行なおうとしていた国の忘れ去られた一角に、その運動は現れたのだ。サパティスタ蜂起はある意味で、カルロス・フエンテスが言うところの「ポスト共産主義、最初のゲリラ」であった。それは、より正確に言うならば、反ゲリラに変化してきたのだが。

社会運動から武装運動へ

しばらく前までは、武装闘争こそが社会的闘争の頂点に位置し、その最高の表現形態であると考えられることが多かった。しかし、それはまったく逆である。社会運動が行き詰まり、もはや分解してしまうというような時に暴力が選択されるのだ。そして、この選択は運動と社会活動を破壊してしまう危険をはらんでいる。

サパティスタ蜂起はこの考察の正しさを鮮明に明らかにしている。ラカンドン密林とチアパス全域で、先住民民衆は五〇年以降次第に激化していった闘いを支えていた。近代化への道は閉ざされていたことも多かったし、彼らが常に民主的であったわけでもないが、彼らが近代性と民主主義を担ってきたのだ。

メヒコにも世界にも見えていなかったこの運動は、異論と分裂、追放の中から生まれてきた。主体の解放と誕生は、人びとの移動と社会運動という、ふたつの動きの結実だったのだ。

だが、この動きは発展せず、反体制派先住民の一部は武装闘争の道を選んだ——あるいは、そこに追い込まれた。ゲリラの中核が先導する武器の論理を、ラス・カニャーダスの一定数の住民が受け入れたのだ。ただし、それを受け入れたのは人びとの一部であり、蜂起はチアパスの先住民民衆の間に新たな分裂をつくりだしていた。

一月一日の蜂起、初期の作戦行動と第一ラカンドン密林宣言は、近年のラテンアメリカで数多く起こってきた、連鎖的な暴力の新たな拡大を予想させた。その上、そこにはグアテマラで悲劇を招いた要素が多く内包されていた。

武装蜂起から社会運動の摸索へ

しかし、市民社会と政府内部からの予期せぬ反応におされ、サパティスタは戦争を停止し、政治的解決への道を探ることを決めた。

行き詰まり、ためこまれたエネルギーは武装蜂起へと向かった。挑発と弾圧が連鎖的に拡大し、自殺的行為が虐殺を招いていたかもしれなかった。だが、それは発生段階でとめられ、新しい主体を生み出し、市民社会を確立し、政治世界の再検討を模索する運動へと方向が転換されたのだった。

サパティスタの力は非暴力にこそある。暴力と非暴力の間の新しい関係を創造したこと、それが彼らの独自性である。暴力に引きずり込まれることなく、いかにこの緊張関係を維持することができるか、それが今後の課題である。数十年、数世紀にわたって押え込まれ、弾圧されてきた力が今、意味《サンス》（方向）を生産し、象徴的・政治的な創造を行うために、武装した非暴力の戦略をとったのだ。

「彼らは一二日間闘い、数時間の間、メヒコの片隅のいくつかの行政区を占拠した。われわれは三〇年前から闘っており、国内のかなりの範囲を支配下においていて、どこでもやりたいところを攻撃できる。しかし、誰もわれわれに関心をもっていない。彼らの行動は世界中に共感を巻き起こしたというのに」。あるコロンビア・ゲリラのこの苦い告白が、違いをくっきりと映し出す。三〇年以上戦っている他のゲリラと同様に、コロンビア・ゲリラは冷戦時代のいくつもの流れ（正統派共産主義、カストロ主義、毛沢東主義）を受け継ぎ、今日ではこの国で組織的犯罪行為に加担しており、われわれに訴えかけるものを持っていない。それに対してサパティスタ運動が関心を呼び起こすのは、彼らが意味（方向）を創りだす力をもっているからであろう。
運動を緊張状態に保つことで、彼らは模範性と表現力を維持している。しかし、もしこの緊張が崩れれば、暴力の中に崩壊していくか、共同体の中に閉塞していってしまうだろう。

レジス・ドブレが的確に指摘するように、サパティスタ運動は「本質、すなわち抵抗への回帰」である。[*] 新自由主義への抵抗。誰の名において？　共同体の？　国家の？　しかし、共同体の擁護は簡単に共同体主義に陥るし、国家の擁護はナショナリズムに陥る。サパティスタ運動を、チアパスのわずかな共同体を守ろうとする退行的運動であるとか、大市場の中でメヒコの精神が失われてしまうと危惧するナショナリスト的運動である――組織化されていようと拡散したものであろうと――と規定しようとするのは、特にサパティスタを批判したり誹謗したりする者たちである。

もしサパティスタ運動が――「宇宙間会議」という命名を文字どおり受け取るならば――人類の名における新自由主義に対する告発でしかないのならば、それは現実には何の影響力も持たないヒューマニズムとして終るだろう。よくしても、古い幻想の時代錯誤的な再来か、あるいは混乱したユートピアの再興程度のものだろう。

しかし、サパティスタ運動は極度に感情的な運動でもなければ、単なる抵抗闘争でもない。サパティスタ運動に集まるラカンドン密林の先住民たち、チアパスと国内の他地域の先住民衆は、「深層のメヒコ」ではなく、世紀末の「崩壊したメヒコ」[*]に生きている。これは、伝統の保護と回帰の運動ではなく、埋めようもなく深き谷の再構成のための運動なのだ。イスラム主義や、ヒンドゥー主義、アジア主義、ペンテコステス主義などを根拠に、近代におけるアイデンティティを専横的手段で確立しようとするナショ

出典　*Le Monde*, 14 mai 1996.

出典　Sergio Zermeño, *La sociedad derrotada. El desorden mexicano del fin del siglo*, Siglo XXI, México, 1996.

ナリスト的、民族的、あるいは宗教的運動でもない。新自由主義的グローバリゼーションへの抵抗がアイデンティティの防衛という形をとる時代状況の中で、サパティスタ運動はアイデンティティと近代、民主主義を統合する、極めて意味深く、力強い試みである。だからこそこの運動は先住民共同体を越えた地点で、さらにはメヒコ国境の外側で大きな反響を得たのだ。資本の自由な出入りなどという考え方を受け入れないところに民主的な政治など確立されないという幻想を、サパティスタ運動は打ちのめした。地球を覆い、水平線を隠す灰色の雲を彼らは吹き飛ばし、突破口を開いたのだ。泡のうえに住む「現実主義者」たちにはきついかもしれないが、サパティスタたちは帰り際、われわれを一緒にラ・レアリダ（現実）へ連れていってくれたのだ。

サパティスタ蜂起の未来は、政治的・社会的行動を打ち出していく能力にかかっている。さまざまな行き詰まりと分裂、断絶のなかから生まれた彼らは、今、違いと対立を抹消することなくみんなを統合し、むしろ、違いと対立に基づいた「たくさんの世界から成る世界」を築いてゆけるのだろうか。それがサパティスタの挑戦である。「習慣」と農園、ラディーノたちの支配などの、この地域の昔からの秩序は、先住民解放の運動とサパティスタ蜂起によって不安定化している。もはや、後戻りはできない。国の政治制度の動揺も続いている。サパティスタを待ちうけている課題は、旧来の社会と権力を破壊することではなく、すべての排除された人びとを包容する民主主義を創造することである。

サパティスタ蜂起は顔無き人びとに表情を与え、声無き人びとの声をきこえせしめた。先住民民衆の声だ。子どもたちが――そしておとなたちも――「……口をつぐまなければならぬことなく、世界に向かって覆面をかぶらなければならぬこともなく、朝目覚める」[*]ことができるように。サン・クリストバル・デ・ラス・カサスの市場の若き先住民女性は言った。「彼らが私たちに尊厳を取り戻してくれた」と。この言葉が、サパティスタの闘いへの最も美しき賛辞なのではないだろうか。

出典　EZLN, *Documentos y communicados*, t. 1, ERA, México, 1994. p. 191.

【参考資料】

マルコス副司令官が人民革命軍（EPR）に宛てた手紙（抜粋）

あなた方は、権力をめざしてたたかう
われわれは、民主主義、自由、正義を求めてたたかう

サパティスタ民族解放軍（EZLN）の支持基盤にいる男たち、女たち、子どもたち、老人たちの名において、またEZLNの男女の戦士たち、正規兵たち、非正規兵たちの名において、この手紙をあなた方に差し上げる。最近、あなた方の指導部が全国紙二紙と行なったインタビューをそれぞれ目にした。あなた方がわれわれについて触れるとき、尊敬の念をこめて下さっていることは承知している。われわれを尊重してくれる人びとを、われわれも尊重する。政府はそうしないので、われわれは政府に敬意をはらわないのだ。

こうして手紙を書くのは、あなた方の声明で触れられているただ一つの問題に関してである。具体的には次の部分である。「もしEZLNが対話を放棄せざるを得ないような理不尽な事態が起こったならば、彼らはささやかながらわれわれの支援を受けることができるだろう。彼らはわれわれの敬意を受けているのだから」（*La Jornada*, 27/8/1996）。

すでに新聞紙上で明らかなように、わが民衆は、再度危機に立つ対話なるものへの参加を取り止めることを決定した。その理由は、それぞれのコミュニケで述べており、ここで繰り返すまでもないだろう。言いたいことはただひとつ、われわれはあなた方の支援を受けたくない、ということだけだ。われわれはそれを必要としていない。求めようともしない。受けたくもない。われわれには、自ら依拠し得る力がある。確かに、それはささやかなものに違いない。だが、われわれ自身のものなのだ。われわれは、

今日まで、国の内であれ外であれいかなる政治組織にも依存しないことを大事にしてきた。私たちが欲し、求め、必要としているのは、国の内外を問わず市民社会の支持であり、期待するのは、平和的・市民的な運動展開なのだ。必要としているのは、武器でもなく、戦士でもなく、軍事行動でもない。

第一に、武器も戦士も十分にある。第二に、軍事行動の力もわれわれは有しており、それで十分なのだ。われわれが求め、必要とし、欲しているものは、党にも組織にも属さないこれらすべての人びとが、望むこと、望まないことでの合意をかち取り、それを（平和的・市民的な道を優先して）追求するために、権力を求めるのではなくそれを行使するために組織化することである。夢想的だとか、正統派じゃないとか言う人はいるだろう。だが、これがサパティスタの流儀なのだから、どうにも致し方のないことなのだ。

あなた方は自らの道を進めばよい。われわれにはわれわれの道を行かせてほしい。われわれを守ろうとか救出しようとか思わないでくれないか。われわれを待ち受ける運命がどうであろうと、自らが選択する。心配しないでほしい。あなた方を攻撃することもない。「良い」ゲリラと「悪い」ゲリラの衝突を画策する支配権力のゲームの罠になど、はまるつもりはないのだ。あなた方はわれわれの敵ではなく、われわれもあなた方の敵ではない。あなた方を「メヒコにおける闘争を導く上でのライバル」と捉えることもない。私たちの尊厳に関わりのない他の闘争を導くなどというつもりはないからだ。われわれは、あなた方に貼られた侮蔑的なレッテルに同意しない（そのレッテルは、昨日まではわれわれに貼られていたのだ）。そのレッテルを、無意味で、使いようもないものにするために、われわれは大変な苦労をした。死だけではない、多大な努力と政治的忍耐を代償として支払った。われわれは武器によって正統性を勝ち得たのではない。いまわれわれの指導者である先住民共同体との長年に及ぶ政治活動を通して、さらに国の内外の市民社会との対話を通して、それを得たのだ（そのために、われわれは自らの安全と自治と独立を危険にさらさざるを得なかった）。

人民革命軍（EPR）はメヒコの民衆を前にして正当な位置をかち取らなければならないと私が言うのは、こういうことである。あなた方にはそれがない、とは言わない。だが、ある運動に正統性を与えるのは（ゲリラの場合であっても）政治指導者でもなければ官僚の宣言でもない、と言いたいのだ（官僚たちは、ついこの間まで、われわれが「テロリスト」であって、社会的基盤を持たず、「七〇年代のイデオロギーをもつ」大学の急進グループが先住民の中に人工的に「植えつけた」ことによって生まれたものであると言って、侮蔑していたものだ。笑わせる。その同じ人びとが、いまや、あなた方が「テロリスト」であると侮蔑し、それに引き換えEZLNは「真の社会的基盤を持っている」と言っているのである。）

とはいえ、われわれが同じではないということは、繰り返し指摘しておかなければならない。その違いとは、あなた方や他の人びとが主張するような、次の点にあるのではない。すなわち、人民革命軍は政府と対話を行なわず、権力をめざしてたたかい、宣戦布告もしていないが、それに比して、サパティスタは対話を行ない（注目！　政府とばかりではない、特に国内・世界の市民社会との対話のほうがはるかな比重を占めていることに）、権力を求めてはおらず、連邦政府軍への宣戦布告を行なっている（この挑戦を、相手側は決して許さないだろう）。あなた方とわれわれの違いは、政治的提案の中身が正反対であり、それは二つの組織の声明や実践から明らかだという点にこそある。あなた方の出現によって、いまや多くの人びとが理解できるだろう、現存する政治組織間に違いをもたらすのは、武器や目出し帽ではなく、政治的提議の中身なのだ。われわれは、新たな、急進的な道を歩んできた。その新しさも急進性も尋常一様なものではなかったので、あなた方も含めてすべての政治潮流がわれわれを批判し、うんざりした顔つきでわれわれを見た。気まずい思いがしないでもない。仕方がない、それがサパティスタの流儀なのだ。

この手紙を認めている間にも、ゲレーロ、オアハカ、メヒコ州でのあなた方の軍事・宣伝活動のニュースが伝わってきている。驚きと強力な打撃が結びついたような行動だが、この政府は行動をめぐってではなく、官僚たちの声明の周りに仮想現実を作り出していることが明らかになっている。それにしても、チアパスにおけるあなた方の宣伝行動は、最良の場合でも役に立たず、ばかげたものになるか、最悪の場合には挑発にしかならないと思える。この行動はわれわれの内部協議が終わりかけたころに起されたものであり、ちょうどそのころ、民衆の意見の結果を集約していた先住民指導者たちの生命と自由を危機にさらしたのである。われわれが協議中であったことを、あなた方は知らなかったのか？ あなた方はすでに、メヒコのさまざまな地域で活動できる能力があることを証明してきたのに、なぜチアパスでの宣伝作戦行動なのか？ 政府が画策する「ライバル同士のゲーム」の罠にひっかかってしまったのか？ 差し当たって、この行動の代償を支払うのはあなた方ではない、サパティスタの先住民共同体なのだ（思い出してくれないか、彼らはすでに千日間近くも、自分たちの武装叛乱によって、そして詩によって、抵抗し続けているのである）。

連邦政府軍は、サパティスタの村々に対する軍事圧力を強め、チアパス州北部に兵営を設置しつつある。政府は、これは「対話法」の精神を侵すものではなく、軍事行動は「EPRに向けたものである」と「言明」している。そうか、そういうことなのか。われわれは物事を劇的に仕立て上げようとは思わない。あなた方はEZLNの対話に「干渉」することはないと宣言した。それはご存知のはずだ。なぜ「対話に干渉しない」などと嘘をつくのか？ 抗議しているのではない、言動に一貫性をもつこと、嘘をつかないことを求めているだけだ。

結論を言おう。あなた方の軍事行動の結果は、すべてが明らかになっているわけではない。あなた方の上には「テロリスト」とか「ならず者」とか、その他官僚や企業経営者の口をすでにいっぱいにしている言葉が駆使されて、強力な非難キャンペーンが浴びせかけられるだろう。政府は、「よいゲリラ対

「悪いゲリラ」という腑分け路線を続けて、あなた方とわれわれを比較するだろう（この比較では、われわれをよい者とし、あなた方を悪い者とするだろう）。しかし、一九九五年二月九日、セディージョ氏が、いまあなた方に投げかけられているのと同じ言葉遣いで、われわれの抹殺をめざして、軍事攻勢をかけて失敗したときのあの悲壮な表情を、誰が忘れることができようか？　ついこの間までわれわれサパティスタの殲滅を訴えていながら、いまやわれわれの「社会的基盤」とわれわれの要求の「正当性」を称揚している官僚たちやマスメディアは忘れたかもしれない。われわれは忘れない。政府が、われわれへの態度をいっそう硬化させ、軍事解決を図ることもあり得ないことではない。世論ではそのシナリオはほぼできつつある。われわれは、政府の交渉姿勢に幻想を抱いてはいない。つまりは、そういうことなのだ。

あなた方は、権力をめざしてたたかう、われわれは、民主主義、自由、正義を求めてたたかう。同じではない。仮にあなた方が成功し、権力を握ったとしても、われわれはなお民主主義と自由と正義を求めてたたかい続けるだろう。権力の座に誰がいるかは問題ではない。サパティスタは常に、民主主義と自由と正義を求めてたたかい続けるのだ。

メヒコ南東部の山中より
叛乱副司令官マルコス
メヒコ、一九九六年八月二九日

訳者あとがき

本書は、Subcomandante Marcos／Yvon Le Bot, *El sueño zapatista*, 1997, Plaza & Janes, Méxicoの全訳である。著者のイボン・ル・ボは、ラテンアメリカ研究を専門とする、フランスの社会学者である。近年はとくに民族運動に関心を寄せており、一九九三年にはグアテマラの先住民運動に関する著作を上梓している。

本書『サパティスタの夢』は、メヒコとスペインでそれぞれスペイン語版が、また、フランスではフランス語版が出版された。ル・ボは解説をフランス語で書いており、論理的には本書の原版はフランス版ということになる。ただし、ル・ボに問い合わせたところ、マルコスらとのインタビューはスペイン語で行われており、インタビュー部分についてはスペイン語版が原版となるとのことだった。

もとより、重訳は極力避けるべきというのが翻訳にあたっての基本的考え方である。メヒコ、スペイン、フランスの三つの版の間には、おもに脚注の内容と本文の構成に若干の相違があったが、ル・ボとも相談の上、私たちの日本語版についてはインタビュー部分の原版となるメヒコ版を底本とすることにした。もっとも、ル・ボによる解説は特に念入りにフランス語版原文との対応を確認し、本全体についても三つの版の相違を精査した。メヒコの国内事情に明るくはない読者に向けた脚注など、メヒコ版よりも優れた点についてはスペイン版やフランス版の脚注を積極的に採用した。

なお、三つの版ともにル・ボによる解説が最初に配され、その後に三人の司令官とのインタビューが続いている。しかし、日本語版ではあえてインタビューを先にし、解説をその後に配することとした。ル・ボによるEZLN形成の歴史の分析も興味深いが、なによりも、三人のサパティスタ司令官の魅力的な言葉にまず接してほしいと考えたからである。

本書に収められたインタビューの中で、マルコス、タチョ、モイセスの三人の司令官は、EZLNの形成過程や彼らの考え、目指すところ、活動の実際などについて率直に語っている。また、ル・ボは解説で、サパティスタに強く共感しつつも、できうる限りの客観性を保ちながら蜂起の背景を的確にまとめている。当事者の言葉と観察者の分析を合わせ読むことで、この運動についてよりよく理解することができるものと思う。

サパティスタのたたかいについては、すでにたくさんの言語でたくさんの本が著されている。私が目を通すことができたのはまさにその中のほんの一部でしかないが、少なくともその中では、本書がもっとも的確に、運動の起源と発展、思想と現実をまとめていた。また、インタビューは数多くあるが、これほどじっくりと腰を据えて話し合ったものは他には見当たらない。多数ある文献の中から、日本語訳に値するものとして本書を選んだ理由である。なお、本書に収められたインタビューは、一九九六年八月に行われた。したがって、本文と脚注の記述には、その後変化したもの、古びたものもある。しかし、この本の真髄に至るうえで障害になるほどのものではない。九六年といえば武装蜂起から二年半後だが、それから今日までの経緯をここでごく簡単にまとめておこう。

一九九四年十二月に就任したセディージョ大統領は、二〇〇〇年に任期を満了するまで、サパティスタとの対話と交渉を事実上拒否し、サパティスタの要求を無視する路線を取った。政権との対話には複数回応じているが、先住民文化と権利に関する「サン・アンドレス合意」をはじめ、政府側代表団が公式に約束した事柄さえも実行することはなかった。セディージョ大統領は一九九五年二月にEZLN解体作戦を実行し、内外からの強い批判をあびて数日で作戦を中止せざるをえなくなったが、要求に耳を貸さず、力で押し切ろうとする姿勢自体はその後も変わることはなかったといえる。

一九九六年から九八年にかけて、チアパス州のロス・アルトス（高地）地域を中心に、「パラミリタリー（準軍事）組織」と呼ばれる武装した民間人の組織による暴力が急速に拡大した。サパティスタを支持する住民に向けられた暴力は、九七年十二月二二日、非武装の住民四五人が虐殺されるという事件で極限に達したが、この事態もセディージョ政権によって半ば意図的に作り出されたものと考えられる。

ロス・アルトス地域では、蜂起以後に多数の住民がサパティスタ支持にまわったとする指摘がある。それが事実であるかどうかは不明だが、いずれにせよ、この地域では多数の住民が武装闘争以外の形でサパティスタのたたかいに合流していった。サパティスタがとった手段は必ずしも肯定しないまでも、大義を支持し、要求を共有するたくさんの先住民の存在が、EZLNの正当性を保証し、政治的発言力を与え、セルバでの生存を可能にしていた。逆にいえば、EZLNを政治的に封じ込めるには、こうした社会的支持基盤を切りくずことが課題であった。

準軍事組織の暴力はまさにこうした層に向けられた。セディージョ政権はこの事態について、村落内ないしは村落間の、砂利採掘権や入会権などをめぐる争いであり、政治的なものではないと説明した。しかし、標的がサパティスタ支持派住民に集中していた上、政府と軍がこれらの組織に武器の供給や訓練を施し、超法規的に武装して行動する集団を放置していたことは明らかだった。

一九九七年には、年間を通して準軍事組織による人権侵害行為が多数告発された。随所でサパティスタ支持派住民が襲撃され、焼き討ちが行われた。多くの人びとが村を離れ、避難を余儀なくされた。十二月二二日、チェナロー村の集落アクテアルを武装した民兵が襲撃し、非武装・無抵抗の住民四五人を虐殺した。書くに耐えぬ残酷な殺戮だった。超法規的組織による襲撃の際、集落の入り口には州警察の治安部隊が駐留していたが、「襲撃には気づかなかった」と報告している。自動小銃での乱射が続いていたのに気づかないことはありえず、準軍事組織と治安部隊がいかなる共犯共謀関係にあったかが、このことにもあらわれている。

一九九四年のEZLN蜂起以降、メヒコ政府はチアパス州に大量の軍隊を派遣し、地域を徹底的に軍事化した。軍・州警察部隊の駐屯地が多数建設され、検問も随所に設置された。これは、EZLN武装部隊への対策であると同時に、急増したサパティスタ支持派住民への有形・無形の圧力として機能した。

だが、国際的な関心・監視が高まる中で、政府機構である軍・警察がサパティスタ支持派住民に対する圧力を強めることには、一定の政治的コストがつきまとった。そこで政府は、表面上政府とは無関係の準軍事組織を作り上げ、これをサパティスタ支持派住民と敵対させることでサパティスタ支持層を切り崩し、EZLNを孤立させることを目指したのである。政府は武器・訓練・輸送の面などで準軍事組織を支えたが、準軍事組織による暴力については建前上あくまで「取り締まる側」であり、暴力の拡大という事態を前に、治安部隊の大規模な駐留もまた正当化された。

準軍事組織の拡大は、このような脈絡のなかで起こった。セディージョ政権はEZLNとの対話に応じる姿勢を一切見せず、いかに、EZLNを支持基盤から切り離し、政治的発言力・影響力を失わせ、密林奥深くに封じ込めるかに腐心したのである。

アクテアルの虐殺が与えた衝撃は大きかった。国内外からの批判が高まったことから、セディージョ政権は準軍事組織の活動に対し一定の規制強化を行わざるをえなくなった。一九九八年には準軍事組織の活動はかなり沈静化したが一掃はされてはいない。

また、二〇〇〇年の大統領選挙では、七〇年あまりにわたって政権を維持していたPRI（制度的革命党）がついに敗北した。選挙を制したのはPAN（国民行動党）のビセンテ・フォックス。メヒコ・コカコーラ社の元社長である。

二〇〇〇年の選挙では数々の不正が報告されたが、選挙結果を揺るがすほどの規模ではなかったと思われる。公正で透明な選挙制度のもとで政権交代が実現したことにより、「民主主義への移行が完了した」（エンリケ・クラウセ）とする論評が広がった。

「チアパス問題を十五分で解決してみせる」。フォックスは選挙キャンペーン中、こう豪語した。「軽自動車と仕事、テレビを与えれば先住民問題は解決する」という趣旨の発言もしている。PANはメヒコの中では裕福な北部地域で、中産階級と企業家の間で支持を広げた政党で、政治的には右派であり、新自由主義的経済政策を継承ないしはいっそう推進するであろうと見られていた。キャンペーン中の発言も、一定の懐柔策でEZLNを取り込み、マクロ的には新自由主義的政策を推し進めたいという意向が率直に表れたものといえる。

だが、もちろん十五分で解決することなどできようはずはなかった。フォックスは就任後、EZLNの要求に応じて一部の軍基地の撤去を実行したが、先住民自治の承認など企業家の利害と対立する課題には一切踏み込んでいない。EZLNは交渉再開の条件として、すでに調印が済んでいる合意事項の即時実現、EZLN関係者として逮捕されている人全員の釈放と軍の撤退を要求しているが、実現の見通しは立っていない。フォックス政権は「ブランド政府」とも揶揄されるほど有名企業経営陣の閣僚が多く、政治、経済、社会政策や先住民問題など各政策分野でサパティスタと一致できる点は限られているのが実情である。

こうした中で、EZLNは政府との対話ではなく市民社会との対話をより重視しつつある。二〇〇一年二月から三月にかけては、タチョ、モイセス、マルコスをふくむ二四人のEZLN司令官がチアパスからメヒコ市まで「大地の色の行進」をした（移動はバス）。サパティスタを迎え入れるために集まった市民で、首都の中央広場は埋め尽くされた。首都滞在中には、EZLN司令官による国会演説も実現した。マルコスをのぞく二三人の司令官がメヒコ国会の本会議場に入り、国会議員を前に演説を行ったのである。非武装とはいえ、覆面をかぶった反政府武装組織のリーダーたちが国会で意見を述べる機会をもったということは、世界的にみても歴史的な出来事と言ってよいだろう。サパティスタは首都に向かう際に十二の州を経由し、各地で市民との対話集会を持ち、二週間の首都滞在中も連日精力的に集会を開いた。この中でサパティスタは、先住民問題に関する憲法改正を求めるたたかいへの支援を訴えると同時に、市民社会が一体となってメヒコを変えてゆこうと繰り返し訴えている。

一九九四年の蜂起当初、ＥＺＬＮの敵は政府であり、交渉の相手も政府だった。九四年二月に対話のため山から下りてきたとき、唯一の対話の相手は政府代表者だった。それから七年、ＥＺＬＮの姿勢ははっきりと変わった。フォックスが大統領官邸にマルコスを招待したのに対し、マルコスは「ふたりの間の手打ちで解決する問題ではない」として、これを拒否した。この時の「行進」にも見て取れるように、ＥＺＬＮは政府とではなく市民社会との対話を重視し、市民社会と共に変革の道を模索している。そしてそれは必然的に、市民社会自身が変わってゆく過程でもあるだろう。

二〇〇一年の「大地の色の行進」に続く次の画期が、二〇〇三年八月の「善き統治評議会」と「カラコレス（巻貝）」創設にいたる経過であろう。ＥＺＬＮはこの段階で、従来の市民社会との関係のあり方を総括し、本書にもたびたび登場する、サパティスタと市民社会の交流の場として維持してきた「アグアスカリエンテス」を解消した。そして、ＥＺＬＮを支持する村落共同体で構成されるサパティスタ叛乱自治区（ＭＲＡＥＺ）と、それらの各地区が抱える諸問題を調整する機関として「善き統治評議会（ＪＢＧ）」を発足させた。その評議会が置かれる場所が、「カラコレス（巻貝）」と呼ばれることになったのだ。

フォックス政権がその後展開している新自由主義経済政策の下で、欧米諸国から提供された資金に基づく開発事業はチアパス各地で進行している。それは、サパティスタが当初から要求している土地・住まい・仕事・医療・教育など、生存のための最小限の基盤を整備することに役立てられているわけではない。多国籍企業や欧米諸国の利益に叶った開発計画を推進する「札束の力」で、ＥＺＬＮと共に歩もうとする先住民村を切り崩そうというのだ。日本でも、米軍基地・自衛隊基地・原子力発電所・産業廃棄物貯蔵場などが押し付けられる「地方」において、中央政府によって投入される潤沢な資金の陰で、誰の利益に叶う事態が進行し、誰が何を失っていくかを考えれば、チアパスで進行している事態の本質は一目瞭然だろう。

このような現実とたたかい続けるサパティスタ運動は、その登場以来、人びとの心を惹きつけるいくつもの魅力的な言葉を語ってきた。私のなかでは、とりわけ「たくさんの世界から成る世界」（あるいは「多くの世界が許容される世界」と翻訳してもいいと思うが）という表現が、深く心に残っている。メヒコでも、他の世界でも、ここに行き着くには、長い過程になることはわかっている。サパティスタがこの過程を今後どう歩むかを見守りつつ、それは自分の課題でもあると考えて、手放さないでいたい。

＊

数人の友人から、サパティスタ「民族」解放軍ではなく、「国民」解放軍と訳したほうが正確なのではないかという指摘を受けた。サパティスタは、先住民族の解放というよりはメヒコ国民全体の解放を目指しているのであるから、「国民」解放軍が正しいという指摘である。これは、Ejército Zapatista de Liberación Nacional の中の Nacional という言葉がもともと「国民」とも「民族」とも訳せるがために発生する問題だ。現在、国内のほとんどの研究者や報道機関は「国民」という訳を採っている。

だが、私は本書でも「民族」と訳すことにした。「国民」という言葉から想起されるのは、国民国家体制下における均質な国民のイメージである。メヒコにおいては、明確な国策として先住民を均質な国民に統合することが目指された。混血人によって構成される西欧的国民国家というのが、近代におけるメヒコの国家イメージであった。サパティスタ運動が、こうしたメヒコという国のありかたや、そこにおける「国民」あるいは「国家」という概念自体の再検討を要求するものであることは、明らかなように思われる。「国民解放軍」と訳しては、「国民」という言葉自体が意味するところを問い直すことなく、「国民」を解放しようとしているかのような印象を与えてしまう。それよりは、これまでにも「民族解放」という成句として用いられてきた「民族」という言葉を用いる方がより適切であると私は考えた。「民族が正しい」というよりは、「国民が不適切である」という意味での消極的選択であることを付け加えておきたい。

翻訳作業にあたっては、たくさんの友人・知人から助言と協力をいただいた。経験も知識も乏しい私にとって、とても大きな助けとなった。感謝している。月並みな表現で恐縮だが、私にとってサパティスタの言葉は、自分に対する刺激であり、刺激によってなにかが生まれてくる、まさに触媒のようなものだった。サパティスタの行動や言葉から、さまざまなことを考えさせられた。

二〇歳前後のころ何度かチアパスへ行って、サパティスタ自治区を訪ねた。日本から持参したカンパや本を渡し、いろいろ話し合って最後に、「自分にはなにができるのか」という幼い問いを発した私に、本書にも登場するモイセスは「くにに帰ることだ。自分の場所で、自由、正義、民主主義のためにたたかいなさい」と諭した。「チアパスのために今すぐなにかを」という焦りにも似た気持ちでいた私にはきつい言葉だったが、その言葉の意味は、その後も私なりに考えつづけることになった。

「自分の場所」とはなんだろうか。チアパスだって、自分の場所でありうると思っている。それはちょうど、よそ者だったマルコスが、今はチアパスを自分の場所としていることにも表れてはいまいか。逆にいえば、マルコスがチアパスを自分の場所とするのにいかなる苦労があり、いかにして受け入れられていったのかを、本書で語っているわけだ。「おまえはなぜここにいるのか」と、その問いに答えることができたとき初めて、チアパスが自分の場所になるのかもしれない。

とにかく「問いかけ」に満ちた運動であり、それは本書にも反映されている。この問いかけが読者にとっての刺激、触媒となり、そこから新たに生まれてくるものがあれば、訳者として幸いである。

二〇〇五年三月　東京にて　　　　　　　　　　　　佐々木真一

写真クレジット

カバー表折り返し「サパタ像と少女」: Christine Laridon
カバー裏「ラカンドン密林の家族」: Mat Jacob/Tendance Flone
中扉「国際会議演壇上のマルコス、タチョ、モイセス」: Frida Hartz
カバー写真で上記以外のもの、および本文中のすべての写真：佐々木真一

訳者紹介

佐々木真一（ささき しんいち）

1977年生まれ。ラテンアメリカ先住民族の権利回復運動を研究。本書が対象としているチアパスへもたびたび訪れ、サパティスタ自治区で開かれた国際会議（1996年「人類のために、新自由主義に反対する大陸間会議」）に参加したほか、マルコス副司令、モイセス少佐との会見を行なったこともある。

インディアス群書 5

サパティスタの夢　インディアス群書五巻

発行日――二〇〇五年四月一〇日　初版第一刷　一五〇〇部

定価――三五〇〇円＋税

著者――マルコス／イボン・ル・ボ

訳者――佐々木真一

装幀者――粟津潔

発行者――北川フラム

発行所――現代企画室

住所――東京都千代田区猿楽町二―二―五　興新ビル302

電話――〇三―三二九三―九五三九

ファクス―〇三―三二九三―二七三五

E-mail:gendai@jca.apc.org

http://www.jca.apc.org/gendai/

振替――〇〇一二〇―一―一一六〇一七

印刷・製本―中央精版印刷株式会社

Printed in Japan

ISBN4-7738-0101-8 C0331 Y3500E